Mein Weg aus dem Burnout

Bibliografische Information der Deutschen Bibliothek: Die Deutsche Bibliothek verzeichnet diese Publikation in der Deutschen Nationalbibliografie; detaillierte bibliografische Daten sind im Internet über http://dnb.ddb.de abrufbar.

Dezember 2013

© Pomaska-Brand Verlag
Alle Rechte der Verbreitung im deutschsprachigen Raum,
auch auszugsweise, vorbehalten

Layout und Umschlaggestaltung:
Sigrid Pomaska
unter Verwendung von Illustrationen
©lassedesignen, olly, Leonid Tit / fotolia.de

Herstellung:
Druck und Verlag Pomaska-Brand GmbH
Schalksmühle
www.pomaska-brand-verlag.de

Printed in Germany
978-3-943304-21-3

Jens Brehl

Mein Weg aus dem
Burnout

Der Stress-Falle entkommen,
Lebenskunst entwickeln

Pomaska-Brand Verlag

Auch das ist Kunst, ist Gottes Gabe,
aus ein paar sonnenhellen Tagen,
sich soviel Licht ins Herz zu tragen,
dass, wenn der Sommer längst verweht,
das Leuchten immer noch besteht.

Johann Wolfgang von Goethe

Inhaltsverzeichnis

Vorwort zur Taschenbuchausgabe

Im November 2012 veröffentlichte ich „Einmal Hölle und zurück – Mein Weg aus dem Burnout in ein neues Leben" als kulturelles Gemeingut. Das E-Book konnte ab diesem Zeitpunkt frei von meiner Internetseite geladen und auch weitergegeben werden.

Bereits wenige Wochen später fragte mich ein Leser, wo er denn das gedruckte Buch erwerben könne. Das gab es aber nicht. Über Monate hatte ich etliche Verlage angeschrieben und nur Absagen kassiert – wenn ich überhaupt eine Antwort erhielt. Ich drohte an der Verlagssuche zu verzweifeln, denn anscheinend interessierte sich niemand für mein Werk. Daher landete es zunächst in der Schublade, doch ich wünschte mir von ganzem Herzen es zu veröffentlichen.

Aus diesem Grund entschloss ich mich dazu, es als E-Book unter einer Creative-Commons-Lizenz freizugeben.

Und nun möchte ein Leser gerne ein gedrucktes Buch kaufen. Durch Nina Claudy, Autorin des Romans „Doppelpack", wurde ich schließlich auf den Pomaska-Brand-Verlag aufmerksam. Wenige Wochen nach einem ersten Telefonat mit Sigrid Pomaska hielt ich meinen Autorenvertrag in den Händen.

Ihrem verlegerischen Mut, mein Werk unter neuem Titel und in einer gestrafften Version als Taschenbuch zu veröffentlichen, ist es zu verdanken, dass es eine gedruckte Ausgabe gibt.

Jens Brehl
Dezember 2013

Einleitung

Im Alter von 28 Jahren schien mein Leben vorbei zu sein, denn ich erkrankte schwer am depressiven Erschöpfungssyndrom. Es begann ein Abstieg in meine persönliche Hölle. Viele Befürchtungen haben sich nicht bewahrheitet, doch mit einem sollte ich Recht behalten: Mein Leben war vorbei. Zumindest das, was ich bisher gekannt hatte. Es hat viele Monate gebraucht, bis ich mich dazu entschlossen habe, dieses Buch zu schreiben. In dieser Zeit waren die Themen Burnout und Depressionen in den Medien allgegenwärtig und es gibt (leider) sehr viele Betroffene. Einige von ihnen haben den Mut aufgebracht, sich öffentlich zu bekennen. Manchmal wurde der Mut belohnt, an anderer Stelle wurden Betroffene dadurch ausgegrenzt.

Im Dezember 2010 brach ich erstmals öffentlich mein Schweigen. Im Magazin raum & zeit erschien mein Beitrag „Und plötzlich ging das Licht aus – Burnout als Neubeginn – Eine persönliche Erfahrung". Im Jahr zuvor hatte ich zwei Anläufe unternommen, einen ähnlichen Artikel zu verfassen. Nach wenigen Zeilen hatte ich einen inneren Widerstand gespürt: Die Zeit war noch nicht reif gewesen. Der ersten Veröffentlichung folgten zwei weitere Artikel und ein Video-Interview [1], womit sich das Thema aus publizistischer Sicht erschöpft hatte. So dachte ich jedenfalls.

Was mich vom Druck und Versteckspiel befreite, inspirierte andere Menschen auf unterschiedliche Art und Weise. Es entstanden neue Kontakte und intensive Gespräche über den Sinn des Lebens. Mir ist bewusst, dass sich Burnout mit oder ohne Depressionen durch alle Schichten und Altersklassen unserer Gesellschaft zieht. Freunde und Angehörige aktuell Betroffener wandten sich mit der Bitte um ein offenes und meist auch vertrauliches Gespräch an mich. Einige der Betroffenen hatten meine Artikel weitergereicht bekommen und nach meiner Auffassung war darin bereits alles gesagt. Doch in den Gesprächen wurde ich eines Besseren belehrt. Vieles blieb für Außenstehende weiter im Dunkeln und der Austausch mit anderen machte mich auf Zusammenhänge aufmerksam, die ich bisher übersehen hatte.

Aus Berufung und Leidenschaft habe ich mich dazu entschieden, als freiberuflicher Journalist tätig zu sein. Ich liebe die Recherche, finde es faszinierend, Informationen auszugraben, mit anderen Erkenntnissen zu kombinieren und die Ergebnisse mit meinem Umfeld zu teilen. Manche Themengebiete faszinieren mich so sehr, dass bereits die Recherche ein angenehmes Prickeln auslöst. Über manch eine neu gewonnene Information kann ich mich in solchen Momenten wie ein kleines Kind freuen – was ich mitunter meinen Nachbarn mit Freudenschreien mitteile (bislang hat sich noch niemand deswegen beschwert …). Doch die aufregendste und mitreißendste Recherche sollte mir noch bevorstehen, nämlich die für dieses Buch.

Sie war eine weitere Reise in mein Inneres und ich war überrascht, was ich alles zutage förderte. Mir war unbewusst, wie viel ich verdrängt hatte. Es eröffneten sich neue Sichtweisen. In manchen Momenten musste ich meine Arbeit unterbrechen und die gewonnenen Erkenntnisse auf mich wirken lassen. Es floss die eine oder andere Träne. Nahezu jeder Journalist träumt von der Geschichte seines Lebens und sucht diese meist rastlos im Außen. Alle Menschen tragen sie bereits in ihrem Inneren, sie müssen sich lediglich erinnern. Dazu bedarf es vor allem Mut. Den Mut, sich selber infrage zu stellen. Wer bin ich, was sind meine Fähigkeiten, was möchte ich aus ihnen machen? Die Antworten können verblüffen.

Ist es eine exhibitionistische Neigung, die mich zu einem Seelen-Striptease verleitet? Nein. Ich möchte meine Geschichte nicht zu mehr machen, als sie ist: meine Geschichte. Sie steht exemplarisch für viele. Meine Intention ist es, mit Hilfe von tiefen Einblicken andere Menschen zu inspirieren, ihr Leben und die damit verknüpften bewussten wie unbewussten Glaubensvorstellungen näher zu beleuchten. Es lohnt sich immer. Seinen Weg darf jeder für sich erkennen und sollte dabei auf seinen besten Berater hören: sein Herz.

Im Laufe meines Lebens sind mir viele Menschen begegnet. Manche von ihnen begleiteten mich über eine längere Zeit oder tun dies noch heute. Einige Begegnungen waren schmerzhaft und dennoch oder gerade deswegen sehr wertvoll. Manche der folgenden Textstellen könnte man als Vorwürfe interpretieren, doch nichts liegt mir ferner, als andere Menschen zu verurteilen. Die Verantwortung für mein Leben liegt in den Händen eines einzigen Menschen: meinen und nur meinen allein. Wer diese Tatsache für sich erkennt, macht sich frei von äußeren Umständen. In allem steckt ein tieferer Sinn, auch wenn er uns zunächst verborgen bleibt.

Alle beschriebenen Ereignisse gebe ich so detailgetreu wie möglich wieder. Ich habe mich bemüht, die Zeitabläufe in die korrekte Reihenfolge zu bringen. In meinen dunkelsten Phasen herrschte in meinem Kopf ein derartiger Nebel, dass mich mein Alltag zusehends überforderte. Daher ist es gut möglich, dass sich in meiner Erzählung chronologische Fehler eingeschlichen haben. Diese bitte ich zu vergeben. Es gibt kaum persönliche Notizen, denn ich hatte nicht geplant, über meine Erlebnisse zu schreiben. Im Gegenteil: Nie hätte ich mir vorstellen können, jemals derart offen mit ihnen umzugehen. Erstens war es für mich ungewohnt, andere Menschen intensiv an meinem Leben teilhaben zu lassen, und zweitens schämte ich mich für meine schwächsten Momente. Meist machte ich mir weniger Gedanken um mein Wohlergehen, sondern war in Sorge, andere könnten mich für einen Versager halten. Einen Großteil meiner Zeit und Energie verwendete ich darauf, meine Fassade aufrechtzuerhalten und stets eine zur jeweiligen Situation passende Maske griffbereit zu haben.

Nach meinem Paradigmenwechsel musste ich viele Erlebnisse verarbeiten, darunter solche, die sehr lange zurücklagen. Zudem musste ich mein Leben in vielerlei Hinsicht anders gestalten, neu denken und vor allem fühlen lernen. Manchmal kam ich mir dabei vor wie ein Schlaganfall-Patient. Da ich mich besser kennenlernen wollte, musste ich viel Zeit mit mir selber verbringen, was oftmals meine ganze Aufmerksamkeit gefordert hat.

Aus Respekt vor der Privatsphäre der beteiligten Personen sind die meisten Namen geändert. Ist der reale Name genannt, so ist die betreffende Person damit einverstanden.

Die schwächsten Momente meines Lebens
sind die Quelle meiner Demut und Stärke.

Ein schleichender Prozess strebt seinem Finale zu

Ich wohne im zweiten Obergeschoss. Ich fürchte, die Höhe reicht nicht aus. Wahrscheinlich würde ich mir lediglich einige Knochen brechen, im schlimmsten Fall querschnittsgelähmt im Rollstuhl enden. Ein paar Straßen weiter ist ein Hochhaus. Ich könnte einfach bei irgendeinem Mieter klingeln, um ins Treppenhaus zu gelangen. Bestimmt gibt es eine Tür zum Dach und vielleicht ist diese sogar unverschlossen. In dem Haus wohnen aber auch Kinder. Denen möchte ich den Anblick einer zerschmetterten Leiche ersparen. Zuletzt noch Unbeteiligte in mein Elend mit hineinzuziehen, ist das Letzte, was ich mir wünsche. Ein abgeschiedener Ort mit einem hohen Gebäude oder einer Brücke käme mir gelegen. Doch egal wo ich auch springe, irgendjemand muss zwangsläufig die Schweinerei beseitigen, die ich hinterlassen werde.

Ich überlege einige Minuten weiter, in denen ich im Bett liegend die Zimmerdecke anstarre. Ich kenne keine passende Örtlichkeit. Schließlich stehe ich auf, öffne das Fenster und strecke meinen Kopf hinaus. Nochmals versichere ich mir, was ich schon längst weiß: Die Höhe reicht nicht aus. Das Wetter oder die Menschen auf der Straße nehme ich nicht wahr. Für mich bedeutet es nichts, ob draußen die Sonne scheint oder es bewölkt ist, ob jemand sich freut mich zu sehen oder nicht. Mein Umfeld ist schon lange trist und ohne Farbe. Grau ist die Welt und ebenso trüb sind meine Gedanken. Ich reiße mich von der Fensterbank los und zwinge mich, in einen weiteren sinnlosen Tag zu starten.

Der Weg zur Küche führt durch mein Heimbüro. Vom Erfolg der vergangenen Monate ist nichts mehr zu spüren. Auf den Rausch ist längst die Ernüchterung gefolgt. Meine Arbeit kotzt mich schon nicht mehr an, denn ich fühle teilweise gar nichts außer Schmerz. Auch in diesem Raum ist alles grau. Ich kann nicht verstehen, wie es so weit kommen konnte. Habe keine Ahnung, was mit mir los ist, was ich ändern kann. Ändern? Selbst wenn ich wüsste was, hätte ich keine

Lust dazu. Alles ist sinnlos, alles führt letztendlich ins Grau. Es gibt niemanden, mit dem ich sprechen könnte. Zu meiner Familie habe ich seit fünf Jahren keinen Kontakt mehr. Lediglich mein Vater, der nicht zuhört und sich nichts merken kann, was Dinge außerhalb seines Unternehmens betrifft, ruft mich regelmäßig an. Ich weiß nicht, warum er das tut. Wir müssten nicht miteinander sprechen, sondern könnten eine Aufzeichnung eines x-beliebigen Gesprächs laufen lassen. Er erzählt immer das Gleiche, fragt immer dasselbe. Manchmal besucht er mich heimlich für ein paar Minuten, wenn er geschäftlich in der Nähe ist. Seine jetzige Frau darf davon nichts erfahren, schon gar nicht, dass er mir für meinen Neustart Geld gegeben hat.

Freunde habe ich keine, sondern nur flüchtige Bekannte. Wie soll ich auch Freundschaften pflegen, wenn ich bis zu 14 Stunden am Tag arbeite? Nach Feierabend kann ich meist schlecht abschalten und wenn doch, habe ich keine Energie mehr, mich mit Menschen auseinanderzusetzen.

Das alles muss warten, denn ich stehe kurz vor meinem Durchbruch. Es ist Herbst 2008 und ich blicke auf harte Monate zurück. Ich bin 28, fühle mich jedoch wesentlich älter.

Während der Computer hochfährt, schenke ich mir eine Tasse Tee ein. Leider vermag auch er es nicht, mich zu beleben. Nervös starte ich das E-Mail-Programm. Während ich die Nachrichten abrufe, beginnt mein Herz zu hämmern, als wolle es aus meiner Brust springen. Natürlich sind Nachrichten im Posteingang, die den Großkunden betreffen. Für ihn muss in knapper Zeit eine Menge erledigt werden. Wissen die Pressesprecherin und meine freiberufliche Kollegin denn nicht, dass ich dazu nicht in der Lage bin? Nein, selbstverständlich nicht. Noch ahnt niemand etwas von meinem undefinierbaren Zustand, alle halten mich für durchaus fähig. Selbst Bärbel, meine ganzheitliche Beraterin, habe ich nur teilweise eingeweiht. Sie hat mir schon so oft geholfen, dass ich mich für meinen jetzigen Zustand schäme. Längst müsste ich geistig und körperlich in Topform sein und vielleicht geht meine momentane Phase von alleine zu Ende – ergo halte ich die Fassade aufrecht. Das muss unbedingt so bleiben, nicht auszumalen, wenn meine Zweifel und Schwächen publik werden würden. Ich wäre ruiniert, bekäme keine Aufträge mehr, würde mein gesellschaftliches Ansehen verlieren – dabei lief doch alles wie am Schnürchen.

Seit einigen Jahren bin ich als freiberuflicher Journalist tätig und habe vor etwa einem Jahr ein eigenes Medienbüro gegründet. Zu meinen Diensten gehört auch die PR-Arbeit („Public Relations") für Unternehmen. Ich sorge dafür, dass ihre Botschaften möglichst in den Medien Einzug halten und somit an die Öffentlichkeit gelangen. Für Buchautoren und Verlage kümmere ich mich um Rezensionen oder biete Interviews an. Bei einer Veröffentlichung bleiben mein Name und meine Vorarbeit unerwähnt. Der Mediennutzer weiß nichts davon, dass ich dafür verantwortlich bin, wenn er eine bestimmte Information erhält.

Jeder Erfolg verschafft mir ein rauschartiges Glücksgefühl, was jedoch nur von kurzer Dauer ist. Bislang habe ich stets ehrlich und wahrhaftig gearbeitet, auch wenn ich die Tricks der Profis kenne, Informationen, sagen wir einmal „kreativ" umzudeuten. Zudem habe ich mich meist um Themen gekümmert, die ich für die Allgemeinheit als essentiell erachte, oder für kleinere Unternehmen gearbeitet, die in meinen Augen mehr Erfolg verdient haben. So zum Beispiel Autoren von alternativen Gesundheitsbüchern und dergleichen. Ich wollte etwas bewegen, das war schon immer mein Antrieb gewesen. Heute habe ich kaum noch die Kraft mir die Schuhe zuzubinden.

Noch vor wenigen Monaten war „Zweifel" für mich ein Fremdwort, denn ich wusste, wie gut ich bin: Meine Pressetexte sind solide und treffen den Punkt. Ich erfasse meist sofort die Kernbotschaft, die ich aufgreifen muss. Zusammenhänge erschließen sich mir augenblicklich. Ich bin zuverlässig, diskret, vertrauenswürdig und vor allem loyal. Angst zu versagen, ist mir fremd. Ich springe mit Anlauf in eiskaltes Wasser, wenn es sein muss. Beste Voraussetzungen, um PR-Berater zu sein.

In letzter Zeit hat mein Image Risse bekommen, da sich immer wieder (Anfänger-)Fehler in meine Arbeit einschleichen. So intensiv ich meine Arbeiten auch überprüfe, sie bleiben mir verborgen. Seit

April bin ich für den Großkunden tätig, den ich selber nicht hätte akquirieren können. Ich verdanke es einer glücklichen Fügung, so viel Geld zu verdienen wie niemals zuvor in meiner freiberuflichen Laufbahn. Seit sechs Jahren bin ich als Selbständiger tätig und nun fahre ich nach langen Hungerzeiten endlich die Ernte ein.

Wenige Wochen, nachdem ich in meine Heimatstadt zurückgekehrt war, lernte ich Tamara kennen. Wir kamen ins Gespräch und es stellte sich heraus, dass wir beide freiberuflich in der PR aktiv sind. Bald darauf konnte sie den Großkunden gewinnen und fragte mich, ob ich als Berater einsteigen wolle. Meine Aufgaben umfassen die Textarbeiten, die Pflege des Presseverteilers und die Medienresonanz-Analyse.

Im Frühjahr 2008 waren mit einem Schlag sämtliche finanziellen Sorgen Vergangenheit. Weggewischt wie Kreide auf der Tafel. Bisher hatte ich mich mit kleinen Aufträgen mehr schlecht als recht über Wasser gehalten. Ich konnte kaum die laufenden Kosten und meinen Lebensunterhalt tragen; der Schuldenberg wuchs und wuchs. Alleine durch den Großkunden war mein Auskommen gesichert und ich konnte alle Ratenzahlungen pünktlich einhalten. Zudem wurde ich mit einem äußerst interessanten Phänomen konfrontiert: Musste ich vorher um jeden neuen Auftrag kämpfen, wurde ich nun mit Anfragen überschüttet. Ich steigerte mich in einen wahren Schaffensrausch hinein, denn die Anerkennung war Balsam für meine verletzte Seele und meine Schulden schmolzen wie Eiswürfel im Backofen.

Ich erinnere mich speziell an einen sonnigen Morgen im Frühjahr. Auf dem Weg zu einem Geschäftstermin schwenke ich wie wild meine Aktentasche und pfeife vor lauter Freude. Passanten, die mir ins Gesicht schauen, lächeln sofort. Der Sommer ist nahe und er verspricht, herrlich zu werden, wenn ich in den blauen Himmel sehe. Meine Geldsorgen sind passé und meine Angst vor meinen ehemaligen Mitstreitern Thomas und Nadine tritt in den Hintergrund. Erst vor kurzem haben wir uns im „Bösen" getrennt. Seit ihrer letzten Drohung sind ein paar Wochen vergangen und nichts ist passiert. Daher fühle ich mich frei wie ein Vogel und absolut unangreifbar. Auf einem roten Teppich schreite ich unbekümmert meiner rosigen

Zukunft entgegen und nichts kann mein Glück trüben. Endlich habe ich es geschafft. Ich muss nur noch wenige Monate Vollgas geben, um schuldenfrei zu sein. Danach könnte ich mir eventuell etwas mehr Ruhe gönnen, auch wenn ich schon jetzt weiß, dass ich mich langweilen werde.

Zugegeben, ich bin urlaubsreif – dies ist zudem die offizielle Begründung dafür, wenn ich einen Fehler mache oder wenn ich lethargisch wirke. Seit sieben Jahren arbeite ich durch; doch meine Arbeitszeiten sind ein Witz im Vergleich zu denen meines Vaters. Da alle Anrufe auf sein Mobiltelefon weitergeleitet werden, muss man sich damit abfinden, dass er persönliche Gespräche wegen ständigem Telefonklingeln unterbrechen muss. In Nordhessen ist sein mittelständischer Handwerksbetrieb angesiedelt. Der Arbeitstag meines Vaters ist länger als meiner und auch sonntags ist er zeitweise im Büro. Zumindest diesen Tag halte ich mir meist frei. Obwohl ich mich oftmals geistig bereits mit dem folgenden Werktag beschäftige und es mir somit schwer fällt zu entspannen.

Jedes Gespräch mit meinem Vater dreht sich um Angebote, neue Aufträge und welche abgeschlossenen Projekte er abrechnen kann. Alles dreht sich um die Arbeit. Warum ich nicht bei ihm arbeite, scheint er nicht zu verstehen. Ich kann hundertmal erklären, dass die Aufgaben seines Betriebes nicht meine Welt sind. Ich wäre todunglücklich, denn die Arbeit muss in meinen Augen Sinn ergeben. Daher hatte ich seinen Vorschlag abgewehrt, eine Banklehre zu absolvieren. Noch heute habe ich das Gefühl, ihm beweisen zu müssen, dass ich mit meiner Berufswahl imstande bin, Geld zu verdienen, viel Geld.

Es war nicht absehbar gewesen, dass es mich in die Medienbranche ziehen würde, aber hier bin ich nun. Was ich genau in der PR und als Journalist mache, scheint er nicht zu verstehen. Vielleicht glaubt er, es sei eine Art Hobby oder Traum, von dem man nicht leben kann.

Wenn ich möchte, kann ich die Sprache meines Vaters sprechen und so erzähle ich ihm von MEINEN neuen Aufträgen und wie viel sie mir einbringen. Zum ersten Mal scheint er mich (beruflich) ernst zu nehmen, jedenfalls fühlt es sich für mich so an. Zumindest werden seine Vorschläge, für ihn oder in einem anderen Bereich zu arbeiten, seltener. Zugegeben, meinem Ego tut das sehr gut.

Der Erfolg hat mich leider nur kurze Zeit beflügelt, heute zählt er nichts mehr. Kann Ruhm so schnell vergehen und hatte ich Ruhm überhaupt besessen?

Im Sommer kam ich kaum aus meinem Heimbüro heraus, dermaßen viel Arbeit gab es zu erledigen. Dennoch konnte ich nicht genug bekommen und bewarb mich um weitere Projekte und plante, zusätzlich an Wochenenden Seminare zu geben. Zudem keimte in mir die Idee, aus meinem Wohnzimmer ein Großraumbüro zu machen. Mein Medienbüro könnte sicherlich drei Leute beschäftigen und gemeinsam wären wir in der Lage, noch mehr Großprojekte an Land zu ziehen.

Für mich gab es kein Limit. Nichts und niemand konnten meinen raketenartigen Aufstieg ernsthaft gefährden. Neuerdings rief ich meinen Kontostand äußerst gerne ab, bezahlte größere Rechnungen pünktlich und nicht wie bisher in Raten. Welch ein herrliches Gefühl, wenn Geld keine Rolle spielt. Akribisch führte ich Buch über die Steigerungsraten meiner Einnahmen, daneben zum Vergleich der stets schrumpfende Bestand meiner Schulden. In den letzten Jahren hatte ich kaum nennenswerte Umsätze eingefahren und nun sollte ich alles konzentriert auf einen kleinen Zeitraum nachholen. Mein Ziel war es, bis zum Ende des Jahres 2008 schuldenfrei zu sein – und ich war auf dem besten Wege dorthin.

Doch wenige Monate später kann mich nichts mehr motivieren. Das Spiel ist zu Ende, bald werden die Lichter gelöscht.

Besonders erdrückend finde ich mittlerweile die Arbeit für den Großkunden. Mir war von Anfang an klar, dass der Konzern lediglich an Gewinnsteigerung und weniger am Wohl der Allgemeinheit interessiert ist. Auf der anderen Seite verkauft er keinen Alkohol, keine Zigaretten, fragwürdige Medikamente oder gar Waffen. Er ist mein Lebensretter, als Tamara ihn als Kunden gewinnt. Mir blieb keine andere Wahl, als das Angebot anzunehmen, wenn ich nicht bald unter der Brücke schlafen wollte. Lange wollte ich jedenfalls nicht für ihn tätig sein. Wie kurz ich es tatsächlich sein würde, konnte ich damals nicht ahnen.

Zunächst machte es mir große Freude, mich kreativ einzubringen, auch wenn ich in ständiger Angst lebte, „enttarnt" zu werden. Meine Kollegin hat studiert, die Ansprechpartner im Konzern verfügen über einen manche Menschen beeindruckenden Lebenslauf. Ich konnte meinen Realschulabschluss und die anschließende kaufmännische Lehre vorweisen. Weder hatte ich ein Volontariat oder Praktikum, geschweige denn ein Studium absolviert. Irgendwann würden sie herausfinden, dass ich meinen Job eigentlich gar nicht kann. Daher fürchtete ich, einen Fehler zu machen oder etwas Dummes zu sagen – besonders wenn ich einen Fachausdruck nicht auf Anhieb verstand.

Ich mochte und mag es nicht, mit Anglizismen etwas wichtiger klingen zu lassen, als es in Wahrheit ist. Besonders schwer tat ich mich, wenn ich anderer Meinung als Tamara war. In solchen Situationen knickte ich fast sofort wieder ein, da ich nicht in der Lage war, ein konstruktives Streitgespräch zu führen. Hinzu kam, dass sie mir sympathisch war und ich daher keine Kritik üben mochte. Manchmal wäre ich im Recht gewesen und war mir absolut sicher. Dennoch blieb ich stumm und degradierte mich zum reinen Befehlsempfänger.

Im Grunde war es auch einfacher, denn mit dem Kundenunternehmen kam ich kaum in Kontakt. Tamara fungierte als Schnittstelle und war an mehreren Tagen der Woche vor Ort. Ich konnte mich in mein Heimbüro zurückziehen. Das wurde spätestens dann zum Bumerang, als ich aufgrund der immensen Arbeit meine Wohnung kaum noch verlassen konnte.

Ich begann, mich auf den Freitag zu freuen, denn an diesem Tag kaufte ich Lebensmittel ein und sah daher viele Menschen. Unter der Woche beschränkten sich die sozialen Kontakte auf Telefonate, E-Mails und den Postboten. Die Abende verbrachte ich alleine, las Bücher, schaute DVDs oder nickte einfach erschöpft auf dem Sofa ein. Die Mitbewohner im Haus wussten oft nicht, ob ich überhaupt daheim war. Man sah und hörte nichts von mir. Später ging ich – meist abends – ins Fitnessstudio, da ich mich in der wenigen Freizeit zu sehr langweilte. Ich kannte dort niemanden, führte kaum Gespräche, sondern zog mein Trainingsprogramm eisern und mit Scheuklappen durch. Wann ich Sport getrieben und wie viele Gewichte ich wie oft stemmen konnte, notierte ich haarklein. Meinen Trainingsplan absolvierte ich ohne Rücksicht auf Verluste, denn ich wollte möglichst schnell körperlich topfit werden, und in den letzten Jahren hatte ich keinen Sport getrieben – dafür zu viel Schreibtischarbeit erledigt. So kam es, dass ich auch mit Fieber und Halsschmerzen trainierte.

Aktuell rächt es sich, niemanden zum Reden zu haben. Wir befinden uns mitten in der Finanzkrise, die der Großkunde deutlich zu spüren bekommt. Er reagiert reflexartig auf die wirtschaftlichen Umstände, wie viele große Unternehmen: Er streicht Arbeitsstellen, und zwar massiv. Damit ist er in den Schlagzeilen.

Nun soll in einer Region aus zwei Außenstellen eine werden, überschüssiges Personal wird entlassen. Meine Aufgabe ist es, dies im Vorfeld der Presse bekannt zu geben, denn schließlich ist Angriff die beste Verteidigung. Tamara schwört mich darauf ein, dass der Tenor positiv sein soll. Im Geiste formen sich Schlagzeilen wie „Papa ohne Job – endlich mehr Zeit für die Kinder", doch den schlechten Scherz schlucke ich hinunter. Ich versichere Tamara, dass ich verstanden habe, worum es geht. Der Konzern konzentriert sich auf seine Kompetenzen, um in der Krise standfest und zukunftsicher zu bleiben, bla bla bla. Fakten kann man aus unterschiedlichen Blickwinkeln beleuchten und wir hoffen allgemein in der PR, dass die meisten Journalisten sich unsere Sichtweise zu eigen machen.

Ich muss zugeben, dass es Spaß macht, „böse" sein zu dürfen. Es erinnert mich an meinen damaligen Lieblingsfilm „Thank you for smoking". Darin ist der smarte PR-Manager Nick Naylor für die Tabakbranche tätig, die ein eigenes „Institut" gegründet hat. Dort forscht man seit Jahren ohne Ergebnis danach, ob Rauchen Krebs verursacht. Als ein „Wissenschaftler" bei seiner Arbeit gezeigt wird, hört man die anerkennenden Worte des Protagonisten aus dem Off. „Der Mann ist ein Genie. Er könnte die Gravitation widerlegen." Nick ist für wohlwollende Schlagzeilen und als Lobbyist für möglichst förderliche gesetzliche Rahmenbedingungen zuständig. Er schafft es immer wieder, seine Branche als Opfer darzustellen, er jongliert mit Argumenten und verdreht Fakten derart geschickt, dass er ein Held der Tabakindustrie wird. Er ist die Stimme der Zigarette.

Interessanterweise unterhält der Großkunde, für den ich tätig bin, ebenso ein „Institut", welches Entscheidungsträger mit „Analysen" und „Studien" versorgt. Vorsitzender ist ein ehemaliger Politiker, der sich als Minister für die Belange der Branche eingesetzt hatte. Per Gesetz wurde ein beachtlicher Anteil des Erfolges des Großkunden ermöglicht. Das ist Demokratie live und in Farbe.

Gerne wäre ich so schlagfertig und tough wie Nick Naylor: Jederzeit erreichbar, geniale Ideen wie selbstverständlich versprühend, alle Situationen fest im Griff: Der perfekte Berater.

Tamara macht mich auf einen weiteren Film aufmerksam: In „Wag the dog" ist der amerikanische Präsident kurz vor der Wahl in einen Sexskandal verwickelt. Eine Niederlage droht, ein Fall für den Strategen Conrad Brean. Er ist nicht an der Wahrheit interessiert, will nicht wissen, ob die Vorwürfe stimmen. Sein Auftrag ist, die Wiederwahl des derzeitigen Präsidenten zu sichern. Zunächst lässt Brean Gerüchte über den Einsatz von B3-Bombern in die Welt setzen, um sie gleich darauf dementieren zu können. Doch die Presse muss langfristig abgelenkt und beschäftigt werden. Was eignet sich besser als ein Krieg? Mit Hilfe eines Hollywood-Produzenten wird ein bewaffneter Konflikt vorgetäuscht. Dazu werden die Fernsehstationen mit gefälschten Aufnahmen aus dem „Kriegsgebiet" versorgt. Als Schauplatz hat man Albanien ausgewählt, da man glaubt, kaum ein Amerikaner weiß etwas über dieses Land. Die findigen Berater steuern die Medienberichterstattung wie ein Puppenspieler seine Marionetten und hieven somit den Präsidenten in die nächste Amtszeit. Doch nicht nur die Wahrheit wird zu Grabe getragen.

Diese beiden Filme übten damals eine enorme Anziehungskraft auf mich aus, obwohl diese ambivalent war. Als wahrhaftiger Journalist habe ich derartige Zusammenhänge aufgedeckt, in der PR-Arbeit bin ich nun selber darin verwickelt. Mein Auftraggeber ist aus meiner Sicht im grauen Bereich des Lobbyismus aktiv und gestaltet damit die politischen und gesetzlichen Rahmenbedingungen bis zu einem gewissen Grad zu seinem Vorteil. Es ist ein Gefühl von Macht, einen Teil des medialen Informationsflusses lenken zu können, auch wenn mein Anteil im Gesamtkontext bescheiden ist.

In meinen Augen muss ich lernen zu differenzieren: Die wahrhaftige Arbeit zum Verbessern der Welt ist die Leidenschaft, das andere der Brotjob, den ich nur eine begrenzte Zeit ausüben werde. Spätestens, wenn ich mit wahrhaftiger Arbeit genug Geld verdienen kann und mich keine Schulden mehr belasten, ist es mir möglich, aus dem Spiel auszusteigen.

Bis dahin ist es nötig, meine „dunkle" Arbeit und das damit verbundene Karma wieder auszugleichen. Dafür muss ich mich halt zusätzlich anstrengen. So Vieles habe ich schon durchgestanden und etliche aussichtslose Situationen gemeistert, dann schaffe ich diesen halsbrecherischen Spagat ebenfalls mit links. Zudem macht es mir Spaß, den geforderten Pressetext zu schreiben, es fühlt sich an, als formuliere ich einen besonders klugen Aprilscherz. Ich bin stolz auf mich, einer negativen Meldung eine derart positiv klingende Botschaft verpassen zu können. Mein Selbstbild, ein unfehlbarer und äußerst kreativer Berater zu sein, bestätigt sich einmal mehr. Die Angst, als Hochstapler, der für den Job nicht qualifiziert ist, enttarnt zu werden, rückt in weite Ferne.

Darüber hinaus kann ich mich damit beruhigen, dass kein Journalist der Welt so blöd sein kann und die Meldung auch nur eine Sekunde lang für bare Münze nimmt. Ich gebe den Text zufrieden per E-Mail ab und notiere meine Arbeit im Monatsbericht.

Einige Tage später der Schock: Im Rahmen der Medienresonanz-Analyse landen alle Medienberichte auf meinem Schreibtisch. Der Pressetext wurde mehrfach unverändert übernommen und publiziert. Ich traue mich nicht nachzuschauen, wie viele Menschen die Botschaft erreicht hat. Die jeweilige geschätzte Leserzahl ist bei jedem Bericht bzw. jeder Nachricht angegeben. Oh, mein Gott, was habe ich getan? Mir wird klar, dass meine Arbeit kein Spiel ist und ich kein Protagonist aus den besagten Filmen bin. Das ist die Realität. Alles, was unsere Realität ausmacht, sind Informationen, anhand derer wir unser Weltbild kreieren. Unser Gehirn interpretiert die unterschiedlichen Sinneseindrücke und formt daraus unsere Sicht auf die Welt – und ich habe dazu beigetragen, dass (aus meinem moralischen Empfinden heraus falsche) Informationen ein Irrbild erzeugen. So fühlt es sich für mich jedenfalls an. Was bin ich bloß für ein Mensch?

Viele Unternehmen sind gezwungen, sich in schwierigen Zeiten von Mitarbeitern zu trennen. Noch vor wenigen Wochen hat sich das Großunternehmen auch mit Hilfe seiner PR-Abteilung damit gebrüstet, massiv sichere Arbeitsplätze zu schaffen. Der Schwenk vom Jobmotor zu Massenentlassungen ist zu viel für mich und dieser Konflikt droht mich auseinander zu reißen. In meiner Verzweiflung erzähle ich meinem Vater bei einem unserer Telefonate davon. Ich erkläre ihm, dass ich gelogen habe und damit nicht klar komme. Er versteht mein Problem nicht, denn schließlich bin ich dafür bezahlt worden. Doch meine scheinbar heile Welt hat einen Riss bekommen, den ich nicht mehr kitten kann.

Es fällt mir zunehmend schwerer, mich motiviert zu zeigen, und ich beginne, die Medien im Allgemeinen und Public Relations im Speziellen zu verfluchen. Uns umgeben nur noch Lügen. Mir ist endgültig klar, wie leicht es ist, mit genügend Geld die Medien und damit das Denken der Menschen zu manipulieren. Ich stumpfe ab, gehe innerlich auf immer größere Distanz. Bald fange ich an, schlecht zu schlafen, und der Drang, mein negatives Karma auszugleichen, heizt meine Leistungssucht noch weiter an.

In der Zwischenzeit habe ich einen ehemaligen Arbeitskollegen meines Lehrbetriebs getroffen. Kurz darauf lädt er mich zum *Familienstellen* ein. Bei dieser ganzheitlichen Therapieform werden von Klienten Stellvertreter ausgesucht und frei im Raum postiert. Auf diese Art können Konstellationen und Situationen dargestellt und unbewusste Strukturen zu Tage gefördert werden. Der Klient bespricht zunächst die Fragestellung mit dem Therapeuten und wählt dann einen Stellvertreter für sich aus. Betrifft die Frage beispielsweise eine angespannte Situation mit jemand anderem, so wird auch für diese Person ebenfalls ein Stellvertreter ausgesucht. Als Stellvertreter kennt man die Person nicht, dennoch fängt man an, wie sie zu fühlen, die gleichen Charakterzüge, Körperhaltung und dergleichen zu spiegeln. Vereinfacht gesagt, nimmt man das Energiefeld und die darin enthaltenen Informationen wahr. Dabei ist es wichtig, neutral zu sein und spontan zu sagen, was man in dem Augenblick spürt. Zum Schluss wird der eigentliche Klient „eingewechselt", der die Szenerie zunächst beobachtet hat. Er erhält somit Sichtweisen auf sich, sein Verhalten und seine bewussten wie unbewussten Beziehungen aus der Perspektive einer dritten Person. Klingt nach esoterischem Hokuspokus, funktioniert aber in der Realität oft überzeugend gut. Man kann nicht nur Familienkonstellationen beleuchten, sondern die Ursachen für alles Mögliche sichtbar machen. Zusammen mit dem Therapeuten können zutage geförderte unbewusste Strukturen und Glaubenssätze aufgelöst werden.

Ich hatte von der Therapieform schon gehört, da ich mich stark für Naturheilkunde und Alternativen zur Schulmedizin interessierte. Dennoch hatte ich mich bisher nicht intensiver mit der Methode beschäftigt, geschweige denn, sie in Aktion erlebt.

Nun sitze ich also an einem Sonntagvormittag in einer Runde von etwa 15 Personen unterschiedlichen Alters. Einzig mein ehemaliger Arbeitskollege ist mir bekannt. Ich werde sehr freundlich begrüßt und wie immer kann ich mich schnell integrieren – auf meine Art zumindest. Ich schaffe es wie gewohnt, als sympathisch zu gelten, intelligente und witzige Anmerkungen zu machen, ohne dabei allzu viel von mir zu verraten.

Die Namen der Anwesenden kann ich mir sofort merken, obwohl ich manchmal ein schlechtes Namensgedächtnis habe. Besonders gut verstehe ich mich mit Manuel und seiner Freundin Sophia, die beide in meinem Alter sind. Manuel und ich besitzen einen ähnlichen Humor. Wie immer in einer Gruppe fühle ich mich als Außenseiter, als unwichtiges Beiwerk – auch wenn dies durch mein Verhalten meist unbemerkt bleibt. Nur mit Mühe kann ich ein Stirnrunzeln unterdrücken, wenn mich jemand mit Namen anspricht, mein Name in einem Gespräch fällt oder man sich an frühere Aussagen von mir erinnert.

Doch nun zurück zu meinem ersten Kontakt mit dem Familienstellen: Ich bin verwirrt. Die Therapeutin Annika hat vor Beginn alles erklärt und geduldig meine Fragen beantwortet. Dennoch kann ich mir keinen Reim darauf machen, was zum Henker hier vorgeht. Mittlerweile schmerzt mein Kopf vom Grübeln, denn mein Verstand läuft auf Hochtouren und findet keine Antwort. Zwei Stellvertreter agieren bereits, geben ihren Körpergefühlen nach und wechseln beispielsweise die Sitzposition. Annika nimmt wahr, was geschieht, und stellt Fragen. Alle Unbeteiligten, wie ich, sitzen am Rande, sind leise und konzentriert. Plötzlich bittet mich Annika als Stellvertreter in den Raum. Hat sie tatsächlich mich gemeint? Wie kommt sie auf den Gedanken, dass ich etwas beitragen könnte? Die Gruppe lächelt aufmunternd und ich begebe mich an die mir zugedachte Position.

Es passiert fast augenblicklich. Ganz natürlich spüre ich ein anderes Körperverhältnis. Ich weiß, wo mein Körper aufhört – sicherheitshalber schaue ich noch einmal nach – und dennoch weiß ich mit der gleichen Gewissheit, dass ich in der Rolle größer bin. Ich kann so vieles beschreiben, wie ich mich fühle, was ich von bestimmten Dingen halte und warum ich so agiere, wie ich es tue. Mein Verstand will mich begrenzen und mir ausreden, das Empfundene wiederzugeben. Das kann nicht sein, woher will ich das denn wissen?

Langsam verstehe ich, was hier passiert, verstehe es auf einer anderen Ebene. Tief beeindruckt nehme ich nach der Aufstellung Platz. Ich bin bis in die letzte Körperzelle hinein fasziniert. Annika macht in wenigen Stunden unbewusste Verstrickungen sichtbar, die intensiven Einfluss auf das Leben der Klienten nehmen und häufig ein Leben lang im Verborgenen aktiv waren.

In einem Fall ist eine Klientin aufgrund psychischer Probleme seit Jahren erfolglos in Behandlung und hat wohl auch eine ansehnliche Medikamenten-Karriere hinter sich. Innerlich „beglückwünsche" ich Annika. Solch einen Fall würde ich mit der Kneifzange nicht anfassen. Doch nach dieser Aufstellung bin ich restlos überzeugt. Die Klientin hat so viel Klarheit erlangt, wie es die konventionelle Psychotherapie in Jahren nicht leisten konnte.

Spätestens jetzt weiß ich, dass ich ein Wochenende im Monat in Annikas Gesundheitszentrum verbringen werde. Die Lösungen und Klarheit fühlen sich fast heilig an. Wenn ich also ein Wochenende im Monat dafür einsetze, anderen Menschen in dieser Form zu helfen, kann ich einen Teil meines Karmas bezüglich der verlogenen PR-Arbeit ausgleichen. So lautet zumindest mein geheimer Plan. Tatsächlich ist der harte Kern der Gruppe, der fast an jedem Wochenende anwesend ist, einer meiner wenigen nennenswerten sozialen Kontakte. Anfangs sitzen wir in einer gemütlichen Runde und jeder sagt ein paar Sätze, was er von dem Wochenende erwartet, warum er hier ist und wie er sich fühlt. Ich fühle mich meist überarbeitet, aber in Ordnung. Von meinem Konflikt erzähle ich nicht viel und außerhalb der Wochenenden treffe ich niemanden aus der Gruppe. Der Empfang ist trotzdem stets herzlich. Ich kann es nicht einordnen, warum sich jemand freut, mich zu sehen. Bin doch nur ich …

Die Wahrhaftigkeit und Klarheit der Wochenenden bilden einen starken Kontrast zu meiner vernebelnden und Tatsachen verdrehenden Arbeit für den Großkunden. Nebenher betreue ich ehrliche Projekte, hinter denen ich moralisch stehen kann. Doch die Hauptarbeit fällt eben für den Konzern an.

Eine regelmäßige Teilnehmerin der Familienstellen-Wochenenden liest mein damals noch erhältliches Buch „Was soll ich noch glauben?" und ist begeistert, wobei mir das Lob peinlich ist. Sie sehe in mir einen richtigen Revoluzzer, der viel bewegen und verändern kann. Zu spät, denn ich bin längst Teil des Systems, wie ich schmerzlich erkennen muss. Es gab Zeiten, in denen ich die Welt verändern wollte. Heute habe ich dazu kaum noch Kraft.

Wie gerne würde ich die Wochenenden in Annikas Gesundheitszentrum ausdehnen. Sie enden sonntags meist spät und selten laufe ich auf dem direkten Weg nach Hause. Ich gehe noch einmal um den Block oder esse etwas in einer Gaststätte. Tagelang wirkt das Erlebte nach und montags ist es mir fast unmöglich, mit meiner Arbeit zu beginnen. Sie ist angesichts der Erfahrungen vom Wochenende absolut unwichtig.

Die Wochen vergehen und mein Unwille steigt unaufhörlich. Mittlerweile verspüre ich große Lust, mich abends mit Alkohol zu betäuben. Aus Angst vor einer Sucht kaufe ich keinen ein. Außerdem vertrage ich ihn einfach nicht und ich weiß genau, dass es mir am nächsten Tag hundeelend gehen würde. Zudem ernähre ich mich gesund, ein regelmäßiger Alkoholkonsum passt nicht ins Bild und nicht zuletzt fürchte ich mich vor der Sucht. Daher beginne ich, die Phasen der Unlust soweit wie möglich zu ignorieren. Wenn ich nicht genug gearbeitet habe, quäle ich mich im Fitnessstudio. Nach dem Training ist mir häufig schwindelig und übel, sodass ich mir keine weiteren Gedanken mehr mache: Nur noch ausruhen.

Es ist Samstag und ich fühle mich ausgelaugt. Vormittags habe ich ein wenig gearbeitet, mich danach im Haushalt betätigt und nun bin ich auf dem Weg zu einem geschäftlichen Termin. Ich könnte kotzen. Eine weitere sinnlose Besprechung in meinem sinnlosen Leben. Die Menschen auf dem Bürgersteig weichen mir aus, sie spüren meine Aggressivität.

Heute treffe ich einen IT-Spezialisten, mit dem ich mein Datenbankprojekt durchgehen möchte. Mit Hilfe der Software wäre ich in der Lage, die PR-Arbeit auf höchst professionellem Niveau zu betreiben. Ich hätte sämtliche Aktivitäten im Blick, könnte alle erdenklichen Auswertungen fahren und die komplette Arbeit würde in einem einzigen Programm ablaufen. Es wäre unabhängig vom Betriebssystem und müsste noch nicht einmal auf dem Computer installiert sein, denn die Datenbank ist als Netzwerklösung konzipiert. Nach meinen Recherchen arbeitet kaum eine Presseabteilung derart professionell. Selbst der Konzern, für den ich tätig bin, verfügt in dieser Hinsicht lediglich über primitives Handwerkszeug. Es gehen meiner Ansicht nach im Arbeitsfluss zu viele Informationen unter. Sollten sie doch berücksichtigt werden, ist der Aufwand viel zu hoch.

Ich benötige lediglich eine Hand voll Programmierer, die meine Ideen umsetzen. Zusammen mit dem IT-Spezialisten, mit dem ich mich heute treffen will, haben wir von den Vermarktungsmöglichkeiten geträumt. Die Software würde ich in meinem Medienbüro einsetzen, sodass ich mehr Kunden mit weniger Aufwand noch effektiver betreuen kann. Ein Wettbewerbsvorteil, der dafür sorgen wird, ausgebucht zu bleiben – in Kombination mit meinem unerschöpflichen Ideenreichtum und meiner grenzenlosen Schaffenskraft.

Der Termin ist wichtig, dennoch stellt Unlust die Untertreibung des Jahrhunderts dar. Meine Motivation ist im Keller und gräbt ein

Loch. Jede Zelle meines Körpers schreit, ich solle etwas anderes tun, doch ich weiß nicht, was. Außer Arbeiten fällt mir kaum etwas ein, womit ich meine Lebenszeit füllen kann. Es brodelt in mir. Mein Gesprächspartner ist zur vereinbarten Zeit nicht da und ich bin gezwungen, vor seinem verschlossenen Geschäft zu warten. Vergeblich. Auf seinem Mobiltelefon kann ich ihn nicht erreichen. Wütend stapfe ich davon, es beginnt zu nieseln. Trotzdem gehe ich nicht auf dem direkten Weg nach Hause. Dort empfangen mich nur die Langeweile und die Leere, in der ich zu ertrinken drohe. Ich hämmere auf die Fußgängerampel ein, da sie mir zu lange braucht, um auf grün umzuschalten. Am liebsten würde ich dem nächsten, der mich anspricht, eins in die Fresse geben, aber niemand tut mir den Gefallen. Endlich verschwindet das kleine rote Männchen und macht seinem grünen Kollegen Platz.

Die Straße überquerend bemerke ich im Augenwinkel einen Linksabbieger, der die grüne Fußgängerampel und mich zu übersehen scheint. Ich stapfe im gleichen Tempo weiter. Soll er mich doch überfahren, dann hat das Elend ein Ende. Doch das Fahrzeug erwischt mich nicht. Als wir auf gleicher Höhe sind, schlage ich mit meiner Faust gegen das Hintertürfenster. Der laute Schlag erschreckt den Fahrer, denn er zuckt zusammen. Ihm wünsche ich die Pest an den Hals. Warum hat mich dieses dämliche Arschloch nicht über den Haufen gefahren und warum konnte ich nicht ein wenig schneller laufen? Ich versage sogar dabei, mich umzubringen. Meine Faust schmerzt, doch der Schmerz fühlt sich gut an. Er beweist, dass es in meinem Innern noch einen Funken Leben geben muss.

Mir wird bewusst, dass ich in letzter Zeit häufiger die Straßenseite wechsele, ohne auf den fließenden Verkehr zu achten.

Mein Leben wird immer unerträglicher. Ich habe vor Monaten eine Grenze übertreten; eine Rückkehr ist unmöglich. Der Sinn meines Lebens war noch nie so weit entfernt wie jetzt. Dabei bin ich ein Macher, habe mich immer wieder an den eigenen Haaren aus dem Sumpf gezogen. Ich bin genial, unfehlbar und eine zuverlässige Arbeitsmaschine.

Seit Wochen schlafe ich aufgrund von Albträumen schlecht. Immer wieder schrecke ich auf und sitze kerzengerade im Bett. Mein Herz hämmert. Morgens mag ich nicht aufstehen. Stundenlang kann ich die Zimmerdecke anstarren. Im Badezimmer trödele ich bei der Morgentoilette, dusche beispielsweise ungewöhnlich lange. Später sitze ich in der Küche neben der Kanne und warte, bis der Tee durchgezogen ist. Das verschafft mir einen weiteren Aufschub von mindestens fünf Minuten.

Dieses Spiel kann ich nicht bis in die Abendstunden hinein ausdehnen, sondern ich muss mich der Arbeit stellen. Wenn ich mein Heimbüro betrete, bin ich wütend auf mich, meine Zeit verplempert zu haben. Längst arbeite ich in einem gedrosselten Tempo, weil ich für die Überholspur keine Kraft mehr habe. Meine Hände zittern, wenn ich am Computer sitze, und zielsicher reihe ich einen (Anfänger-)Fehler an den nächsten.

Nach einem Telefonat mit Tamara kann ich mich nicht mehr auf den Beinen halten, sacke in mich zusammen und klammere mich an den Heizkörper. Ich habe etwas falsch gemacht, muss dies in kurzer Zeit korrigieren und ich kann es nicht. Nicht mehr. Früher war alles anders. Früher hätte ich nicht einmal mit der Wimper gezuckt. Früher hätte ich es gleich richtig gemacht.

Bald wird man herausfinden, dass ich meinen Job nicht beherrsche, dass ich allen etwas vorgemacht habe. Immer tiefer steigere ich mich in die Wahnvorstellung hinein. Sobald das Telefon klingelt, haben mich Panikattacken im Griff. Es kommt vor, dass ich den kompletten Gesprächsinhalt vergesse, sobald ich den Hörer auflege. Mir ist klar, dass ich nicht fragen kann, worüber mein Gesprächspartner und ich uns vor zehn Sekunden unterhalten haben. Scheiße! Daher erledige ich die Aufträge in der Art, wie ich glaube, sie abgesprochen zu haben, und hoffe auf das Beste. Meist hoffe ich vergebens, denn ich habe wieder einmal einen Fehler begangen. Es muss ermüdend sein, mit mir zu arbeiten. Bald werden mich alle hassen.

Ich bin ein Wrack und weiß nicht warum. Die Arbeit mit Tamara wird für mich zur Qual. Ihr habe ich so viel zu verdanken. Sie hat mir vertraut und mir die finanzielle Sicherheit ermöglicht. Nun hintergehe ich sie in der Art, dass ich meine Leistung nicht erbringe. Ich bin ein Schwein. Ein undankbares, unfähiges Schwein. Wenn ich noch mehr Fehler mache, verliere ich den Auftrag. Ich brauche das Geld. Bald bin ich schuldenfrei, zudem habe ich vor Kurzem eine Schreibkraft auf 400-Euro-Basis eingestellt. Arbeitgeber zu sein, ist ein tolles Gefühl, glaube ich zumindest.

Schon lange fühle ich außer Angst kaum noch etwas. Sehe ich einen lustigen Film, denke ich, jetzt musst du lachen und verziehe trotzdem keine Miene. Nichts berührt mich mehr. Ich ziehe mich weiter in mein Schneckenhaus zurück, damit niemand merkt, wie elend es mir geht. Es muss mir irgendwie gelingen, den Schein zu wahren, ich benötige nur Zeit. Früher oder später wird mir eine Lösung einfallen.

Probleme mag ich, denn je mehr davon ich bewältigen kann, umso höher ist mein gesellschaftlicher Wert. Man könnte es mit einem Aktienkurs vergleichen. Es ist wie im Film: Eiskalt entschärfe ich die Bombe, während der Countdown läuft. Als nur noch eine Sekunde bis zu verheerenden Explosion verbleibt, habe ich den richtigen Draht identifiziert und gekappt. Lange halte ich mich mit meinem Erfolg nicht auf, denn es gibt noch unzählige Bomben, die darauf warten, von mir entschärft zu werden – und wenn ich sie zuvor selber legen muss. Daher bin ich mir sicher, meine Probleme im Griff zu haben und sie spätestens in der letzten Sekunde lösen zu können. So war es immer und so wird es auch jetzt sein.

Augenscheinlich keine Hilfe ist der Film „Free Rainer"[2], den ich mir auf DVD gekauft habe. Der gnadenlose TV-Produzent Rainer findet sein Gewissen. Er erkennt, dass er mit den billigen Programminhalten die Zuschauer verdummt und die Massen in Lethargie hält. Um dies zu ändern, konzipiert er nach einer persönlichen Lebenskrise ein Format, welches die Menschen mit wahrhaftigen Informationen und echtem Nutzwert versorgt. Nach der ersten Ausstrahlung werden keine weiteren Folgen gesendet: Die Einschaltquoten sind unterirdisch. Rainer beginnt sich dafür zu interessieren, wie die Zahlen zustande kommen. Er vermutet, dass die Daten manipuliert werden. Doch sie stimmen, auch wenn lediglich der Fernsehkonsum von einem winzigen Bruchteil der Zuschauer erfasst und dann auf die Gesamtbevölkerung hochgerechnet wird. Rainer schlägt die quotengeile Gesellschaft mit ihren eigenen Waffen und löst damit eine wahrhaftige Medienrevolution aus. – Der Film deprimiert mich zutiefst. Mein Wunsch war es, durch meine journalistische Arbeit zu inspirieren und wahre Informationen zu verbreiten. Wie konnte es nur so weit kommen, dass ich in der Propagandamaschinerie gelandet bin?

Eines Morgens wache ich auf und überlege ernsthaft, aus dem Fenster zu springen. Die Alternative wäre, mit meiner Arbeit zu beginnen. Bei beiden Optionen verschließt sich mir ein tieferer Sinn und das gibt mir endgültig zu denken. Mit mir stimmt etwas nicht.

Der Paukenschlag

Im Dezember 2008 ist meine Aufgabe simpel. Für den Großkunden muss ich einen Pressetext verfassen, reiner Standard, der zudem aus meiner Sicht moralisch vertretbar ist. Inhalt und Tenor habe ich mit Tamara am Telefon besprochen. Hierzu aktivierte ich meine ganze Energie und Aufmerksamkeit, sodass ich mir das vollständige Gespräch merken konnte. Mir liegen alle Informationen vor und die ersten Formulierungen sind mir bereits eingefallen. Manchmal ist der Anfang eines Textes schwer, wenn einem eine leere Seite auf dem Monitor entgegenblickt. Habe ich die ersten Zeilen geschrieben, ergibt sich der Rest meist von selbst. Sprich, wenn es einmal fließt, dann fließt es weiter.

So auch heute. Tatsächlich sind die ersten Zeilen vielversprechend und ich bin zuversichtlich, den gewünschten Textumfang bald erreicht zu haben. Mittendrin reißt der Faden. Die Formulierungen kreisen in meinem Kopf, doch ich bekomme sie nicht mehr zu fassen. Meine Finger tippen einen völlig anderen Text. Jede Zeile ist für sich betrachtet eine wahre Katastrophe, ein Zusammenhang ist nicht zu erkennen. So sehr ich mich auch bemühe, ich mache alles nur noch schlimmer.

In meinem Gehirn hat irgendjemand mit einem „Klick" das Licht ausgeschaltet, einfach so, ohne mich vorzuwarnen. Mit einem Schlag bin ich mir vollkommen sicher. „So fühlt es sich also an, wenn man verrückt wird", schießt mir durch den Kopf. Nun bin ich mir sicher, was mit mir nicht stimmt. Ich sehe es völlig „klar" vor mir: Ich habe im Alter von 28 Jahren meinen Verstand verloren. Was jetzt? Werde ich abgeholt und weggesperrt, damit ich nicht auch noch den Rest der gesunden Bevölkerung infiziere? Müsste ich jemanden anrufen? Wenn ja, wen? Die Polizei oder doch eher die Feuerwehr?

Die Situation überfordert mich. Schließlich schicke ich Tamara einen halbfertigen Text, den sie rettet.

Es führt kein Weg mehr daran vorbei, mit jemandem über meine Situation zu reden. Zumindest das ist mir klar. Ich rufe Tamara an und bitte um ein persönliches Gespräch. Bald darauf sitze ich an ihrem Besprechungstisch. Es fällt mir schwer, Tee zu trinken, ohne die Hälfte zu verschütten, so stark zittern meine Hände. Nur mit Mühe halte ich meine Tränen zurück. Da mir gleich die Stimme versagt und ich ins Stottern gerate, mache ich es kurz: „Ich bin am Ende." Tamara schaut mich entsetzt an und ich beginne zu erzählen. Im Grunde bin ich nur noch eine seelenlose Hülle, ein Schatten meiner selbst, doch das ist schwer in Worte zu fassen. Ihre weitere Reaktion überrascht mich vollends: Verständnis. Ich sei nicht verrückt geworden, sondern ausgebrannt. Erstmals fällt der Begriff Burnout. Vielen Menschen würde es so ergehen wie mir, was für mich unglaublich klingt. Mittlerweile lebe ich so isoliert, dass es für mich nahezu unvorstellbar ist, mit anderen Menschen etwas gemeinsam zu haben.

Wir erarbeiten einen kleinen Aktionsplan, wie wir die Arbeit für den Großkunden bewältigen können, und teilen ihm mit, dass ich aus gesundheitlichen Gründen in naher Zukunft ausscheiden werde. Zunächst gibt es noch viel zu tun, denn es hat sich einiges angesammelt. Tamara muss hinter mir die Scherben aufsammeln und kassiert eine deftige Rüge für meine unprofessionelle Arbeit. Das schmerzt mich sehr. Sie macht mir dennoch kaum Vorwürfe, auch wenn sie zu Recht sauer auf mich ist. Ich kann ihr nicht erklären, warum ich erst die Karre in den Dreck fahren musste, bevor ich meinen Mund aufgemacht habe – deswegen fühle ich mich unendlich schuldig. Immerhin beschäftige ich mich beruflich mit Kommunikation. Im Nachhinein betrachtet eine seltsame Berufswahl für jemanden, der in vielerlei Hinsicht nicht die Zähne auseinander bekommt.

Tamara hat lediglich eine eindringliche Bitte, die ich alleine aufgrund meiner Schuldgefühle kaum ablehnen kann. Sie ringt mir die Zusage ab, einen Arzt aufzusuchen. Wozu das gut sein soll, weiß ich nicht, denn wie sollte mir ein Mediziner helfen können? Dafür müsste er meine Probleme verstehen, die mir selber ein Rätsel sind. Selbst wenn er meine Situation nachvollziehen kann, müsste er darüber hinaus noch Lösungsmöglichkeiten kennen. An Letzterem zweifle ich sehr. Zudem habe ich seit Jahren keine Arztpraxis mehr von innen gesehen – dafür hatte ich schlicht keine Zeit. Lediglich die Zahnarztbesuche waren regelmäßig, was mich auch nicht weiterbrachte. Ergo gibt es in meinem Leben seit langer Zeit niemanden mehr, der die Funktion eines Hausarztes hat und mich daher bestens kennt. Schließlich wähle ich auf das Geradewohl aus den Gelben Seiten einen Allgemeinmediziner aus und bekomme schnell einen Termin. Mittlerweile zeigt der Kalender den Januar 2009 an.

In der Arztpraxis fühle ich mich äußerst unwohl. Sämtliche Handlungen – wie sich am Empfang anmelden, Versicherungskarte zücken und dergleichen – sind mir erschreckend fremd. Wie mittlerweile häufig, muss ich mich bewusst anstrengen, um meine Reste von Aufmerksamkeit und Konzentration aufbringen zu können. Darüber hinaus hoffe ich inständig, dass die Arzthelferinnen und die anderen Patienten meine verzweifelte Situation nicht bemerken. Ich stelle mir vor, dass sie ganz genau wissen, was mit mir los ist, es sich aber nicht anmerken lassen. Sobald ich außer Hörweite bin, reden sie garantiert abschätzig von mir. *So jung und schon so krank, für den kommt doch jede Hilfe zu spät! Wie konnte er nur dermaßen dumm sein, sich in seine jetzige Lage zu bringen? So ein Idiot.* Ich schäme mich in Grund und Boden.

Im Wartezimmer versuche ich, einen normalen Eindruck zu machen. Daher schaue ich mir die Bilder an der Wand an und blättere augenscheinlich interessiert durch Zeitschriften. Manchmal lese ich sogar einen Text, dessen Inhalt ich augenblicklich wieder vergesse. Dennoch beweise ich auf die Art, intelligent genug zu sein, um noch lesen zu können. Vielleicht denkt mein Umfeld dann, die Hilfe käme noch nicht zu spät. Doch halt, hier begehe ich einen Denkfehler, wie mir klar wird: Ich setze voraus, dass es im Bereich des Möglichen liegt, mir zu helfen. Das ist aus meiner Sicht eher unwahrscheinlich. Wenn ich 90 Jahre alt werde, muss ich noch über 60 Jahre in diesem Zustand vor mich hinvegetieren. Ich würde mir und vor allem der Gesellschaft zur Last fallen. Wäre schön, wenn es die Möglichkeit gäbe, sich einschläfern zu lassen. Sanft und ruhig würde ich aus dieser Welt scheiden. Ohne Schmerzen und keinen Dreck hinterlassend wie bei einem Sturz vom Hochhaus.

Mein Gedankengang wird unterbrochen, denn ich werde aufgerufen. Ich versuche, die Arzthelferin zu identifizieren, die nach mir rief, um ihr auf wackeligen Beinen zu folgen. Sie führt mich in einen Untersuchungsraum und ich bedanke mich, sie anlächeln kann ich nicht. Ich glaube zu hören, dass meine Stimme zittert. Mein Plan, gesund zu wirken, ist gescheitert. Im Nachhinein ist er sogar lächerlich: Wenn ich vollkommen gesund wäre, würde ich nicht hier sitzen. Doch damals ist mir diese simple Tatsache nicht klar.

Der Arzt tritt ein und hat eine Überraschung für mich. Der sanftmütige Mann mittleren Alters nimmt sich die Zeit für ein intensives Gespräch. Er beruhigt mich mit seiner Art dermaßen, dass ich seinen Worten folgen kann. Das Wunder ist eingetreten: Er versteht meine verkorkste Lage und bringt Zusammenhänge auf den Punkt. Unmissverständlich macht er deutlich, dass ich weder verrückt sei noch meinen Verstand verloren habe. Was Tamara mir erzählte, bestätigt mir der Arzt: Ich bin ausgebrannt und stehe damit alles andere als alleine da.

Schließlich gehen wir für eine Ultraschalluntersuchung in einen benachbarten Raum. Der Arzt möchte wissen, ob meine chronischen Bauchschmerzen organische Ursachen haben. Im Nachhinein glaube ich, uns beiden war bewusst, dass die Symptome psychischer Natur waren. Vielleicht wollte mir der Arzt zeigen, dass er mich ernst nimmt. Auf jeden Fall tut es meiner Seele gut, nicht nur zu reden, sondern auch etwas Konkretes zu tun. Was genau, ist fast schon zweitrangig. Noch nie zuvor war es dermaßen schön, einen Ultraschall gemacht zu bekommen. Umständlich öffne ich mein Hemd und lege meinen Bauch frei. Das Gel ist kalt. Der Arzt erklärt mir, was ich auf dem Monitor sehe, und dass alles in Ordnung zu sein scheint.

Zurück im ersten Raum diagnostiziert er ein depressives Erschöpfungssyndrom, womit er mir endgültig den Versager-Stempel aufdrückt. Daran kann auch die zuvorkommende Art des Arztes nichts ändern. Meine Welt steht Kopf, ich habe alles verloren, woran ich geglaubt habe. Alles stelle ich in Frage, mein Selbstbild, sämtliche Glaubensvorstellungen, meine Lebensaufgabe, alles. Nichts ist mehr so, wie es einmal war.

In all dem Chaos habe ich jedoch ein kleines bisschen Klarheit gewonnen: Ich beginne zu ahnen, was mit mir los ist. Das große

Unbekannte hat einen Namen, auch wenn ich mich darüber nur bedingt freuen kann.

Der Arzt fragt, ob ich Medikamente einnehmen möchte, und ich lehne ab. Ich möchte keine Sucht heraufbeschwören, denn es war bereits schwer genug, beim Alkohol standhaft geblieben zu sein. Zudem kann ich Nebenwirkungen gebrauchen wie ein Loch im Kopf, denn ich bin verwirrt genug. Daher gibt mir der Doktor Johanniskrauttabletten und eine Überweisung zum Neurologen mit auf den Weg.

Meine Naturarznei nehme ich sofort, mit dem Termin beim Neurologen tue ich mich schwer. In meinem Kopf geistern die Bilder von (angeblich) verrückten Menschen, die weggesperrt werden – nachts ans Bett gefesselt und bis zur Unterlippe mit Psychodrogen abgefüllt. Ich begreife meine Lage jedoch als so hoffnungslos, dass ich zum Telefonhörer greife und einen Termin vereinbare. Wieder ziehe ich die Gelben Seiten zurate.

Einige Tage später sitze ich dem Neurologen gegenüber und erkläre meine Lage, was mir bereits ein wenig leichter fällt. Ich gestehe erstmals ein, in den letzten Monaten drei kleinere „Zusammenbrüche" in Form von Sinnkrisen durchgemacht zu haben. Die Intensität hat sich jedes Mal gesteigert, doch es ist mir bisher stets in kurzer Zeit gelungen, die Krise zu unterdrücken. Dazu habe ich mich vermehrt meiner Arbeit zugewandt und, ehrlich gesagt, schwebt mir vor, wieder so zu handeln, wenn ich dazu annähernd in der Lage wäre. Der Neurologe meint, dass ich wie gehabt mit der Situation umgehen könne, und ich schöpfe für wenige Sekunden Hoffnung. Doch diese zerschmettert er augenblicklich. Er würde in solch einem Fall meinen ersten Herzinfarkt oder Schlaganfall in den nächsten sechs Monaten erwarten. Peng, Treffer und versenkt. Wie lange ich pro Tag arbeiten könne, möchte er wissen. Wenn ich mich stark anstrenge und mindestens zwölf Stunden schlafe, kann ich mich für zwei Stunden konzentrieren. Danach ist der Akku leer, mehr ist momentan nicht machbar. Daraufhin teilt er mir mit, was ich schon längst weiß: Er kann mir nicht helfen. Während ich glaube, dass er das generell nicht kann, meint er wohl, es sei einfach zu spät. Am liebsten würde ich jetzt aufstehen und gehen.

Es ist mir langsam egal wie, aber ich muss wieder fit für die Arbeit werden. Einige Tage zuvor habe ich einen Auftrag von einem Neukunden erhalten. Ein Leser meiner Artikel hat mich einem Verlag als Medienberater empfohlen. Das Unternehmen möchte zeitgleich mit einer Buchneuerscheinung eine Pressemitteilung herausgeben. Da ich höflich bin und ich niemanden enttäuschen möchte, mache ich ihm ein schriftliches Angebot. Darin enthalten ein Preis, von dem ich mir sicher bin, dass er hoch genug ist, um den Auftraggeber abzuschrecken. Kurz nachdem ich die PDF-Datei per E-Mail verschickt habe, rattert das Faxgerät. Es ist mein Angebot. Unterschrieben – damit ist der Auftrag erteilt.

Der Neurologe lacht kurz auf. Ich und fit für die Arbeit? Während er zum Telefonhörer greift, sagt er mir, was er vorhat: Er vereinbart umgehend einen Aufnahmetermin in einer psychosomatischen Klinik. Wir reden aneinander vorbei. Will der Kerl nicht verstehen, dass ich dafür keine Zeit habe? Außerdem bin ich skeptisch. „Psycho" und „Klinik" klingen für mich deutlich nach Klapse. Dabei war ich bisher mit allen einig, nicht bekloppt zu sein.

Ich atme tief durch und bitte den Neurologen zu erzählen, was in der Klinik mit mir passieren wird. Schließlich erkennt er meine Bedenken und macht mir klar, dass ich in keine geschlossene Anstalt käme. Viel eher würden mich tiefenpsychologische Gespräche, Körperwahrnehmungsschulungen, Malen, Töpfern, Besuche in der Natur und dergleichen erwarten. Irgendwie gelingt es mir dabei, keine Miene zu verziehen, obwohl ich liebend gerne mit den Augen gerollt hätte. Meine Gegenwehr ist kläglich, ich bin zu erschöpft. Der Aufnahmetermin ist in sechs Wochen.

Betäubt verlasse ich die Praxis und laufe wie in Trance nach Hause. Den neuen Auftrag kann ich abwickeln, das passt zeitlich. Meinen Steuerberater muss ich anrufen, damit wir die Umsatzsteuererklärung rechtzeitig abgeben. Jemand muss sich um meine Post kümmern und hoffentlich ist die Aufnahmekapazität des Anrufbeantworters ausreichend. Erst in meiner Wohnung bahnt sich die Erkenntnis, ernsthaft erkrankt zu sein, ihren Weg in mein Bewusstsein. Der Ernstfall, der niemals hätte eintreten dürfen. Ich bin jung und stark, eine längere Zeit krank? – Unmöglich! Daher bin ich für solch einen Fall nicht vorbereitet: Keine Berufsunfähigkeitsversicherung, kein Krankentagegeld, keine nennenswerten Ersparnisse. Ich rufe meinen Vater an, der wie immer in Hektik ist. Für ein längeres Gespräch hat er keine Zeit, also mache ich es kurz. Ich erkläre ihm, dass ich in sechs Wochen in eine Klinik komme. Dort würde ich mindestens einen Monat bleiben. Er ist geschockt und das erste Mal seit langem habe ich das Gefühl, seine volle Aufmerksamkeit zu besitzen. Ob es mir wirklich so schlecht ginge und warum ich nicht früher etwas gesagt hätte, möchte er wissen. Das hatte ich, und zwar so deutlich, wie es mir möglich war. Ich erinnerte ihn an meinen Gewissenskonflikt, doch mein Vater nahm anscheinend kaum etwas von dem, was ich sagte, ernst.

Die Termine bei den Ärzten sind hart und zehren an meinen Nerven. Dennoch steht mir der schwierigste Gang noch bevor. Mehrmals überlege ich hin und her, wie er sich vermeiden ließe. Mir fällt keine Lösung ein, was mich bei meinem derzeitigen Zustand auch nicht sonderlich überrascht. Zaudernd ziehe ich meine Schuhe an und versuche nicht daran zu denken, dass ich die Reste meiner Menschenwürde gleich im Klo herunterspülen werde.

Etwa eine Viertelstunde später reihe ich mich in die Warteschlange ein. Bald bin ich dran und werde nach meinem Anliegen gefragt. Am liebsten würde ich meine Antwort flüstern, aber das ergibt keinen Sinn. Jeder Anwesende weiß, warum ich hier bin. In den nächsten Wochen werde ich keine Einnahmen erzielen, ob ich überhaupt noch einmal arbeiten kann, frage ich mich lieber nicht. Daher mache ich es so knapp wie möglich und erkläre, dass ich einen Antrag auf Arbeitslosengeld II abholen möchte.

So, jetzt ist es raus. Doch anstatt angeekelt das Gesicht zu verziehen, reicht mir die freundliche Dame am Empfang das entsprechende Formular und erklärt mir irgendetwas. Ich nicke höflich, verstanden habe ich kein Wort. Am liebsten würde ich vor den nächsten Zug springen, der Bahnhof ist nicht allzu weit entfernt. Nie im Leben hätte ich gedacht, noch einmal auf die Hilfe vom Amt für Arbeit & Soziales angewiesen zu sein.

In den letzten Monaten hatte ich mehr Geld verdient als jemals zuvor in meinem Leben. Einen Großteil davon überwies ich diversen Gläubigern, um meine Schulden abzubauen. Der Schuldenberg ist aktuell auf wenige offene Verpflichtungen geschrumpft. Finanzielle Reserven existieren nur in meinen Träumen und wer konnte schon ahnen, dass ich nicht ewig auf Hochtouren laufen kann?

Mit eingezogenem Kopf und jeden Blickkontakt mit anderen Passanten möglichst meidend mache ich mich auf den Weg nach Hause. In Ruhe versuche ich das Formular zu studieren. Mein Plan sieht vor, mir zuerst die Fragen und unterschiedlichen Punkte anzuschauen, sie sacken zu lassen und dann am nächsten Tag zu beantworten. Mein Herz klopft. Das ärgert mich. Ein beschissenes Formular jagt dem ehemals genialen Journalisten und PR-Berater Angst ein.

In der Nacht schlafe ich wie meistens schlecht. Am nächsten Tag gibt es nur eine Aufgabe, mehr plane ich wenn möglich nicht mehr ein. An meinem Schreibtisch fülle ich das Formular aus und muss jede Menge Unterlagen in Kopie beilegen. Sie sind dermaßen unterschiedlichen Charakters, dass ich sie aus unzähligen Aktenordnern und Kisten zusammensuchen muss. Es dauert nicht lange und mein Büro sieht aus, als wäre ein Wirbelsturm hindurchgefegt. Nur mit Mühe behalte ich den Durchblick, zumindest glaube ich, ihn noch zu haben. Stechende Kopfschmerzen stellen sich ein. Ich sortiere, fülle aus, korrigiere, rechne, kopiere und habe das Gefühl, neben mir zu stehen. Am liebsten würde ich aus meinem Büro rennen und mich auf dem Sofa verkriechen. Doch ich beiße mich durch, auch wenn ich fürchte, meine Nerven endgültig zu verlieren.

Geschafft. Das Formular ist ausgefüllt und mitsamt den Kopien stecke ich es in einen dicken Umschlag. Der Papierstapel ist mehrere Zentimeter hoch. Die Unterlagen gebe ich persönlich ab.

Zurück im Amt für Arbeit & Soziales ziehe ich eine Wartenummer und versuche, nicht weiter aufzufallen. Ängstlich schaue ich mich um, ob mich jemand erkennt. Nach quälenden Minuten steht auf einer Anzeigetafel meine Nummer und zu welchem Tisch ich gehen muss. Ich atme tief durch und sitze kurz darauf einer übellaunigen Mitarbeiterin gegenüber. Sofort fühle ich mich von ihrem herablassend-genervten Tonfall und ihren schnellen, aggressiven Bewegungen eingeschüchtert. Warum ich überhaupt Arbeitslosengeld II beantragen würde. Weil ich gerade im Lotto gewonnen habe, hätte ich in besseren Tagen gekontert. Die Zeiten sind längst passé und kommen mir mit jedem neuen, vernebelten Tag immer unwirklicher vor. Stotternd erkläre ich, Freiberufler zu sein und für längere Zeit in eine Klinik gehen zu müssen. Daher würde ich keine Einnahmen erzielen und hätte aufgrund von Altschulden keine Vorsorge treffen können.

Falls ich so etwas wie ehrliches Interesse oder gar Mitgefühl erwartet habe, werde ich bitterlich enttäuscht. Unwillig zeigt sie mir Stellen in den Formularen, die ich nicht ausgefüllt habe. Wo kommen diese Punkte auf einmal her? Die Papiere habe ich mehrfach kontrolliert, doch den besagten Abschnitt sehe ich zum ersten Mal. Das würde ich vor jedem Gericht der Welt schwören, aber wahrscheinlich würde mir das niemand glauben. Würde ich ja selber nicht. Die Punkte über und unter dem ausgelassenen Absatz sind mit krakeliger Schrift ausgefüllt, die eindeutig meiner Person zugeordnet werden kann. Nun verliert die Sachbearbeiterin endgültig die Geduld mit mir. Anscheinend hält sie mich für unfähig, womit sie meinen derzeitigen Zustand treffend einstuft. Oder aber für außerordentlich dumm.

Wissen Sie, ich bin zurzeit sehr krank, Sie sehen vielleicht, wie stark meine Hände zittern. Ich habe große Angst vor der Klinik und noch größere, nie wieder gesund zu werden. Im Grunde weiß ich selber nicht, was mit mir nicht stimmt, aber in manchen Momenten glaube ich, nicht dazu berechtigt zu sein weiterzuleben. Schließlich würde ich Sauerstoff und Lebensmittel verbrauchen, ohne eine Gegenleistung erbringen zu können. Für die Gesellschaft bin ich wertlos, ein nutzloser Esser. Daher überlege ich mir ab und an, Selbstmord zu begehen. Bitte haben Sie Verständnis dafür, dass mir das Ausfüllen sehr schwer gefallen ist und ich daher Fehler gemacht habe. Meine Lippen bleiben versiegelt, ich versuche nichts zu erklären. Es ist einfach zu peinlich. Mürrisch trägt sie die fehlenden Angaben nach.

Kurz bevor ich in die Klinik fahre, erhalte ich den Bewilligungsbescheid. Das Geld reicht knapp, um die Grundkosten zu decken, doch meine restlichen Schulden kann ich nicht weiter abzahlen. Obwohl sie im Grunde überschaubar sind, male ich mir wahre Horrorszenarien aus. Wenn nur einer der wenigen verbliebenen Schuldner mir den Gerichtsvollzieher auf den Hals hetzt, ist alles vorbei. Mit einer eidesstattlichen Versicherung, dem so genannten Offenbarungseid, im Nacken kann ich meine freiberufliche Tätigkeit vergessen – falls ich sie überhaupt wieder aufnehmen kann.

Doch zunächst heißt es warten und die letzten Angelegenheiten erledigen. In meinem Büro kann ich mich jedoch nicht mehr aufhalten, geschweige denn arbeiten. Die Wände erdrücken mich. Daher ziehe ich mit meinem Notebook und etlichen Unterlagen ins Wohnzimmer um.

Hier habe ich eine Ecke als Zweitbüro abgeteilt, da ich vor Wochen zusätzlichen Platz für ein Projekt einer regionalen Tageszeitung brauchte. Die Büromöbel hatte ich an einem Sonntag in der Firma meines Vaters abgeholt, da sie dort überzählig waren.

Im Sommer 2008 entstanden hier Inhalte der Multimedia-Rubrik der erwähnten Tageszeitung. Die Zusammenarbeit war erstmalig im Frühjahr 2008 ins Auge gefasst und im Sommer umgesetzt worden. Geplant war, turnusmäßig exklusive Berichte zu liefern, darunter Tests von Computerspielen und Software. Dazu benötigte ich einen hochmodernen Rechner, den ein von mir angeworbener Sponsor zur Verfügung gestellt hatte. Im Auftrag der Zeitung besuchte ich mehrere Tage die Games Convention, die damals noch in Leipzig stattfand. Ich lief unzählige Kilometer durch Messehallen, schaute mir Präsentationen an und führte jede Menge Gespräche. Das Projekt der Tageszeitung fand Anklang und somit konnte ich breite Unterstützung gewinnen. Sehr oft hatte ich im Sommer und Herbst in meinem „regulären" Büro Feierabend gemacht, zu Abend gegessen und dann im „Zweitbüro" weitergearbeitet. Mein Anspruch war es, wahrhaftige Berichte zu liefern, die Recherche dazu war sehr zeitaufwändig – vor allem, da ich die Produkte ausprobieren musste. Drei Multimedia-Seiten sind auf diese Weise entstanden.

Die Kooperation ist anstrengend, da diese anscheinend von Teilen der Redaktion missbilligt wird. Es kommt zu Unstimmigkeiten und schließlich ziehe ich die Reißleine. Nachdem ich offen ausgesprochen hatte, dass die seitens der Zeitung eingebrachten Fehler in der Berichterstattung aus meiner Sicht absichtlich hineingeraten waren, platzte eine Bombe. Enttäuscht beendete ich die Zusammenarbeit und das Zweitbüro wurde zu einem offenkundigen Mahnmal des Scheiterns. Dennoch ziehe ich die Räumlichkeit meinem regulären Büro vor, welches ich allenfalls widerstrebend und lediglich für kurze Zeit betreten kann.

Für den erwähnten Neukunden baue ich einen Verteiler auf, verfasse eine passable Pressemitteilung und verschicke sie zum vereinbarten Termin. Woher ich die Kraft dafür nehme, ist mir bis heute ein Rätsel. Die Rechnung stelle ich gerne, denn ich werde in den Wochen meines Krankenhausaufenthalts kein Geld verdienen. Ob und wann ich wieder arbeitsfähig sein werde, steht noch in den Sternen.

Dennoch mache ich mir kaum Druck, mehr zu arbeiten, denn ich würde mir nur beweisen, dass ich es nicht kann. Das tue ich im privaten Alltag schon zur Genüge, denn dieser überfordert mich zusehends. Es ist fast so, als würde ich in einem riesigen Wackelpudding stecken, denn es ist anstrengend, überhaupt etwas zu tun. Nichts geht voran und jede Aktion kostet unendlich viel Kraft. Am liebsten würde ich den ganzen Tag schlafen und damit die Augen vor dem Elend verschließen. Benötige ich drei Dinge aus dem Supermarkt, muss ich sie mir notieren. Sobald ich im Laden stünde, würde ich nicht mehr wissen, was ich einkaufen wollte. Wache ich morgens mit dem Bewusstsein auf, drei Dinge aus dem Supermarkt besorgen zu müssen, so nimmt mich unweigerlich eine Panikattacke in Besitz. Ob ich die Aufgabe bewältigen kann? Kehre ich vom Einkauf zurück, bin ich völlig erschöpft.

Das Treppenhaus müsste ich putzen, was einen Aufwand von 20 Minuten bedeutet. Ich mache daraus ein Zwei-Tage-Projekt: Am ersten Tag stelle ich den Putzeimer parat und suche das passende Reinigungsmittel, um dann am Tag darauf tatsächlich zu wischen.

Die Warterei macht mich fertig, denn ich hasse es, zwischen den Stühlen zu sitzen. In manchen Momenten habe ich Angst vor dem Klinikaufenthalt, was ist, wenn er mir nichts bringt? Ich steigere mich in eine gedankliche Abwärtsspirale hinein, ich werde nie wieder klar denken, geschweige denn kreativ sein können. Mein Leben ist vorbei, meinen Platz in der Gesellschaft habe ich verspielt. Vielleicht kann mein Körper noch als Kompost nützlich sein? Als Beschäftigungstherapie verfasse ich im Wohnzimmerbüro mehrere Konzepte für die Schublade, vermerke unwichtige Termine im Kalender, beobachte das Wirtschaftsgeschehen, recherchiere ohne Auftrag und klares Ziel. Die freie Zeit wird mir zuviel und mit irgendetwas muss ich sie füllen.

Die Telefonate mit meinem Vater machen es nicht leichter. Er scheint besorgt zu sein und zeigt es auf seine Art, indem er bis zu zehn Mal am Tag anruft.

Für ausgiebige Telefonate hat er keine Zeit, denn ständig erbittet einer seiner Angestellten eine Information, sein Mobiltelefon klingelt oder mein Vater hackt weiter auf die Computertastatur ein. Bis heute bin ich mir nicht sicher, ob er mir zugehört hat. Was ich mit Sicherheit weiß, ist, dass er wenig von dem verstanden hat, was ich durchmachte. Ich bin am Boden zerstört und werde nahezu im Halbstundentakt gefragt, was es Neues gibt. Es gibt nichts Neues, ich warte auf die Klinik.

Zudem wechselt mein Vater ständig seine Meinung. Einmal hat er mit einem Bekannten gesprochen, dem Ähnliches widerfahren war. Er sei heute wieder vollständig gesund. Ein anderes Mal meint mein Vater, so einen Scheiß würde auch nur ich bekommen, kein Mensch hätte jemals das Gleiche wie ich erlebt und ich bilde mir nur ein, krank zu sein. Man würde an seinem Beispiel sehen, dass man viel arbeiten und gesund bleiben kann.

An dieser Stelle lasse ich seine körperlichen Beschwerden unerwähnt, die ihn teilweise seit mehreren Jahrzehnten plagen. Er ignoriert sie einfach oder schluckt mehr oder weniger regelmäßig Medikamente; um Heilung kümmert er sich nie. Wahrscheinlich hat er dafür keine Zeit.

Dennoch bestärkt mich mein Vater in meiner Annahme, alle anderen Menschen würden dem Druck standhalten und nur ich sei zu schwach dafür.

Das Unverständnis schmerzt, denn zu diesem Zeitpunkt ist mein Vater mein einziger Familienkontakt und ich habe keine Kraft, mich zu wehren. Wenn ich nicht ans Telefon gehe, lässt mein Vater es durchklingeln und versucht es zwei Minuten später erneut – so komme ich auf keinen Fall zur Ruhe. Telefonterror, meine Nerven liegen blank. Manchmal nehme ich den Akku aus dem Telefon, doch dann verpasse ich womöglich andere, wichtige Anrufe.

Ein Gespräch mit meinem Vater ist besonders heftig, denn seine heutige Ehefrau hat ihm „erklärt", dass ich bekloppt geworden sei und ich deshalb in die Psychiatrie käme. Wie sie auf solch einen Gedanken kommt, kann ich nicht nachvollziehen. Zu keiner Zeit haben wir miteinander gesprochen, meine Situation kann sie nur aus Erzählungen von meinem Vater kennen, der eventuell gar nicht richtig zugehört hat. Nicht nur stille Post, sondern auch unbewusste und an der Wahrheit desinteressierte Post.

Das ist das Problem meines Vaters: Er informiert sich nicht umfassend und ist leicht beeinflussbar. Darüber hinaus sieht er sich fast ausschließlich für sein Unternehmen verantwortlich und delegiert alles andere gerne. Das kommt mir unerwartet zugute, denn mein Vater stellt mich vor vollendete Tatsachen: Er hat meine Tante angerufen und sie über meinen Gesundheitszustand informiert. Fünf Jahre haben wir nicht miteinander gesprochen, meine Familie wusste noch nicht einmal, dass ich wieder in meiner Heimatstadt wohne. Ich schimpfe mit meinem Vater, denn ich habe schon genug Stress. Was hat meine Familie mit meinem Leben zu tun? Gar nichts.

Bald darauf klingelt das Telefon. Meine Tante ist am Apparat. Holpernd kommt ein Gespräch zustande, von dem ich mich überfordert fühle. Wenig später fragt mich eine andere Anruferin, ob ich weiß wer sie sei. Natürlich erkenne ich die Stimme meiner Mutter – auch mit ihr hatte ich jahrelang kein Wort gewechselt. Der Kontakt war im Sande verlaufen und ich hatte meinen beruflichen Erfolg als wichtiger angesehen. Um Freunde und Familie konnte ich mich nach meinem Durchbruch kümmern. Zudem hatte ich bislang das Gefühl, dass sich meine Familie nicht sonderlich für mich interessierte.

Ich war wütend auf meinen Vater, dass er mir die Entscheidung, ob ich den Kontakt wünsche oder nicht, einfach abgenommen hatte. Ob es seine Intention war, mir zu helfen oder sich selber aus der Verantwortung zu ziehen, weiß ich nicht. Im Grunde ist es auch irrelevant. Fakt ist, dass er erste, wichtige Schritte eingeleitet hat.

Einige Tage später besuche ich meine Tante und meine Großeltern. Sie wohnen etwa 15 Kilometer entfernt unter einem Dach. Mein Onkel befindet sich zu diesem Zeitpunkt in Kur, interessanterweise liegt seine Klinik auf der anderen Straßenseite gegenüber meiner zukünftigen Klinik. Wir trinken Kaffee und ich bin nervös. Um einen guten Eindruck zu machen, habe ich mich in Schale geworfen: Anzugshose, Hemd und Jackett.

Meine Großeltern sind alt geworden und plötzlich holt meine Oma ein Geschenk hervor. Es ist ein Pullover, über den ich mich sehr freue. Fast kullern ein paar Tränen, denn sie überreicht mir mein Weihnachtsgeschenk, welches sie einige Jahre aufbewahrt hat.

Wir reden noch über meinen Gesundheitszustand und meine Ängste vor dem Krankenhaus. Wir haben uns in den letzten Jahren alle sehr verändert und wir können ein Stück offener miteinander reden. Den Kontakt hatte ich hauptsächlich deswegen abgebrochen, weil ich mich unverstanden fühlte. Anscheinend hat meine Familie mehr von mir mitbekommen, als ausgesprochen wurde. Meine Tante wusste beispielsweise, dass ich in meinem Lehrberuf unglücklich gewesen war und darunter gelitten hatte.

Nach dem Abendessen fahre ich mit gemischten Gefühlen nach Hause. Es ist seltsam, dass jemand, der mir räumlich nahe ist, auch Anteil an meinem Leben hat.

Als ebenso seltsam empfinde ich die Begrüßung bei meinem letzten Familienstellenwochenende vor meiner Abreise. Die Teilnehmer freuen sich, mich zu sehen, und es geht herzlich zu. Sie sprechen mich mit Namen an und sind immer noch der Ansicht, dass ich wertvolle Beiträge zur Gruppenarbeit leiste. Ich selbst nehme mich als beliebig ersetzbar wahr. Niemand scheint zu ahnen, wie es mir geht – obwohl ich mich bereits ein wenig geöffnet hatte.

Bereits zwei Mal hatte ich eigene Themen aufgestellt und die Gruppe konnte mir helfen, Unbewusstes bewusst zu machen. An diesem

Wochenende bin ich lediglich „Stellvertreter". Einerseits muss ich Geld sparen, andererseits bin ich dermaßen verwirrt, dass ich gar nicht wüsste, welches Lebensthema ich wie beleuchten könnte. Dennoch erhalte ich meine Botschaften, denn es gibt immer einen höheren Sinn in der Zuweisung der Rollen. Ein Teilnehmer beleuchtet seinen inneren Widerstand, den ich deutlicher spüren kann als meinen eigenen. Das Gefühl für meine persönlichen Bedürfnisse ist praktisch nicht mehr existent.

Zumindest bin ich noch einigermaßen in der Lage, durch meine Anwesenheit an diesem Wochenende anderen Menschen zu helfen. Schließlich muss ich mein negatives Karma von meiner unehrlichen Arbeit abtragen, auch wenn ich es vor meinem Klinikaufenthalt nicht vollständig würde abarbeiten können. Während der Aufstellung erkenne ich die Analogie, denn auch ich spüre einen massiven inneren Widerstand. Ich bin fest davon überzeugt, dass mir die Therapeuten im Krankenhaus nicht helfen können, obwohl mir jeder Eingeweihte das Gegenteil versichert. Außerdem will ich mich gar nicht auf den ganzen emotionalen Kram einlassen. Mit dieser Grundhaltung wird es schwer bis unmöglich sein, wieder Boden unter den Füßen zu bekommen. Das wird mir klar, nachdem sich der Aufstellende immer noch windet, dabei ist die Lösung zum Greifen nahe und lichtvoll. Vielleicht ist es bei mir ja auch so?

Wenig später sitzen wir in der Runde und ich muss etwas ansprechen, was ich am liebsten schnell hinter mich bringen würde. Ich kündige an, am nächsten Wochenende nicht teilnehmen zu können. Bisher hatte ich keines ausgelassen und auch außerhalb der festen Termine als Stellvertreter fungiert. Ich wüsste auch nicht, wann ich wieder zurück kehren würde, denn ich sei krank und müsse auf unbestimmte Zeit in eine Spezialklinik. Fast heule ich wie ein Kind los, die heißen Tränen stehen mir bereits in den Augen. Ich schäme mich dermaßen, dass ich nicht erklären kann, woran ich erkrankt bin und wohin ich gehe.

Alle sind geschockt, Hilfsangebote schlage ich aus. Manuel dachte, ich hätte Krebs, wie er mir Monate später sagen wird. Mein ungewohnter Gefühlsausbruch erschreckte ihn. An Krebs habe ich selber schon gedacht, denn diese Krankheit wäre mir lieber. Dort kannte ich genug alternative Heilmethoden aus der Naturmedizin, doch wie ich meinen Seelenkrebs heilen soll, verschließt sich mir. Wie bekämpft man einen unsichtbaren Feind und woran erkennt man, ihn endgültig besiegt zu haben? Der Abschied ist beklemmend. Mir fehlen die Worte, meine Situation zu beschreiben. Zudem muss ich mich konzentrieren, denn bezüglich meines Klinikaufenthalts habe ich mehrere Versionen in Umlauf gebracht: Meine Kunden habe ich darüber informiert, dass ich mich für einige Wochen in den wohlverdienten Urlaub begeben werde. Ich wüsste noch nicht, wann ich wieder im Büro erreichbar sein würde, da ich zunächst meine freie Zeit genießen wolle. Nur der Großkunde weiß von nicht näher spezifizierten „gesundheitlichen Gründen". Da ich mir kaum etwas merken kann, ist es wahnsinnig anstrengend für mich, den Durchblick zu behalten. Es wäre furchtbar, wenn die Wahrheit heraus käme, und ich möchte lieber nicht daran denken.

Die weiteren Tage fliegen grau und unnütz an mir vorbei und ich aktiviere sämtliche Energiereserven. Als ich in der Sauna des Fitnessstudios meinen trüben Gedanken nachhänge, wird mir klar, dass ich fast alles in meinem Leben ändern muss. Das ängstigt mich zutiefst. Durch die Glastür sehe ich eine Frau an der Sauna vorbeilaufen. Wie schafft es das andere Geschlecht, einen neuen Lebensabschnitt zu beginnen? Wie läuten sie ihn ein?

Plötzlich macht es „klick": Ich brauche eine neue Frisur. Seit Jahren trage ich lange Haare zum Pferdeschwanz gebunden. Die Erinnerungen, aus welchen Gründen und in welcher Lebensphase ich meine Haare wachsen ließ, schmerzen mich tief im Herzen. Vieles habe ich verdrängt und liegt auch jetzt noch in meinem Unterbewusstsein vergraben.

Alleine habe ich Angst, zum Friseur zu gehen, also bitte ich Clara, mich zu begleiten. Sie ist meine erste große Liebe, noch aus der Grundschulzeit. Wir halten sporadisch Kontakt und sie kennt mich wohl von allen Außenstehenden mit am besten. Ihr kann ich nur schwer etwas vormachen, sie weiß sogar am Telefon, wann ich mit den Augen rolle.

Für meinen Klinikaufenthalt benötige ich noch Klamotten, denn ich besitze kaum Freizeitkleidung, dafür aber jede Menge Hemden und Krawatten. Da ich modisch längst hinter dem Mond wohne, haben Clara und ich uns nach dem Friseurbesuch zu einem Einkaufsbummel in ihrer Wahlheimat entschieden. Abends holt mich ihr damaliger Lebensgefährte vom Bahnhof ab. Bei den beiden übernachte ich, nächste Woche schon schlafe ich im Krankenhausbett. Ich fange an, Witze über den emotionalen Kram zu reißen, der mich in der Klinik erwartet. Die Hausbroschüre hat mich über das Therapieangebot und den ungefähren Ablauf aufgeklärt. Ich werde am Tag der Anreise von meinem „Patenpatienten" begrüßt, was für sich genommen schon wie Weiberkram klingt. Wahrscheinlich muss ich da meinen Namen tanzen, merke ich an und Claras Lebensgefährte muss lachen. Sie findet es nur mäßig witzig, denn sie durchschaut meine Taktik.

Als wir alleine sind, zeige ich ihr meine Hände: Sie zittern stark, obwohl ich in diesem Moment vergleichsweise ruhig und ausgeglichen bin. Heimlich und fast flüsternd gestehe ich, ein nervliches Wrack zu sein.

Am nächsten Tag gehen wir zwei einkaufen, ihr Lebensgefährte muss arbeiten. Mit mulmigem Gefühl sitze ich beim Friseur. Gleich ist es soweit. Meine Haare werde ich nie wieder so lang wachsen lassen, das weiß ich schon jetzt. Ich habe Naturlocken, um die mich manch einer beneidet – ich finde sie störend. Schlimm war die Übergangszeit, als ich mir die Haare wachsen ließ, sie aber noch nicht zusammenbinden konnte. Die existierenden Fotos sind bei mir fest unter Verschluss, weil ich darauf aussehe wie ein Wischmob auf zwei Beinen. Meine Entscheidung ist endgültig. Die Friseurin fragt mehrfach, ob sie die Haare schrittweise kürzen solle. Nein, soll sie nicht. Einen Scherenschnitt später ist der Pferdeschwanz Geschichte. Ob ich ihn mitnehmen wolle? Bei dem Gedanken läuft es mir eiskalt den Rücken runter. Nein, er gehört nicht mehr zu mir.

Mein Kopf fühlt sich leichter an, als habe ich einen mehrere Kilogramm schweren Helm abgenommen. An meinen Anblick muss ich mich aber noch gewöhnen. Ich bin sehr froh, dass Clara bei mir ist. Sie gibt mir Kraft und Zuversicht. Zudem wäre ich kaum in der

Lage gewesen, den Einkauf zu erledigen. Wie hätte ich wissen sollen, welche Kleidungsstücke zu mir passen, wo sie sich befinden und dergleichen. Allein die schiere Auswahl überfordert mich. Nie im Leben hätte ich die Geduld für die vielen Anproben aufgebracht. Ohne viele Worte sind wir ein eingespieltes Team: Clara weiß von mir, welche Kleidungsstücke ich benötige. Während ich mich in den diversen Umkleidekabinen umständlich aus- und anziehe, wirbelt sie bereits auf der Suche nach der nächsten Beute durch den Laden. Fast empfinde ich so etwas wie Spaß und es gelingt mir ein paar Mal, zögerlich zu lachen. Im Grunde schäme ich mich, auf ihre Hilfe angewiesen zu sein, da ich mich wie ein Kleinkind fühle. Wir beide kennen uns mittlerweile seit 21 Jahren und im Gegensatz zu ihr habe ich im Leben versagt.

Wieder zu Hause muss ich meine neuen Klamotten waschen und ich hoffe, dass sie rechtzeitig trocknen. Schnell fühle ich mich abermals überfordert, was ich jedoch in diesem Moment ignoriere. Selbst das eigentliche Packen fällt mir unendlich schwer. Noch einmal möchte ich aber nicht um Hilfe bitten.

Es ist soweit. Der Tag der Abreise ist gekommen. So lange habe ich auf ihn gewartet und nun geht es mir doch etwas zu schnell. Der Himmel ist grau und leichter Schneeregen fällt. Bei dem Anblick packe ich schnell meine Winterjacke und passendes Schuhwerk ein, denn ich habe kaum Kleidungsstücke für kalte Tage im Gepäck. Daher danke ich Petrus für den Wink mit dem Zaunpfahl.

Als ich auf der Straße stehe, blicke ich zurück aufs Haus, zurück auf das Fenster im zweiten Obergeschoss. Wenn ich dieses Gebäude das nächste Mal sehe, bin ich ein anderer Mensch. Ich drehe mich um und gehe zum Bahnhof – meinem Schicksal entgegen.

Der erste Tag

Im Zug spricht mich eine ältere Dame an und wir unterhalten uns ein wenig. Ich sei auf dem Weg in den Urlaub, erkläre ich mein Reisegepäck. Dringend müsste ich mir eine Auszeit nehmen, da ich viel und hart arbeiten würde. Ich lächle, mache Scherze und würde am liebsten aus dem fahrenden Zug springen. Es überrascht mich, wie einfach mir die Lügen von den Lippen gehen, wo ich doch im Grunde verwirrt und unzurechnungsfähig bin. Mein Kopf ist ausgeschaltet, ich agiere im Blindflug und schaffe es dennoch, eine Fassade aus dem Nichts zu zaubern und aufrechtzuerhalten.

An einem kleineren Bahnhof steige ich aus, da ich meine Reise mit dem Bus fortsetzen werde. Ich bin der einzige Passagier und der Fahrer freut sich über die Ablenkung. Wieder gebe ich meine Geschichte vom längst überfälligen Urlaub zum Besten und laufe dabei zur Höchstform auf. Der Fahrer hat einen ähnlichen Musikgeschmack wie ich und so dreht er die Lautstärke auf. Begeistert erzählt er mir alles über die Band und ihre Lieder. Als er mich am Zielbahnhof absetzt, wünscht er mir eine gute Zeit. Vielleicht sieht man sich, wenn wir in der Stadt unterwegs sind.

Unsicher schaue ich mich um, denn in der Klinik habe ich meine Ankunftszeit angegeben und ein Wagen müsste auf mich warten. Mir will der Schweiß bei der Vorstellung ausbrechen, auf dem Auto könnte der Name der Klinik als Schriftzug angebracht sein. Hoffentlich merkt der Busfahrer nichts und glaubt mir weiterhin den angegebenen Grund meiner Reise. Wenn nicht, würde ich vor Scham auf der Stelle tot umfallen. Zum Glück setzt er schnell seine Route fort und ich entdecke einen kleinen Personentransporter.

Zaghaft frage ich den offensichtlich gelangweilten Fahrer, ob er auf mich warten würde. Das tut er. Umständlich verstaue ich mein Gepäck und steige ein. Wieder bin ich der einzige Passagier, doch dieses Mal spare ich mir die Scharade. Wir kennen beide das Ziel. Der schweigsame Mann könnte denken, ich sei verrückt. Bestimmt ist er sich sicher, dass ich ein Versager bin.

Wir kurven durch den Ort, den ich auf den ersten Blick als wenig einladend empfinde. Als ich den Straßennamen lese, schlägt mein Herz wie wild. Hier befindet sich die Klinik. Wir halten auf dem Bürgersteig an und ich steige ebenso tollpatschig aus, wie ich eingestiegen bin. Sofort fallen mir die Glaskuppeln ins Auge. Den Spruch, wir seien zu weit gefahren, weil ich vor dem Reichstag in Berlin stehen würde, verkneife ich mir. Wem will ich etwas vormachen? Einen Moment zögere ich noch, dann gehe ich auf das Gebäude zu. Obwohl ich noch nie an diesem Ort und schon gar nicht in der Klinik gewesen bin, fürchte ich, jeden Moment einen Bekannten zu treffen, der mich schockiert mustert. *Du hier? Das hätte ich aber nicht gedacht!* Instinktiv ziehe ich daher den Kopf ein.

Kurz darauf stehe ich vor dem Eingang und betrachte die Lettern darüber: PSYCHOSOMATISCHE KLINIK. Verstohlen sehe ich mich um, aber niemand scheint sich an meiner Anwesenheit zu stören. So tief bin ich also gesunken. Die Glastüren weichen zur Seite, als ich mutlos mit gesenktem Kopf und hängenden Schultern meinen Koffer hinter mir herziehend eintrete. Mein Herz rast, als ich die Dame am Empfangstresen anspreche. Sie verweist mich an eine Kollegin, einen Moment muss ich auf einem der Sofas warten.

Mein Blick wandert durch den Raum. Ich befinde mich in einer großen Glaskuppel. Hinter mir stehen Sofas, Sessel und Tische in Sitzgruppen beieinander. Eine Treppe führt auf eine zweite Ebene und überall stehen Kübel mit Pflanzen. Die Atmosphäre soll wohl entspannend und heimelig wirken, doch meine Nervosität kann sie mir nicht nehmen. Gegen Zuversicht bin ich immun.

Patienten eilen vorbei, andere sind wie ich frisch angereist und warten brav, bis sie an der Reihe sind. Manche werden von Angehörigen begleitet und unterhalten sich. Ich kann kaum ein Wort verstehen, lächle gequält, wenn sich zufällig die Blicke kreuzen. Wie es wohl wäre, wenn jemand aus meiner Familie heute neben mir säße? Einerseits würde ich mir in diesem Moment weniger verloren und einsam vorkommen, andererseits würde ich mich schämen. Unmöglich könnte ich einem Gespräch folgen. Mit zusammengepresstem Mund sitze ich schweigend und unnütz auf meinem Hintern. Wie bestellt und nicht abgeholt.

Mein Blick schweift Richtung Eingangstür, die sich beständig öffnet, um Patienten einzusaugen oder auszuspucken. Bin ich hier richtig? Ich weiß es nicht, im Grunde weiß ich gar nichts mehr. Während ich mich relativ unbeobachtet fühle, denke ich an eine schnelle Flucht. Einen Sicherheitsdienst oder etwas in der Art kann ich nicht entdecken, also wer würde mich ernsthaft aufhalten? Doch meine Chance habe ich vertan. Ich werde aufgerufen. Eine Dame, deren Namen ich mir nicht merken kann, erklärt mir einige Dinge. Krampfhaft versuche ich, einen aufmerksamen und vor allem normalen Eindruck zu machen. Ein Foto wird per Webcam geschossen und auf meine Patientenkarte gedruckt. Die muss ich immer bei mir haben. Das hat die Dame doch gesagt, oder? Als ich die Aufnahme sehe, erschrecke ich mich. Das bin nicht ich, sondern ein Fremder blickt mir entgegen. Die Augen leer, ausdruckslos, hoffnungslos. Mimik ist praktisch nicht vorhanden, ich wirke abgeklärt – fast schon unmenschlich. Die Emotionslosigkeit ließe sich beliebig füllen, wobei mir lediglich negative Aspekte einfallen. In den Medien tauchen immer wieder Fotos von EC-Karten-Betrügern auf, die beim illegalen Geldabheben von den Automaten angefertigt werden. Mein Bild würde zu solch einer Meldung sehr gut passen.

Wenig später begrüßt mich die Stationsschwester Gerlinde. Eine ältere Dame, die sich redlich bemüht, mich willkommen zu heißen und mir ein wenig Mut zuzusprechen. Beides scheitert an meiner Barriere. Schließlich bringt sie mich zu meiner Unterkunft im Keller. Erst am nächsten Tag wird mein reguläres Zimmer auf der Station frei. Die Geschäfte der Klinik scheinen zu florieren. Im Geiste notiere ich mir, bei Gelegenheit den Aktienkurs des Unternehmens anzuschauen.

Hastig schreibe ich aus Pflichtgefühl jeweils meinem Vater und meiner Tante eine knappe SMS. *Bin gut angekommen* – und schalte das Telefon sofort aus, weil ich keine Antworten lesen möchte. Ihre Reaktionen sind mir in diesem Moment mehr als egal, denn ich muss zusehen, wie ich hier wieder rauskomme.

Meine Mitpatienten lerne ich erst später am Tag kennen. Dafür folgt das Aufnahmegespräch: Ein Tribunal, bestehend aus der Oberärztin und meiner künftigen Therapeutin, sitzt mir gegenüber und die beiden möchten meine Situation geschildert bekommen. Mir schwirrt der Kopf, da ich nicht weiß, wo ich anfangen soll.

Umständlich beginne ich zu erzählen, auch wenn sich für mich keine Zusammenhänge aus meinem Gestammel abzeichnen. Zudem befürchte ich immer noch, dass mich niemand verstehen wird und ich als verrückt abgestempelt werde. Wem könnte ich es verübeln? Schließlich verstehe ich mich selber nicht mehr.

Immer wieder werde ich gebeten, ausführlicher zu werden und ein wenig auszuholen. An für mich unangenehmen Stellen versuche ich abzulenken oder einen Teil auszulassen. Doch die Gestapo ist unerbittlich, bis alles unkontrolliert aus mir herausbricht, was sich in den letzten Jahren angesammelt hat. Ich bin erschöpft, nichts mehr wert und ständig am Grübeln. Ein soziales Umfeld besitze ich nicht und die Enttäuschungen der letzten Zeit habe ich verdrängt. Fast bin ich versucht, meine Selbstmordgedanken zu verschweigen, doch dies würde mir selber schaden. Auch wenn ich glaube, dass man mir nicht helfen kann, so muss ich dennoch wenigstens eine Chance bestehen lassen. Ehrlichkeit ist der Name der Chance.

Zunächst muss ich meinen inneren Widerstand überwinden, wobei ich an das letzte Familienstellen-Wochenende denken muss. Der Klient hat sich der Klärung verweigert. Diesen Fehler möchte ich vermeiden. Daher rede ich immer weiter, erzähle von den Panikattacken, dem Knoten im Magen, der Antriebslosigkeit und gestehe ein, seit Jahren depressive Phasen unterschiedlicher Länge und Stärke durchlebt zu haben. Zudem stelle ich meinen beruflichen Werdegang dar. Doch den Informationshunger des „Tribunals" scheine ich nicht stillen zu können. So streifen wir ein thematisches Potpourri aus meiner Kindheit, meiner Beziehung zu anderen Menschen – speziell zu meinen Eltern –, meiner gesundheitlichen Vorgeschichte, meinen Ängsten und Sorgen und dergleichen. Zeitangaben fallen mir besonders schwer.

Die Oberärztin fragt, ob beruflich alles geregelt sei, und nimmt erfreut zur Kenntnis, dass ich mein Notebook zu Hause gelassen habe. Sie macht deutlich, dass sie ein striktes Arbeitsverbot erlässt, dem ich unbedingt Folge zu leisten habe. Meine Arbeitssucht hat sie demnach wohl bemerkt. Ich kann sie damit „beruhigen", dass ich, selbst wenn ich wollte, nicht in der Lage bin zu arbeiten. An dieser Stelle verheimliche ich die Fachmagazine, die ich mitgebracht habe. Tatsächlich sollte ich während der sieben Wochen im Krankenhaus keinen einzigen Artikel lesen, dafür jedoch sechs Romane. Allerdings verneine ich, finanzielle Sorgen zu haben, und behaupte doch glatt das Gegenteil. Ich habe genug Ersparnisse, um eine Weile nicht arbeiten zu müssen. So absurd es klingt: Ich kann eher über meine Suizidgedanken sprechen als die Schande einzugestehen, Arbeitslosengeld II zu beziehen. Dies sollte im Laufe der folgenden Wochen die einzige Tatsache bleiben, die ich erfolgreich verbergen konnte. Aus einem mir unerfindlichen Grund ist es mir wichtig, dass meine Therapeutinnen mir zutrauen, dass ich meinen Lebensunterhalt selbständig verdiene.

Irgendwann habe ich das demütigende Gespräch hinter mir. Lange hätte ich die Folter nicht mehr durchgehalten. Mir ist schlecht und ich will nach Hause.

Später beim Mittagessen setze ich mich an irgendeinen Tisch und rede mit niemandem. Die vielen Menschen machen mir Angst. Seit langer Zeit bin ich das erste Mal Teil einer sozialen Gemeinschaft, was mich verwirrt und einschüchtert. Nach dem Mittagessen müssen wir für eine Stunde auf unser Zimmer. Oh Gott, es ist wie in einem Kindergarten. Solch eine feste Tagesstruktur ist ungewohnt und es nervt mich schon jetzt, derart bevormundet zu werden. Ich möchte nach Hause und irgendwie auch wieder nicht.

Den Nachmittag habe ich zur freien Verfügung, was ich als äußerst langweilig empfinde. Zum Glück gibt es eine Aufgabe und so marschiere ich schnurstracks zur Nachbarklinik. Dort ist mein Onkel, den ich seit Jahren nicht mehr zu Gesicht bekommen habe. Hoffentlich erkennt er mich nach seinem Schlaganfall. Wie er heute wohl so ist? Wie früher oder komplett verändert? In fünf Jahren kann sich vieles ändern, besonders nach solch einem Schicksalsschlag.

In meinem Hinterkopf erinnere ich mich an die Krankenhausbroschüre, die ich wenige Tage nach der Terminvereinbarung im Briefkasten vorfand. In den ersten zwei Wochen wird empfohlen, keinen Kontakt mit seiner Familie und seinem gewohnten Umfeld aufzunehmen. Die Zeit würde ich angeblich brauchen, um mich einzuleben. So ernst kann das aber nicht gemeint sein. Mein Herz klopft fast so laut wie meine Hand an der Tür des Krankenzimmers. Als ich eintrete, sitzt mein Onkel an einem Tisch und malt. Er erkennt mich sofort und begrüßt mich herzlich. Dünn ist er geworden; ich hatte ihn etwas stämmiger in Erinnerung. Außerdem lächelt er mehr als früher, ist ein wenig aufgeweckter. Seine Gestik, Mimik und Sprache sind anders, ganz anders. Manchmal muss er kurz überlegen und nach dem passenden Wort suchen. Wir plaudern eine Weile. Knapp schildere ich ungefähr, wie es mir geht und warum ich hier gelandet bin. Bis mir die Uhr verrät, dass ich wieder zurück muss, und ich verspreche, ihn noch einmal zu besuchen.

Mir ist mulmig, als ich in den Fahrstuhl meiner Klinik steige und den Knopf für die sechste Etage drücke. Meine Station. Dort soll ich um 17 Uhr auf meine beiden Patenpatienten treffen. Sicherheitshalber bin ich einige Minuten früher da und studiere mit gespieltem Interesse das schwarze Brett meiner Station. Hier sind auch die persönlichen Termine für Einzelgespräche bei unseren beiden Therapeutinnen eingetragen und allgemeine Informationen angebracht. Noch ist der Flur ruhig und es ist niemand zu sehen. Die Galgenfrist kommt mir gelegen. Gegen meine Patenpatienten empfinde ich eine tiefe Abneigung, auch wenn ich die beiden noch nicht kennengelernt habe. Wie unmöglich alleine das Wort „Patenpatient" klingt, – als sei ich ein kleines, hilfloses Kind. *Ach lieber Patenpatient, bitte hilf mir, ich hab ja solche Angst.* So ein Schwachsinn. Zum bösen Spiel mache ich gar keine Miene, denn vieles ist mir mittlerweile egal. Schlimmer kann es sowieso nicht mehr kommen.

Bald darauf erwacht die Station wie auf ein geheimes Signal zum Leben und ich treffe das erste Mal meine Mitpatienten, die aus ihren Zimmern treten. Sie eilen zu den Fahrstühlen oder der Treppe, bleiben kurz stehen, stellen sich mit ihrem Vornamen vor und begrüßen mich. Ein Gesicht nach dem anderen huscht an mir vorbei. Händeschütteln im Akkord.

Dann stehen sie vor mir: Christina und Heinz, meine Patenpatienten. Sie lächeln, begrüßen mich herzlich und geben sich viel Mühe. Heinz scheint ein Problem mit oder ohne Alkohol zu haben, wenn ich seine Gesichtsfarbe und die sichtbaren Adern richtig deute. Christina macht einen normalen Eindruck auf mich und ich schätze beide auf Mitte bis Ende vierzig. Sie wiederholen die vielen Krankenhausregeln, die ihnen aus unersichtlichen Gründen wichtig zu sein scheinen. Zum Beispiel darf ich nirgends etwas zu lesen oder zu essen liegen lassen. Wahrscheinlich sind Spontanlesen und freilaufende Gummibärchen gefährlich. Ach was soll's, versuche ich halt, mir die unsinnigen Regeln zu merken und sie zu befolgen. Christina und Heinz führen mich auf dem Gelände herum und zeigen mir die Orte, die ich in den nächsten Wochen regelmäßig aufsuchen werde, – sogar, wo ich die Post abholen kann, obwohl mir niemand einfällt, der mir schreiben könnte.

Als sie mir die Therapieräume im Untergeschoss zeigen, frage ich, was hier eigentlich gemacht wird, und es fallen die Begriffe „weiche" und „harte Schiene". Ratlos hake ich nach. Nicht jeder Patient würde neben den allgemeinen Gruppentherapien der Station einer Schiene zugeteilt. Bei der harten Variante gehe es darum, aus sich rauszukommen. Boxtraining, Holzklötze bearbeiten, Geländelauf und dergleichen. Bei der weichen Schiene gehe es sanfter zu; Heinz ist hier eingeteilt. Mit einem Lächeln im Gesicht erzählt er vom Motivwandern und kurz frage ich mich, ob er bekifft ist. Da ich keine Ahnung habe wovon Heinz redet, erklärt er es mir ausführlicher. Er wandert mit der Gruppe durch die Natur und am nächsten Tag malen sie mit Fingerfarben, was sie dabei gefühlt haben. Mir bleibt die Spucke weg und ich befürchte sehr stark, dass ich diesen Scheiß garantiert an die Hacke bekommen werde. Wie bescheuert muss man sein, um sich dermaßen lächerliche Therapien auszudenken?

Meine restlichen Fragen verkneife ich mir lieber, denn im Grunde habe ich genug gehört. Wir beeilen uns, zum Ende zu kommen, und nun verstehe ich auch, wohin meine Mitpatienten geeilt sind. Es ist Zeit für das Abendessen und so machen wir uns auf den Weg zum Speisesaal. Die Tische sind zwar nicht reserviert, doch es ist üblich, dass die Patienten einer Station zusammen sitzen. Also geselle ich mich mit meinem Tablett zu den Gesichtern, denen ich versuche, die vielen Namen zuzuordnen. Höflich beantworte ich ihre Fragen. Zunächst versuche ich die Gründe zu erraten, die meine Mitpatienten hierher geführt haben. Sie sehen ganz normal aus, auf der

Straße wäre mir keiner von ihnen aufgefallen. Zumindest scheinen die Gespräche locker zu verlaufen.

Nach dem Essen zwinge ich mich dazu, mich zu den anderen in die Glaskuppel zu gesellen. Mir ist klar, dass ich aktiv den Kontakt suchen muss – auch wenn ich dazu wenig Lust habe. Außerdem ist es in meinem Zimmer langweilig. Kein Radio, kein Fernseher und die gelesenen Informationen aus den Fachzeitschriften vergesse ich augenblicklich wieder. Meine Mitpatienten sitzen in einer großen Runde und spielen das Kinderspiel Uno. Zuerst schaue ich einige Minuten zu, um sicher zu gehen, dass ich mich korrekt an die Regeln erinnere. Schließlich frage ich, ob ich mitspielen darf. Plötzlich habe ich große Angst, einen Fehler zu machen und mich zu blamieren. Zudem kann ich mich nicht erinnern, wann ich das letzte Mal mit so vielen Menschen gemeinsam Zeit verbracht habe. Die Stimmung ist gelöst und rings um uns herum sitzen ähnliche Gruppen spielend oder redend beisammen.

So vergeht die Zeit rasch und wie es sich für kleine Kinder gehört, ist werktags ab 22 Uhr Bettruhe. Spätestens jetzt müssen wir alleine auf unseren Zimmern sein. Es ist verboten, das Einzelzimmer eines anderen Patienten zu betreten.

Die Spiele sind eröffnet

Am nächsten Morgen klingelt der Wecker viel zu früh. Aufgrund der fremden Umgebung habe ich schlecht geschlafen. Müde mache ich mich auf den Weg vom Keller zu meiner Station. Vor dem Schwesternzimmer setze ich mich auf einen Stuhl und warte mit einigen meiner Mitpatienten. Heute wird mir Blut abgenommen und ich wundere mich, wie ernst das medizinische Personal die ganze Sache nimmt. Es ist ungewohnt, umsorgt und ständig etwas gefragt zu werden. Bald schon beginnen die ersten Therapien, doch lediglich vormittags. Nach dem Mittagessen und der bescheuerten Mittagsruhe habe ich frei. Scheiße noch mal, so komme ich hier nicht vorwärts. Doch ich erhalte keine weiteren Termine, meine beiden Therapeutinnen lassen mich auflaufen, was mich die Wände hochgehen lässt. Ich muss doch etwas tun, obwohl ich nicht den Hauch einer Ahnung habe, was dieses ominöse „etwas" überhaupt sein soll. Jedenfalls bin ich unproduktiv.

Der Umzug auf meine Station ist eine halbwegs sinnvolle Aufgabe. Ich beziehe das Zimmer 15, mein Nachbar müsste die Nummer 13 haben, da die ungeraden Zahlen auf unserer Seite sind. Doch die 13 gibt es nicht. Aha, ein wenig abergläubisch der Laden hier. Wie das Kellerzimmer ist auch dieser Raum im Grunde schön eingerichtet. Bett, Schreibtisch, eine kleine Sitzbank, ein großer Spiegel, eigener Balkon, Badezimmer mit Duschwanne. Wenn das Klinikpersonal und das Schwesternzimmer auf der Station nicht wären, könnte man fast glauben, in einer Pension eingekehrt zu sein. Wahrscheinlich soll die Atmosphäre beruhigend auf uns wirken, was weiß ich.

Kurz überlege ich, ob es sich überhaupt lohnt, meine Kleidungsstücke in den Schrank zu räumen, schließlich werde ich nicht allzu lange hier sein. Ebenso gut könnte ich direkt aus dem Koffer leben. Kurz gesagt: Ich verspüre nicht die geringste Lust mich einzurichten. Super, jetzt gehe ich mir schon wieder selbst auf den Wecker: Erst will ich eine Aufgabe, nun habe ich eine und dennoch hat das

Wackelpudding-Gefühl die Oberhand. Was wohl die Therapeuten denken, wenn ich meine Sachen nicht einräume? Wahrscheinlich, dass ich nicht mehr in der Lage bin, meinen Alltag zu organisieren und verwahrlose. Sie werden glauben, ich sei verrückt, mich deswegen falsch behandeln und mich mit Psychodrogen abfüllen. Der Allgemeinmediziner in Fulda hat gesagt, ich bin nicht verrückt. Also muss ich mich entsprechend verhalten, um auch meine Therapeuten davon zu überzeugen. Ergo beschließe ich, mein Zimmer stets aufzuräumen. Bleibt nur noch das Problem mit der Langeweile und den wenigen Terminen. Zu sehr darf ich nicht drängen, sondern ich muss einen möglichst normalen Eindruck machen.

Als ich die ersten Male nach dem Frühstück Ergometer fahren darf, verausgabe ich mich total. Schließlich muss ich einiges nachholen, da mir das regelmäßige Training im Fitnessstudio fehlt. Dabei hatte ich gerade wieder etwas Kondition aufgebaut und nun drohen alle mühseligen Fortschritte umsonst gewesen zu sein. Auf allen Ebenen kämpfe ich gegen den Rückschritt, zusätzlich bremsen mich die Therapeutinnen unserer Station, Frau Dr. Böhm und Frau Dr. Strakel, aus. Frau Dr. Strakel schätze ich nur wenige Jahre älter als ich ein, wenn überhaupt. Vielleicht sind wir auch ein Jahrgang. Sie ist attraktiv und daher stelle ich mich noch schusseliger an als sonst. Sie ist es, die mich zunächst körperlich untersucht. Es ist eine Weile her, dass mich eine Frau berührt hat, zudem habe ich immer noch Schwierigkeiten, Informationen und Anweisungen konkreten Handlungen zuzuordnen. Nicht nur bei Telefonaten muss ich darauf achten, nichts zu überhören oder zu vergessen, sondern auch bei persönlichen Gesprächen. Sie muss mich für einen Idioten halten, davon bin ich felsenfest überzeugt. Sicher ist sie froh, wenn sie abends den Laden und uns Patienten hinter sich lassen kann. Zusammen mit ihrer Familie und Freunden genießt sie das Leben und bedauert uns Versager. Anders als wir hat sie es geschafft. Darüber hinaus machen mich die Ärzte nervös, immer noch fürchte ich, falsch behandelt zu werden und Psychopillen verordnet zu bekommen. Tatsächlich wird in meinem Entlassungsbericht vermerkt, dass ich in Untersuchungssituationen umständlich bin.

Vor meiner Abreise hatte ich innerlich darum gebeten, die Therapeuten zu treffen, die mir helfen können. Obwohl ich äußerst skeptisch bin, habe ich es mit den beiden Therapeutinnen gut getroffen. Vielleicht bin ich zur richtigen Zeit am richtigen Ort und meine Zweifel sind unbegründet.

Doch dann treffen die Ergebnisse der ersten Blutuntersuchung ein. Mein Cholesterinwert ist zu hoch und ich werde auf Diät gesetzt. Ab diesem Punkt hört der Spaß definitiv auf. Die haben doch nicht mehr alle Latten am Zaun. Am Empfang klebt eine Angestellte einen kleinen schwarzen Punkt auf meine Patientenkarte. Die muss ich mittags bei der Essenausgabe vorzeigen. Somit ist für das Personal ersichtlich, dass ich auf Diät gesetzt wurde.

Ich koche innerlich, besonders, als ich einen Ernährungskurs besuchen muss. Der fühlt sich an wie eine Nachschulung beim Verlust des Führerscheins. Halten mich etwa alle für einen Idioten? Die aufgezählten, angeblich ungesunden Lebensmittel esse ich entweder selten oder gar nicht, doch auch Stress scheint sich auf die Blutwerte auszuwirken. Vielen Dank für die Erkenntnis, fast hätte ich übersehen, wie hart die letzten Wochen waren.

Die ganze Veranstaltung ist für'n Arsch, doch ich muss mir meine Anwesenheit abzeichnen lassen. Miese Erpresser. Doch schon bald hebt sich meine Laune, denn der schwarze Punkt bedeutet für mich als Vegetarier nichts: Es gibt mittags nur ein vegetarisches Gericht, lediglich für Fleischesser gibt es eine „Diätversion". Trotz meiner Blutwerte erhalte ich beispielsweise mit Käse überbackenen Nudelauflauf. Morgens und abends bedienen wir uns am Buffet selber. Tja, da hat sich der ganze Aufwand aber gelohnt …

Am ersten Wochenende ist meine Tante zu Besuch und gemeinsam mit meinem Onkel gehen wir beim Griechen essen. Ich trinke dazu ein Bier. Wir streifen thematisch meine Probleme und ich vermeide es, tiefer zu gehen. Im Grunde gibt es nichts mehr zu sagen, denn ich verstehe meine Situation ja selber kaum.

Die Therapien und anderen Termine finden nur werktags statt, Samstag und Sonntag haben wir folglich zur freien Verfügung. Noch mehr verlorene Zeit. In der Stationsrunde am Freitag, an der generell alle Patienten, Frau Dr. Böhm, Frau Dr. Strakel und Schwester Gerlinde teilnehmen, erzählen die Mitpatienten, wie ihre Wochenendplanung aussieht und ob sie Besuch bekommen. Ich bleibe still, habe offiziell nichts vor. Neuen Patienten wird empfohlen, in den ersten beiden Wochen möglichst keinen Kontakt zur „Außenwelt" bzw. ihrem bisherigen Umfeld aufnehmen, um sich in den Klinikalltag einzuleben und einen bewussten Abstand zu gewinnen.

Die Regeln sind im Allgemeinen etwas albern. Einmal schnappe ich mir in meinem Zimmer vergnügt meine Jacke und freue mich auf einen Spaziergang. Plötzlich steht Schwester Gerlinde vor mir und sieht mich streng an. „Was treffe ich Sie hier pfeifend auf dem Flur?" Verdammt, darf man hier nicht pfeifen? Angestrengt krame ich in meinem löchrigen Gedächtnis, ob ich ein mögliches Verbot übersehen habe. Schwester Gerlinde legt nach: „Es ist Mittagsruhe." Scheiße! Deswegen ist es auf dem Flur auch so ruhig. Eine Entschuldigung murmelnd mache ich, dass ich in mein Zimmer komme. Mist, nun bin ich wegen meiner eigenen Dummheit bei einem Verstoß erwischt worden. Ob Schwester Gerlinde ihn wohl meldet? Nichts passiert und ich beruhige mich.

Am Wochenende werden wir nicht „überwacht", also kann ich mich getrost mit meiner Tante und meinem Onkel treffen. Meine Tante nimmt sich meiner Schmutzwäsche an und bringt sie am nächsten Wochenende sauber und ordentlich gebügelt zurück. Den Wäscheservice genieße ich sehr, wie die Tatsache, nicht einkaufen und nicht kochen zu müssen. Erst jetzt merke ich, wie mich diese im Grunde einfachen Tätigkeiten angestrengt haben – nicht nur körperlich, sondern vor allem geistig. Zudem genieße ich meine Heimlichkeiten, es macht Spaß, die Grenzen ein wenig zu übertreten.

In der ersten Woche macht mich mein Mitpatient Fabian darauf aufmerksam, dass ich mich besser täglich rasieren solle. Innerlich verdrehe ich die Augen und frage nach dem Sinn. Die Therapeuten könnten mangelnde Hygiene als einen weiteren Hinweis auf eine Depression werten. Langsam geht mir alles auf den Keks. Daher nutze ich meine Zeit lieber für Späße. Wenn wir uns schon mit Kindergartenkram beschäftigen, kann ich gleich eine Komödie aus der Veranstaltung machen. Das beherrsche ich gut und im Nebeneffekt gelingt es mir dadurch, Unsicherheiten und die Tatsache zu verbergen, dass ich mich nur scheinbar öffne. An meinen Kern habe ich noch niemanden herangelassen und das wird hier wahrscheinlich so bleiben.

Passend dazu mein gezeichnetes Selbstbild. Alle neuen Patienten müssen kurz nach ihrer Aufnahme ein Bild von sich zeichnen. Mit vielen fremden Menschen sitze ich im Kreis, lediglich zwei Patienten sind von meiner Station. Der Therapeut erfüllt mit seinem Aussehen sämtliche Klischees – vor allem mit der undefinierbaren Frisur und seinen braunen Cordklamotten. Da sind doch tatsächlich Ärmelschoner an den Ellenbogen seiner Jacke angebracht. Schon in der Schule habe ich Zeichnen gehasst, da ich darin vollkommen talentfrei bin. Ich habe kein Gespür für Proportionen und dennoch werde ich wieder einmal gezwungen zu malen. Also nehme ich widerwillig den Bleistift in die Hand und lege los.

Als wir alle fertig sind, legen wir die Bilder vor uns auf den Boden. Wer will, kann Kommentare zu seinem oder zum Werk anderer machen. Ein Patient findet meine Zeichnung „interessant", es fehle nur noch die Schnur, dann wäre der Hampelmann perfekt. Ich schaue genauer hin und erkenne mit Entsetzen, dass der junge Mann recht hat. Es sieht wirklich aus wie ein Hampelmann. Ich schlucke.

Ein anderer Patient hat sich ohne Füße gemalt. Auf Nachfrage gibt er überrascht zu, keinen Stand in seinem Leben zu haben. Eine Patientin hat kein Gesicht, eine andere hat ein Haus gezeichnet. Mich verunsichern und nerven solche Spielereien. Sind wir etwa alle so tief gesunken, dass wir uns mit solch merkwürdigen Sachen beschäftigen? Warum haben ausgerechnet wir in der realen Welt versagt, wohin gegen andere Menschen vollkommen gesund zu sein scheinen? Sind wir etwa zu schwach oder zu blöd?

Fast rutscht es mir in einem unbedachten Moment heraus, was ich von den anderen Patienten halte: Auf meinem Therapieplan ist eine falsche Raumnummer. Ich bin spät dran und hetze in das Untergeschoss, betrete einen Raum und stehe plötzlich vor einer vollkommen fremden Gruppe. Verwirrt schaue ich mich um. „Du bist hier faaaaalsch", tönt es wie aus einer Kehle. Automatisch will ich antworten „Na und? Ihr seid alle bekloppt!" In der letzten Millisekunde kann ich diesen Gefühlsausbruch verhindern, schließe meinen bereits geöffneten Mund und wende mich kommentarlos ab. Sicherlich bekäme ich Ärger, wenn ich mich mit anderen Patienten anlege und sie beleidige. Idioten. In einem anderen Raum finde ich meine Gruppe. Bei meinem Eintreten schauen mich ein paar Mitpatienten an, lächeln mir aufmunternd zu. Was gibt es hier zu lächeln angesichts der Scheiße, in der wir alle sitzen? Verdammt, wir sind alle bekloppt.

Freitagabends treffen wir uns zur Kekskiste, was zugegeben wie das Motto für einen Kindergeburtstag klingt. Wie bei der Stationsrunde holen wir die Stühle aus unseren Zimmern und sitzen im Kreis beisammen. In der Mitte steht eine mit Süßigkeiten gefüllte Klappbox, daher der Begriff „Kekskiste". Kreative Leute hier … Jeder von uns bringt etwas Süßes mit und daher geht der Vorrat an Naschwerk nie zur Neige. Insgeheim frage ich mich, aus welchem Jahr die Süßigkeiten am Boden der Kiste stammen. Vielleicht lohnt sich eine archäologische Ausgrabung.

Das Treffen ist freiwillig und soll wohl unseren Zusammenhalt oder das Kennenlernen fördern, was weiß ich. Aus Pflichtgefühl heraus nehme ich teil, denn es ist eine weitere Chance, meine sozialen Defizite zu beseitigen. An einem Abend werden Witze erzählt. Auch ich möchte meinen Beitrag leisten und gebe selber einen zum Besten, den ich an dieser Stelle aus Jugendschutzgründen nicht weiter ausführen möchte. Während ich erzähle, bete ich, dass die anderen den Witz lustig finden mögen. Sie biegen sich Minuten lang vor Lachen. Unsicher lächelnd schäme ich mich. Durch mein Verhalten bin ich sichtbar geworden, dabei würde ich lieber im Erdboden versinken. Einerseits überspiele ich meine Unsicherheiten mit Sprüchen und Scherzen, andererseits wünsche ich mir nichts sehnlicher als eine Tarnkappe. Ein Widerspruch, der mich innerlich zu zerreißen droht. Vorerst bleibe ich jedoch bei meiner „bewährten" Taktik. Fabian laufen immer noch die Tränen. Wir haben einen ähnlichen Humor und so nutzen wir, wo es geht, Situationskomiken.

Somit weiche ich auf das Gebiet aus, auf dem ich mich bestens auskenne: Verdrängung. Ich weiß nicht, wie ich meinen Aufenthalt einordnen soll. Alles ist so furchtbar unwirklich. Der erste Termin der Woche ist morgens in einem der Therapieräume im Untergeschoss, der an eine kleine Schulsporthalle erinnert. Wir liegen mit Matten auf dem Boden und führen die progressive Muskelentspannung durch. Eine Therapeutin weist uns an, jeweils eine andere Muskelpartie anzuspannen und wieder zu entspannen. In einer anderen körperbezogenen Therapie, der so genannten Körperwahrnehmungsschulung, machen wir noch verrücktere Sachen. Wir atmen auf unterschiedliche Arten und fühlen dabei in uns hinein. Manchmal werden wir in Zweiergruppen eingeteilt. In einer Übung legen wir uns gegenseitig mit Kugeln oder Sand gefüllte Säckchen unterschiedlicher Größe und Gewicht auf den Rücken. Wir tauschen sie aus, verschieben sie ein wenig. Wie fühlt sich das an? Kalt, warm, leicht, schwer, angenehm oder unangenehm? Verschiebt man ein Gewicht nur um wenige Zentimeter, so ändert sich mitunter die Wahrnehmung gravierend. Das alles ist recht nett, doch wie mir diese Spielchen helfen sollen, wieder arbeiten zu können, ist mir schleierhaft.

Als besonders traumatisch erlebe ich meine erste tiefenpsychologische Gruppengesprächstherapie. Diese Treffen werden von Frau Dr. Böhm oder Frau Dr. Strakel geleitet. Dazu ist unsere Station in zwei Gruppen unterteilt. Wir treffen uns in einem kleinen Raum, in dem ein rundes Sofa steht. Der Kreis ist fast komplett, es sieht aus wie ein großes „C". Jeder sucht sich einen Platz. Als die Therapeutin eintritt, setzt sie sich auf einen Stuhl in der Öffnung, begrüßt uns und wartet darauf, dass ein Patient das Wort ergreift. In meiner ersten Sitzung dieser Art empfiehlt sie mir, einfach zu beobachten, wie das Treffen abläuft, ich könnte mich aber auch jederzeit gerne beteiligen. Nee, danke, mir geht's schon schlecht.

Ich beschließe in dieser Sekunde, in die vertraute Rolle des stummen Beobachters zu schlüpfen. Es ist kein Thema vorgegeben, sondern der erste Patient, der spricht, bestimmt die Richtung. Die anderen hören aufmerksam zu, teilen ihre Sichtweise mit, stellen Fragen, die Therapeutin antwortet, hakt nach oder moderiert. Sie spricht einzelne Patienten an, fragt nach deren Meinung und so weiter. Ich sitze an einem Ende des Cs, mir gegenüber hat meine Patenpatientin Christina Platz genommen. Vor dem Beginn versucht sie mich aufzumuntern, lächelt mir zu, wir unterhalten uns ein wenig. Nun sitzt links von mir Frau Dr. Böhm und Christina schaut fragend in die Runde und fängt schließlich an zu erzählen. Sie redet etwa zehn Sekunden im normalen Tonfall, bis sie für mich unerwartet heftig zu weinen anfängt. Sie zittert am ganzen Körper, die mich aufmunternde Christina ist mit einem Schlag nicht mehr im Raum. Ersetzt wurde sie von einem Häufchen Elend. Dieser Gefühlsausbruch schockt mich zutiefst. Ich begreife nicht, was los ist, fühle mich machtlos der Situation ausgeliefert. Daher betrachte ich abwechselnd meine Schuhe und die Anwesenden im Raum. Seit Jahren habe ich nicht mehr geweint. Eine derartige Schwäche passt nicht zu mir.

Welchen Sinn soll Heulen haben, denn an der Situation ändert sich dadurch rein gar nichts. Es ist immer möglich, sich zusammenzureißen, auch wenn mich dies in den letzten Monaten sehr viel Kraft gekostet hat. Kraft, die ich eigentlich gar nicht mehr habe. Sie ist nur geliehen und nun muss ich meine Schulden begleichen. In letzter Zeit sind mir die Tränen heiß in die Augen gestiegen, über die Wangen gerollt ist keine einzige von ihnen – soweit ich mich erinnere. Bis hierher und nicht weiter! Gefühlsausbrüche dieser Art sind mir fremd, daher kann ich mit ihnen nur schwer umgehen.

Die Gesprächsrunde dauert 50 Minuten. Ein wenig bin ich wütend auf Christina, dass sie mich derart in Verlegenheit bringt. Es entsteht eine Diskussion im Raum, die mehr oder weniger hilfreich ist; ich kann es nicht einschätzen. Ich konzentriere mich darauf, das Treffen zu überstehen, was Frau Dr. Böhm auffällt. Dennoch spricht sie mich nicht an, weil ich das erste Mal dabei bin. Sie spürt vielleicht, dass sie mir ein wenig Zeit geben muss. Endlich schließt sie die Runde und wir können hinaus. Freiheit, relative Freiheit. Christina schaut mich mit ihrem verheulten Gesicht an und ich lächle schief.

Zögernd beginne ich, mich bei den nächsten Gruppengesprächen zu beteiligen und erzähle schließlich, dass ich es unangenehm finde, wenn jemand weint. Ich fühle mich dabei hilflos, da ich nicht weiß, wie ich reagieren muss.

Ich erzähle deswegen ein wenig von mir, da ich davon überzeugt bin, dass man mich nicht ernst nimmt und mir im Grunde gar nicht zuhört. Es folgt demnach kein Schaden für mich und es entsteht der Eindruck, ich würde mich beteiligen. Zudem achte ich tunlichst darauf, mich normal zu verhalten, um nicht doch noch für verrückt erklärt zu werden. Aus irgendeinem Grund möchte ich meinen Therapeuten beweisen, im Grunde gesund zu sein. Okay, vielleicht bin ich ein wenig urlaubsreif, aber dennoch ein vollkommen normaler Mensch.

So gepolt lande ich hin und wieder in für mich absurden und aberwitzigen Situationen. – Wieder einmal habe ich mir bewiesen, weiterhin Leistung erbringen zu können. Völlig verausgabt vom Ergometer stehe ich in meinem Badezimmer. In wenigen Minuten ist das tiefenpsychologische Gruppengespräch und ich mache mich ein wenig frisch. Dabei begehe ich einen fatalen Fehler: Ich habe so großen Durst, dass ich eine komplette Wasserflasche austrinke. Kurz darauf sitze ich im Gruppengespräch, als sich auch schon meine Blase meldet. Ich hatte vollkommen vergessen, dass das, was rein geht, auch irgendwann wieder raus will. Wann ich das letzte Mal so dringend auf Toilette musste, weiß ich nicht. Dem Gespräch kann ich kaum noch folgen und blicke immer wieder zur Tür oder auf den Boden. Gleich platze ich und dennoch traue ich mich nicht, etwas zu sagen. Erstens schäme ich mich und zweitens fürchte ich, Frau Dr. Strakel könnte denken, ich würde eine faule Ausrede gebrauchen, um mich vor der Therapie zu drücken. Es hilft alles nichts, ich muss da durch und dennoch einen normalen Eindruck auf mein Umfeld machen. Doch alle Versuche, mich auch nur ansatzweise für die Gespräche zu interessieren, schlagen fehl. Die Natur fordert ein Recht, welches immer Vorrang hat. Angst macht sich in mir breit, denn bestimmt werde ich gleich von Frau Dr. Strakel angesprochen. Sie hat ein gutes Gespür dafür, wenn sich Patienten zurückziehen, weil das Thema sie ebenfalls betrifft und eventuell unangenehm ist. Doch was soll ich sagen? Ich spüre einen innerlichen Druck? Und was antworte ich, wenn sie daraufhin meint, ich solle dem Druck nachgeben? Meinetwegen, sind ja nicht meine Polstermöbel ... Verdammt, jetzt bloß nicht lachen! Wahrscheinlich behandeln wir gerade ein ernstes Thema. Zum Glück werde ich nicht angesprochen und irgendwann gehen die längsten 50 Minuten in der Geschichte der Menschheit zu Ende. Betont langsam verlasse ich den Raum. Kurz darauf genieße ich den nachlassenden Schmerz.

Immer noch ziehe ich es vor, meine absurde Lebenssituation in dieser komischen Klinik aus der Brille des Clowns zu betrachten. Es bieten sich dafür auch genügend Vorlagen. Als wir uns an einem Freitagabend wieder einmal zur Kekskiste treffen, öffnet sich plötzlich einer der beiden Fahrstühle. Eine ältere Dame denkt nicht daran auszusteigen, sondern winkt uns fröhlich zu: „Huhu, ich fahre immer rauf und runter." Die Türen schließen sich und weg ist sie. Verdutzt schauen wir uns an und prusten los. Sie scheint hier absolut richtig zu sein und wieder einmal fürchte ich heimlich, selber bekloppt zu sein.

Eines der nächsten Gruppengespräche findet im Supervisionsraum statt. Hinter einem verspiegelten Fenster sitzen andere Ärzte, Therapeuten oder weiß der Henker für Leute, um die Situation zu beobachten. In der Mitte des Raums hängt ein Mikrofon von der Decke, was mich entfernt an einen Verhörraum in einem schlechten Agentenfilm erinnert. Frau Dr. Strakel betont, dass *ihre* Leistungen bewertet werden, wir könnten genauso offen sprechen wie sonst auch. Andere Therapeuten beurteilen, wie Frau Dr. Strakel mit uns umgeht und wie souverän sie dabei ist. Leistungsdruck gibt es eben überall.

Unsere Gruppe ist vollzählig, einzig Frau Dr. Strakel ist noch nicht im Raum. Ich schaue direkt in den Spiegel und sofort fühle ich mich beobachtet. Mist, ich hatte doch geplant, mich mit dem Rücken zu den Voyeuren zu setzen, die uns nach meinem Gefühl schon beobachten. So würde ich auf jeden Fall vorgehen: Schauen, wie sich die Gruppe ohne die Therapeutin verhält und wie sie bei deren Eintreten reagiert. Neben mir sitzt Fabian, der in den nächsten Tagen entlassen wird. Es geht ihm wieder gut, auch er war ausgebrannt. Einerseits freue ich mich für ihn, dass er wieder in sein Leben starten kann, andererseits bin ich traurig, einen Verbündeten zu verlieren. Mit dem Blick auf das von der Decke hängende Mikrofon frage ich ihn, ob er nicht ein Lied zum Besten geben will. Er steht auf, tritt an das Mikrofon und singt: „Ich hab 'ne Zwiebel auf dem Kopf, ich bin ein Döner." Vor Lachen habe ich Tränen in den Augen, Fabian ist schon ein cooler Typ. Halb im Scherz äußere ich die Frage, ob er trotz der spontanen Gesangseinlage entlassen wird. Wir wissen, dass wir uns in keiner geschlossenen Anstalt befinden, dennoch machen wir Witze auf unsere eigenen Kosten, wie bekloppt wir sind. Vielleicht beschließen die Halbgötter in weiß Fabian lieber noch eine Weile zu behalten …

Doch langsam beginnt der Ernst für mich. Obwohl der Kalender erst Frühjahr ausweist, üben die Temperaturen davon unbeeindruckt für den Hochsommer. In meinem Zimmer ist es daher spätestens ab der Mittagszeit stickig. Die Balkontür ist seit meinem Einzug abgeschlossen, lediglich ein kleines Fenster darüber kann ich kippen. Den Zugang zum Balkon erhalte ich erst, wenn ich darum bitte. Es führt kein Weg daran vorbei, wenn ich nicht qualvoll ersticken möchte.

In der nächsten Stationsrunde fragt Frau Dr. Böhm, ob noch jemand ein Anliegen hätte. Ich sammle jedes kleinste Stückchen Mut und gebe zu erkennen, dass ich etwas auf dem Herzen habe. Mit zitternder Stimme frage ich, ob meine Balkontür aufgeschlossen werden könnte. Tränen schießen mir in die Augen, nur mit Mühe halte ich sie zurück. Die Flüssigkeit ist heiß und brennt unangenehm. Frau Dr. Böhm gibt keine endgültige Antwort, sondern bestellt mich für ein Einzelgespräch am gleichen Tag. Zögernd fragt eine andere Patientin, ebenso unsicher, ob auch ihre Tür geöffnet werden kann. Anscheinend hat sie nach meinem Vorstoß den Mut gefunden zu fragen.

Einige Stunden später sitze ich Frau Dr. Böhm gegenüber. Ich habe es geschafft, selbständig auf dem schwarzen Brett nachzuschauen, wann das Gespräch in welchem Raum stattfindet, und bin darüber hinaus pünktlich erschienen. Ohne große Umschweife fragt mich Frau Dr. Böhm, ob ich mit einer offenen Balkontür umgehen könnte. Mein Gott, die müssen mich hier für völlig bescheuert halten, denn wie man eine Tür öffnet, habe ich als Kind gelernt. Frau Dr. Böhm merkt, dass ich nicht verstehe, worauf sie hinaus will, und stellt ihre Frage anders: „Können Sie bei Problemen auf sich aufmerksam machen und sich Hilfe holen?" Ich bin geschockt. Sie möchte wissen, ob ich plane, mich aus dem sechsten Stock zu stürzen. Vage erinnere ich mich, im Aufnahmegespräch von meinen

Gedanken erzählt zu haben, zu Hause aus dem Fenster springen zu wollen. Die hören hier doch zu und nehmen meine Aussagen ernst, sehr ernst sogar. In den ersten Tagen hatte ich am Computer einen Fragebogen ausfüllen müssen. Es wurde unter anderem nach der Existenz und der Häufigkeit von Selbstmordgedanken gefragt und wann diese zuletzt aufgetreten seien. Nur kurz war ich versucht zu lügen, um ein besseres Bild von mir zu kreieren. Dennoch bin ich bei der Wahrheit geblieben, schließlich würde ich mir mit einer Lüge nur selber schaden: Mein Leben hat keinen Sinn mehr und daher dachte ich sehr oft an Suizid.

Ich ringe um meine Fassung, denn die nächsten Augenblicke sind entscheidend. Wenn ich vieles aufgrund meines Abgestumpftseins nicht mehr spüre, so sind die aufkommenden Emotionen doch intensiv. Das Gefühl kann ich nicht eindeutig benennen, es ist eine wilde Mischung aus Angst, Hilflosigkeit, Scham, Wut auf was auch immer und weiteren undefinierbaren Komponenten. In wenigen Augenblicken versuche ich das Gefühls-Chaos zu ordnen, was mir misslingt. Eines weiß ich jedoch mit Sicherheit: Je nachdem wie ich reagiere, werde ich als potentieller Suizidkandidat betrachtet oder nicht. Es gibt eine kleine „geschlossene" Station, deren Zimmer rund um die Uhr videoüberwacht sind und nicht abgeschlossen werden können. Die Patienten dürfen keine spitzen oder gefährlichen Gegenstände mit ins Zimmer nehmen, müssen sich an- und abmelden. Wenn ich hier lande, ist alles vorbei. Diese Schmach würde ich nicht überstehen. Argumente, sehr gute Argumente müssen her. Logisch und absolut wasserdicht müssen sie sein. Die verdammten Tränen sind wieder da. Können die mich nicht einfach mal in Ruhe lassen? Der Moment ist mehr als unpassend. Es geht hier um alles oder nichts.

So ruhig wie möglich versichere ich Frau Dr. Böhm, dass ich nicht hierher gekommen bin, um mich umzubringen. Das hätte ich auch zu Hause tun können. Nein, ich habe den schwierigeren Weg gewählt und mich in Behandlung begeben. Das alles sei sehr anstrengend für mich und ich würde es erst gar nicht auf mich nehmen, wenn ich ernsthaft vorhätte, mein Leben zu beenden. Schließlich stimmt Frau Dr. Böhm zu. Wenige Minuten später schließt Schwester Gerlinde freudestrahlend die Tür zu meinem Balkon auf. Ich betrete ihn und nehme einen tiefen Atemzug. Es ist ein Schritt in die richtige Richtung. Das Gespenst Selbstmord ist wieder in seinem Keller eingesperrt. Langsam dämmert mir, dass meine Lebenssituation sehr ernst ist und ich in der Klinik eine echte Chance habe, etwas zu ändern.

In seiner letzten Stationsrunde vor seiner Entlassung erinnert mich Fabian daran, wozu ich in der Klinik bin. Nach meiner bisherigen Erzählung könnte man glauben, Fabian sei ein reiner Kasper. Doch das trifft nicht zu. Sicherlich mag er Blödsinn und lacht auch gerne, doch er ist meiner Ansicht nach hochintelligent. Er kann sein Umfeld motivieren und ist in vielen Situationen empathisch. Er spürt, wenn es jemandem schlecht geht, und kann dies auch aussprechen. Bei ihm meine ich einen ebenso ausgeprägten Gerechtigkeitssinn zu spüren, wie ich ihn habe. Das sind meine subjektiven Sichtweisen, mit denen ich vielleicht daneben liege. Doch so nehme ich Fabian wahr. Manche Fragen richte ich an ihn und wende mich nicht immer an einen meiner Patenpatienten. Bei den meisten Mahlzeiten nehme ich bei ihm am Tisch platz. Durch seine offene und warmherzige Art ist er für mich eine Bezugsperson in der seltsamen Welt der Klinik geworden. Durch ihn fiel es mir ein Stück leichter, mich einzuleben.

Nun sitzen wir alle auf dem Stationsflur im Kreis beisammen. Fabian wird uns in den nächsten Tagen verlassen. Wie ich bereits verstanden habe, ist es üblich, dass in der letzten gemeinsamen Stationsrunde Zeit und Raum ist, sich von allen zu verabschieden. Fabian erzählt uns, wie sehr ihm der Aufenthalt geholfen hat, und bedankt sich bei unseren Therapeuten und den Mitpatienten. Eindringlich ermahnt er jeden von uns, die Chance zu ergreifen und die Zeit in der Klinik bestmöglich zu nutzen.

Seine Worte werden an meinem Verstand vorbeigeschleust und erreichen mich schließlich im Herzen. Es ist, als würde er nur für mich reden, obwohl sein Blick von einem zum anderen schweift.

Kurz darauf ist Fabian wieder zu Hause und ich hoffe, er findet sich in seinem gewohnten Umfeld zurecht und geht seinen Weg weiter. Unser Weg hat sich aus seiner Sicht etwa zwei Wochen vor seiner Entlassung gekreuzt. Daher weiß ich nicht, ob er bei seiner Ankunft ebenso klar war, wie ich ihn wahrnehme. Ich habe keine Ahnung, ob er ebenso wie ich fühlte und litt.

Für mich war er ein Fels in der Brandung und deswegen sehr wichtig, um in der Klinik nicht nur körperlich, sondern vor allem seelisch anzukommen. Meine Regelverstöße bezüglich des unangemeldeten Besuchs meiner Tante und meines Onkels hat er mir gegenüber kritisiert, mich jedoch nicht verpetzt – womit er mir verdeutlichte, selber verantwortlich zu sein. Er war es auch, der mich durch kritisches Hinterfragen dazu brachte, meine Vorhaben und Meinungen noch einmal zu überdenken. Jetzt ist er für mich eine Art Galionsfigur, die den Weg weist. Es ist möglich, diese Klinik stabil zu verlassen, auch wenn sich diese Wahrheit erst zögerlich in meinem Herzen ausbreiten kann. Noch herrscht zuviel Nebel im Kopf. Nun kann ich mich nicht mehr an Fabian klammern, sondern muss selber lernen zu schwimmen.

Einige Tage später spielen wir wieder eine Art Therapiespiel. Alle meine Mitpatienten der sechsten Station und natürlich auch ich sitzen im Kreis auf dem Fußboden. Wir haben zwei Bälle unterschiedlicher Farbe bekommen, die wir einer Person unserer Wahl zuwerfen sollen. Bei einem Ball sollen wir sagen, was uns an der jeweiligen Person gefällt, und bei dem anderen Ball was wir als störend empfinden. Ich schwitze, wie immer wenn ich auf der persönlichen Ebene offen interagieren soll. Es ist leicht, jemandem etwas Positives ins Gesicht zu sagen. Ihm jedoch eine ehrliche und freundlich gemeinte Kritik zu unterbreiten, fällt mir schwer. Weder möchte ich jemanden verletzen noch als Kritiker auftreten. Im Alltag regen wir uns über jemanden auf, klopfen dazu vielleicht ein paar Sprüche, schütteln mit dem Kopf, fluchen vor uns hin – aber sprechen wir die Person offen an?

Es ist nur eine Frage der Zeit, bis der „gute" Ball bei mir landet. Der Werfer lächelt mich an. Anscheinend hat er Spaß. Ihm gefällt mein Humor, meine lustige Art, ich hätte in der Gruppe bereits den Spitznamen Fabian II erhalten. Nun wirft er mir den zweiten Ball zu und äußert wenige Sekunden darauf seine Kritik. Es wäre sehr schade, dass ich mich hinter einer Fassade verstecke und mich kaum öffnen würde. In mehrfacher Hinsicht bin ich schwer getroffen: Ich möchte nicht Fabian II, keine Kopie, sondern ich selbst sein. Nur weiß ich eben nicht, wer ich bin. Dazu bin ich erschüttert, dass meine Fassade unperfekt ist, dass man sie durchschaut. War das all die Jahre auch so oder haben meine Versteckspiel-Fähigkeiten nachgelassen? Zudem verwirrt es mich, dass andere Menschen traurig sind, wenn ich mich nicht öffne. Was ist an mir interessant, welchen nennenswerten Beitrag kann ich schon leisten? Bin ich etwa sichtbar, bedeute ich jemandem etwas und wenn ja, warum?

Leider kann ich mich nicht mehr erinnern, wem ich die Bälle zugeworfen und was ich geäußert habe, denn ich war innerlich zu sehr aufgewühlt. Ich bin hin und her gerissen, den Klinikaufenthalt als reinen Spaß ohne Tiefgang oder als Ernst zu betrachten.

Die ersten beiden Wochen sind vorbei, offiziell darf ich Besuch empfangen. Es ist Freitag und wir sitzen in der Stationsrunde zusammen. Direkt neben mir sitzt Frau Dr. Böhm, als ich ankündige, am Wochenende von meiner Tante besucht zu werden.

„Du kannst ruhig ehrlich sein, Jens. An den letzten beiden Wochenenden hattest du auch schon Besuch", platzt es aus einer Mitpatientin heraus. Mir fällt nichts anderes ein, als Frau Dr. Böhm dümmlich anzulächeln, die mich wiederum überrascht anschaut.

Ich versuche zu erklären, dass meine Tante wegen meinem Onkel da war, der in der Nachbarklinik untergebracht ist. Er wird in den nächsten Tagen entlassen, was Frau Dr. Böhm gut findet. Ich frage verwirrt nach, warum sie es gut findet. Seit wann interessiert sie sich für den Gesundheitszustand meines Onkels? Sobald die Frage meinen Mund verlassen hat, kenne ich die Antwort und komme mir unendlich blöd vor. Es ist wegen mir, denn Frau Dr. Böhm ist angesichts der heimlich geführten Gespräche alles andere als begeistert. Offiziell habe ich zu niemandem in der „Außenwelt" Kontakt.

Klasse, erst verpfiffen worden und dann noch selber zum Deppen gemacht. Toller Tag.

Der Vorfall nagt an mir und ich fürchte, wegen dem Verstoß entlassen zu werden. Ich kann noch nicht nach Hause, noch kenne ich keine Lösung für meine Probleme.

Mein Patenpatient Heinz ist nach der Mindestzeit von vier Wochen entlassen worden. Bis zum Schluss hat er seine Probleme vehement geleugnet, allem voran seinen übersteigerten Alkoholkonsum. Selbst die Mitpatienten hatten nichts davon geahnt und waren bei der letzten Stationsrunde, an der Heinz teilnahm, geschockt. Er trank in einem italienischen Restaurant in der Nähe wohl eine größere Menge Wein. Er hatte seine Zeit in der Klinik nicht genutzt und die verwirkte Chance wurde ihm schmerzlich bewusst. In seinen Augen meinte ich Reue zu erkennen, obwohl er auch an diesem Punkt die Realität scheinbar nicht akzeptieren wollte. Er konnte nicht eigenverantwortlich agieren, war also in dieser Klinik falsch.

Habe ich meine Chance ebenso verspielt? Alkoholkonsum ist ungern gesehen, wenn nicht gar verboten. Einige Patienten tendieren zum Suchtverhalten und sollen nicht animiert werden zu trinken. Darüber hinaus sollen wir an uns arbeiten und nicht flüchten. Mit Schrecken denke ich an das Bier beim Griechen und überlege fieberhaft, ob mich jemand aus der Klinik gesehen haben könnte.

Schließlich halte ich es nicht länger aus und bitte bei Frau Dr. Böhm um ein Einzelgespräch, welches sie mir umgehend gewährt. Ich erkläre ihr, dass ich mein respektloses Verhalten erkannt habe und ich meine Chance in der Klinik nutzen möchte. Ich schwöre ihr, dass es keine weiteren Regelverstöße mehr gibt.

Wenn ich eine Strafe erwartet habe, so werde ich enttäuscht. Meine Angst, vor die Tür gesetzt zu werden, ist auf jeden Fall vorerst in den Hintergrund getreten. Ich wäre sehr verzweifelt, müsste ich die Klinik zu diesem Zeitpunkt verlassen. Noch glaube ich nicht daran, jemals wieder gesund zu werden. Wenn ich mir jedoch im Vorfeld alle Chancen dazu verbaue, erschaffe ich eine selbsterfüllende Prophezeiung. Bei allem Nebel in meinem Kopf ist mir dieser Umstand erschreckend klar.

Der Spaß ist vorbei

Langsam lebe ich mich ein und verliere scheibchenweise meine anfängliche Scheu. Vorsichtig recke ich meinen Kopf aus dem Sumpf. Die Welt bekommt wieder stückweise Farbe und das bisher allgegenwärtige Grau zieht sich sukzessive zurück.

Nachmittags habe ich immer noch frei, dennoch habe ich das Klinikgelände kaum verlassen. Mit einer Patientin erkunde ich das erste Mal die Innenstadt. Alleine hätte ich mich erstens nicht getraut und hätte zweitens nicht gewusst, wohin ich gehen beziehungsweise was ich mir anschauen soll. Obwohl wir die Innenstadt auch per Fuß erreichen können, haben wir uns für den Bus entschieden und ich versuche, mich so unauffällig wie möglich zu verhalten. Merken die anderen Passagiere, dass ich derzeit Patient in der Psychosomatischen Klinik, der „Bekloppiburg", bin? Habe ich einen entsprechenden Stempel auf der Stirn oder bin ich in den Augen der Einheimischen ein Fremder unter vielen?

Ich plaudere mit der Patientin und versuche angestrengt, dem Gespräch zu folgen und es in Gang zu halten. Ich glaube, ich wirke steif und unbeholfen. Gemeinsam durchstreifen wir mehrere Geschäfte, wobei mich die ausgestellte Ware kaum interessiert. Die Mitpatientin wundert sich ein wenig, warum ich ihr treudoof hinterherdackel. Hoffentlich denkt sie nicht, ich möchte ihr nachstellen, aber meine schauspielerischen Fähigkeiten sind erschöpft: Ich kann kein Interesse für die Auslagen heucheln, dazu besitze ich nicht mehr die Energie. Welchen Sinn soll es für mich haben, mir ein neues T-Shirt oder etwas anderes zu kaufen? Meine innere Leere kann ich damit nicht füllen, zudem möchte ich mit meinen überschaubaren Ersparnissen haushalten. Meinen Therapeuten gegenüber habe ich finanzielle Sorgen verneint, um nicht auch noch diese Schande eingestehen zu müssen. Irgendwie wird es schon weitergehen, bisher habe ich jede finanzielle Misere überlebt. Es ist die Sinnlosigkeit, die mein Herz im Griff hat. Sobald ich meine Lebensfreude wieder entdecke, kann ich mich anderen „weltlichen" Problemen zuwenden.

Zunächst versuche ich, den sonnigen Nachmittag zu genießen und hoffe inständig, die Mitpatientin mit meiner Anwesenheit nicht zu nerven. Bewusst ziehe ich mich immer wieder für ein paar Minuten zurück und sage nichts. Irgendwie bewundere ich diese Frau. Ihr Mann hat einen Tumor im Kopf und die Ärzte haben ihn aufgegeben. Wenn ich alles richtig verstanden habe, dann versuchen sie, mit naturheilkundlichen Methoden den Krebs zu besiegen. Der gesundheitliche Zustand bessert sich noch nicht, die Frau ist mit ihren Kräften ebenfalls am Ende. Und ich Idiot wollte meine depressive Phase und meinen Zusammenbruch noch gegen Krebs eintauschen. Die Krankheit schien mir damals leichter zu überwinden, denn schließlich wäre sie in gewisser Weise sichtbar. Anders als mein bestens getarnter Feind namens Depression.

Wie weltfremd und verzweifelt war ich? Meine Mitpatientin empfinde ich als tapfere und starke Frau, auch wenn sie ihre Schwächen zeigt. Sie weint viel und weinende Menschen verwirren mich immer noch. Doch bei ihr kann ich es besser ertragen. Warum, weiß ich nicht.

Nun schlendern wir gemeinsam durch die Geschäfte und sie kauft Kleidungsstücke für sich und ihre Tochter. Auch wenn wir gerne gemeinsam lachen, gelingt es mir an diesem sonnigen Nachmittag, den inneren Clown im Zaum zu halten. Ich spüre mehr als deutlich, dass meine Sprüche fehl am Platz sind. Wem soll ich auch noch etwas vormachen? Grundlos bin ich nicht in der Psychosomatischen Klinik gelandet, wie alle meine Mitpatienten auch. Wozu das Kasperletheater fortsetzen? Auf mich wartet kein Applaus.

Einige Tage später möchten zwei Patienten aus meiner Gruppe ein paar ruhige Momente in der Natur verbringen: auf mitgebrachten Decken liegen, dösen, sich unterhalten. Sie fragen, ob ich sie begleiten möchte. Es verwirrt mich, dass sie gerne Zeit mit mir verbringen wollen, doch ich sage zu.

Nahe der Klinik ist ein Wald mit vielen Wanderwegen. Die Landschaft ist sehr schön, wobei ich dafür zu dieser Zeit kaum einen Blick übrig habe. Es amüsiert meine beiden Begleiter ein wenig, dass es mir schwer fällt abzuschalten. So sitzen wir auf einer kleinen Lichtung, der Wind rauscht in den Baumkronen und die Vögel zwitschern vergnügt. Die gefiederten Freunde kennen keine Sorgen, sind uns Menschen gegenüber im Vorteil. Kann man neidisch auf einen Vogel sein? Die Gespräche drehen sich um den Klinikalltag, private Dinge und dergleichen. Wieder versuche ich, mich so normal wie möglich zu verhalten und meine Nervosität zu verbergen. Noch immer sind arbeitsfreie Phasen ungewohnt. Während meine Mitpatienten ihre Freizeit größtenteils genießen können, sitze ich auf glühenden Kohlen.

In einer Gruppensitzung fragt mich Frau Dr. Böhm, wann ich das letzte Mal Urlaub gemacht habe. Bevor ich antworte, muss ich rechnen. Es ist April 2009 und von meiner Kanaren-Reise bin ich im Januar 2001 zurückgekehrt – wenn ich mich recht erinnere. „Das ist nun acht Jahre her." Schnell schiebe ich nach, dass ich fast jeden Sonntag frei gemacht habe, als ich den Gesichtsausdruck der anderen betrachte. Ganz dunkel erinnere ich mich an einen Samstag, den ich im Schwimmbad verbrachte habe. In welchem Jahr war das noch mal? Mist, ist mir entfallen. Man müsse sich regelmäßig erholen, werde ich aufgeklärt. Das verstehe ich nicht, schließlich bin ich jung und bin – war – voll leistungsfähig. Schon in der Grundschule hatte ich keinen Sinn für freie Tage. Es war mir schleierhaft, wozu ein Wochenende dienen sollte. Natürlich habe ich gerne gespielt, doch es wäre doch sinnvoller, an jedem Tag den Unterricht zu besuchen. Wir würden viel mehr und vor allem schneller lernen.

Auch neben der sinnlosen Freizeit fühle ich mich in vielen weiteren Situationen im Krankenhaus äußerst unwohl. Als mir ein Mitpatient ins Gesicht sagt, er könne mich nicht ernst nehmen, bleibt mir fast das Herz stehen. Es ist ein Schlag ins Gesicht. Wut versucht, sich einen Weg nach außen zu bahnen, hat jedoch keine Chance, da ich sie sofort unterdrücke. Der Typ hat selber noch nichts geleistet und bekommt sein Leben nicht geregelt und will mir etwas sagen? Mir, dem unerschrockenen Journalisten und unfehlbaren PR-Berater? Ach, nein. Das war ich einmal. Derzeit lebe ich in einem Vakuum. Verdammt, hat der Idiot am Ende vielleicht sogar noch recht?

Der weiteren Konfrontation weiche ich aus und trete den geordneten Rückzug an. In meinem Zimmer stelle ich mich wütend und

verwirrt vor den Spiegel und frage mein Konterfei: „Wer bist du?" –
„Finde es heraus", lautet die prompte Antwort. Klasse, und wie soll
das bitte schön gehen? Jetzt unterhalte ich mich sogar schon mit
meinem Spiegelbild! Kann man noch tiefer sinken?

Die Kritik des Mitpatienten nagt sehr an mir, was andere in meinem Umfeld bemerken. Sie ermuntern mich, dies im Gruppengespräch zu erwähnen und nicht in mich hineinzufressen. Die Therapeuten stünden mir schließlich zur Seite. Doch der Mitpatient ist in
der gleichen Gruppe und ich möchte ihn nicht verpetzen. Fast bin
ich versucht, die ganze Angelegenheit zu verdrängen, doch in der
nächsten Sitzung schaue ich mich schüchtern um und ergreife schließlich das Wort. Manche Patienten wissen, dass ich ein Thema zur
Sprache bringen möchte, und halten sich daher zurück. Einige von
ihnen freut es, dass ich beginne, mich einzubringen und zu beteiligen. Ich erzähle, einen Konflikt mit einem Patienten zu haben, nenne schließlich den Namen, wiederhole seine Worte und erkläre, wie
sehr sie mich verletzt haben. Der Angesprochene sitzt mir auf dem
C-Sofa gegenüber und schaut mich erschrocken an. Er mag zwar
meine Art nicht besonders, wollte mich jedoch nicht verletzen. Ihm
war nicht bewusst, wie hart seine Worte waren. Ein tonnenschweres
Gewicht fällt von mir, als wir uns aussöhnen. Wir werden nicht die
dicksten Freunde, das ist uns vollkommen klar. Jedoch ändert sich
unser Umgang miteinander.

Frau Dr. Strakel erklärt, dass Konflikte innerhalb der Gruppe sehr
wertvoll seien. Sie würden unbewusste Strukturen zu Tage fördern
und wir könnten besser an uns arbeiten, wenn nicht immer alles
Eitelsonnenschein sei. Bisher bin ich Konflikten immer aus dem Weg
gegangen oder habe sie verdrängt. Austragen konnte ich sie kaum,
denn mein Wunsch war stets die perfekte Harmonie. Der Erfolg im
Gruppengespräch spornt mich an und es macht mir Freude, mich
mit den anderen auszutauschen. Erstmals habe ich für eine kurze
Zeit einen kleinen Blick auf mein Inneres freigegeben und es war
befreiend. Zudem bin ich stolz auf mich, nicht geweint zu haben.

Bei einer anderen Gelegenheit soll ich drei positive Eigenschaften
von mir nennen. Als Antwort gebe ich Loyalität, Zuverlässigkeit und
Leistungsbereitschaft. Daher wird die Frage umformuliert: Drei po-

sitive Eigenschaften außerhalb meines Berufs. Darauf fällt mir nichts mehr ein, so sehr ich mein Hirn auch bemühe. Meine Mitpatienten müssen einspringen und ich bin sprachlos. Andere Menschen nehmen mich als hilfsbereit und herzlich wahr, dabei glaube ich eher ein Arschloch zu sein. Fieberhaft überlege ich, ob sie wirklich von mir sprechen, doch es gibt keinen Zweifel, denn sie schauen mich direkt an.

Wenig später möchte ich einen weiteren Beitrag leisten, indem ich eine Stationsrunde leite. Jeweils ein Patient meldet sich dazu freiwillig und führt quasi als Ansager durchs „Programm". Auf einem ziemlich verknickten Zettel in einer nicht weniger verknautschen Klarsichtfolie sind die einzelnen „Tagungsordnungspunkte" vermerkt.

Zunächst werden die anwesenden Therapeuten begrüßt und dergleichen. Ich möchte meine bisherigen zaghaften Fortschritte sichtbar machen und melde mich freiwillig. Kurz bin ich versucht, den Text nochmals am frei zur Verfügung stehenden Computer abzutippen, um die diversen Fehler zu beseitigen. Zudem sind die Formulierungen an manchen Stellen ein wenig ungeschickt, doch ich kann mich im letzten Moment noch zurückhalten. Ich bin nicht hier, um zu arbeiten und irgendwelche Texte zu optimieren. Ein kurzer Schmerz durchzuckt mein Herz, als ich daran denke, dass ich am Ende meines Zusammenbruchs nicht mehr schreiben konnte. Nein, ich lasse lieber die Finger davon und konzentriere mich auf meinen Auftritt.

In der Vergangenheit hielt ich souverän Vorträge, Präsentationen und führte geschäftliche Gespräche. Die zwanzig Sätze abzulesen, ist dagegen ein Klacks. Falsch gedacht. Während nach und nach meine Mitpatienten mit ihren Stühlen eintrudeln, steigt bei mir die pure Angst. Sicherlich wird meine Stimme versagen, ich lese einen falschen Textabschnitt vor oder reagiere zu spät. Lieber Gott, bitte lass den Erdboden sich unter mir öffnen, damit er mich mitsamt Stuhl verschlucken kann. Wie gewohnt wird diese Bitte ignoriert, aber einen Versuch war es wert.

Mein Mund trocknet schlagartig aus und ich schwitze aus allen Poren. Verdammt, was ist mit mir los? Unsicher stolpere und holpere ich durch die Passagen, bin dankbar für jede Pause. Als die Stationsrunde beendet ist, bin ich von meinem Leiden erlöst.

Ein für alle Mal habe ich begriffen, dass ich niemandem etwas beweisen muss und verdammt noch mal die Finger von jeder Art von Arbeit lassen soll. Vielleicht bin ich irgendwann wieder dazu in der Lage, Aufgaben zu erfüllen, aber die Zeit ist noch lange nicht reif dafür. Ein letztes Mal verbrenne ich mir die Finger und erkenne, wie unnötig diese Aktion im Grunde war.

Ich könnte mir mein Leben erleichtern, wenn ich mich den Dingen zuwende, die gerade aktuell sind. Aus diesem Grund habe ich mich auch nicht freiwillig als Patenpatient gemeldet, obwohl ich gerne die Fragen der Neuankömmlinge beantworte oder ein Auge auf sie habe. Einmal möchte einer von ihnen in Jeans zu einer körperbezogenen Gruppentherapie. Daher weise ich ihn darauf hin, dass er sich lieber eine Jogginghose anziehen sollte. Dankbar nimmt er zur Kenntnis, dass ich so lange auf ihn warte, denn die anderen Patienten sind bereits auf dem Weg. Der Neuankömmling befürchtet, den richtigen Raum nicht zu finden. Seelenruhig gehen wir gemeinsam dorthin und treffen rechtzeitig ein. Die eigentlich zuständigen Patenpatienten haben von dieser Aktion nichts bemerkt.

Nun erkenne ich auch den Sinn meiner Therapien: In der Körperwahrnehmungsschulung spüre ich meinen Körper auch ohne Schmerzen. Es ist fast so, als würde ich einen alten Bekannten nach langer Zeit wieder in die Arme schließen. Phasenweise lasse ich das Denken hinter mir und tauche ins Fühlen ab.

In der dritten Anwendung der Muskelentspannung merke ich, dass der Zustand, den ich bisher als gelöst wahrgenommen habe, vollkommen verkrampft ist. Fast sämtliche Muskeln sind angespannt, mein Atem ist gepresst. Als ich das erkenne, kann ich loslassen, mein Körpergewicht der Unterlage anvertrauen. Ich muss nicht kämpfen oder fliehen, denn ich bin in Sicherheit. Das wiedererlangte, noch zaghafte Vertrauen bildet die Grundlage, mich – mit zunächst unangenehmen Folgen – weiter zu öffnen.

Immer noch ist mein komplettes Leben infrage gestellt und ich muss mir ein neues Fundament gießen, noch einmal bei Null anfangen. Ich fühle mich wie ein Schlaganfall-Patient, der von Grund auf alles neu lernen muss. Zunächst finde ich es allgemein lächerlich, dass unsere Therapeuten immer mal wieder auf mögliche Ursachen in unserer Kindheit verweisen und auch die Gespräche in den Gruppensitzungen drehen sich häufig um die ersten Lebensjahre. Als ich nach meinen Eltern gefragt werde, will ich am liebsten abwinken. Da mir klar ist, dass die Therapeutin weiter bohren wird, beginne ich oberflächlich zu erzählen. Irgendwann unterbricht mich ein Mitpatient und fragt, wer die beiden Menschen seien, die ich ständig erwähne. Zunächst verstehe ich die Frage nicht, denn ich soll doch von meinen Eltern erzählen und das tue ich. Sicherheitshalber überlege ich einen kurzen Moment. Einige Augenblicke später fällt der Groschen. Meine Eltern nenne ich beim Vornamen und die kannte keiner außer mir. Demnach kläre ich die Gruppe auf, dass meine Eltern so heißen. Als ich fortfahren möchte, werde ich wieder unterbrochen, was mich tierisch nervt. Soll ich nun erzählen oder nicht? Das sei aber ungewöhnlich, warum ich das denn täte. Die beiden nenne ich nicht Mama und Papa, weil ich das albern finde. Es verstört mich, wenn erwachsene Menschen Mama zu ihrer Mutter sagen, ganz so, als wären sie noch Kinder. Irgendwann habe ich als Kind die Vornamen benutzt und weder meine Mutter noch mein Vater haben etwas dagegen gesagt.

Bisher dachte ich, es sei normal. Nun bin ich verunsichert. Darüber hinaus erfahre ich von meiner Tante bei einem ihrer verheimlichten Wochenendbesuche von bisher verschwiegenen Eheproblemen meiner Eltern, die bereits vor meiner Geburt zu eskalieren drohten. War meine Kindheit anders als ich glaube, sie in Erinnerung zu haben? Verdammt, wer bin ich und was soll das Ganze hier? Mir fällt das Spiegelbild wieder ein. „Finde es heraus."

Auf Spurensuche

Meine Kindheit halte ich bisher für eine glückliche Zeit ohne besondere Vorkommnisse. Ich wuchs als Einzelkind wohlbehütet in Niesig, einem Vorort von Fulda auf. Meine Mutter war Hausfrau, mein Vater führte mit zwei seiner Brüder ein gemeinsam gegründetes Handwerksunternehmen.

In meinen frühen Erinnerungen unternimmt mein Vater viel mit mir. Wir spielten gemeinsam oder machten einen Ausflug zum Fuldaer Bahnhof – einem meiner Lieblingsplätze. Vater kaufte uns beiden dann Süßigkeiten und wir setzten uns gemeinsam auf eine Wartebank bei den Gleisen. „Züge gucken" nannte ich das. Sie waren so riesig, unendlich lang und machten einen unglaublichen Lärm, wenn sie vorbeirauschten. Jedes Mal erfasste uns eine Windböe, ich hatte Angst und war dennoch begeistert. Mein Vater war bei mir, also befand ich mich in Sicherheit. In der Wartehalle des Bahnhofs stand ein großer Glaskasten mit einer Modelleisenbahnstrecke. Wenn man Geld einwarf, konnte man per Knopfdruck die einzelnen Züge starten. Faszinierend.

Eine weitere Attraktion war das jährliche einwöchige Schützenfest. Eine eigene Welt aus Süßigkeiten, Leuchtreklame, Musik, Karussells, Autoscooter, Geisterbahnen und Schießbuden. Am jeweils ersten und letzten Tag des Fests folgte um 22 Uhr ein großes Feuerwerk und ich durfte so lange aufbleiben. Es war aufregend, zu später Stunde die Raketen in den Himmel schießen zu sehen, die mit großem Knall und Leuchten explodierten. Wir besuchten das Schützenfest immer an mehreren Tagen, auch ohne meine Mutter. Ich mochte diese Vater-und-Sohn-Ausflüge, denn wir hatten immer Spaß und gönnten uns viel Naschwerk.

Doch als mein Vater sein Handwerksunternehmen gründete, wurde die gemeinsame Zeit immer spärlicher. Ich bekam ihn kaum noch zu Gesicht. Seine Arbeit nahm ihn dermaßen in Beschlag, dass er sogar einen Familienurlaub an der Ostsee unterbrach und alleine per Bahn nach Hause fuhr. Im Gegenzug kaufte er mir viele Spielsachen. Eine zeitlang fuhren wir einmal im Monat in ein großes Spielwarengeschäft und ich hatte die freie Auswahl. Als schlimm empfand ich es nicht, meine Bezugsperson war meine Mutter. Kein Wunder, als Hausfrau war sie immer für mich da. Seltsamerweise rief ich nachts jedoch immer nach meinem Vater, wenn ich durstig war. Wenige Minuten später brachte er mir etwas zu trinken. Ich habe keine Ahnung, warum ich nicht selber in die Küche gegangen bin.

Als ich in den Kindergarten gehen sollte, verstand ich die Welt nicht mehr. Mutter und ich fuhren gemeinsam zu einem mir bis dato unbekannten Ort mit vielen fremden Kindern. Solange meine Mutter bei mir war, war für mich alles in Ordnung. Doch plötzlich ließ sie mich zurück. Ich verstand nicht, warum ich alleine bleiben musste, und fürchtete, meine Mutter nie wieder zu sehen. Ich muss erbärmlich geheult haben, sodass der erste Versuch, mich an den Kindergarten zu gewöhnen, scheiterte. Im zweiten Anlauf ein Jahr später klappte es und ich verbrachte eine wunderbare Zeit im Kinderhort.

Alles war aufregend und neu. Jeden Abend erzählte ich Franz von meinen Erlebnissen. Franz war mein Teddybär, den ich im Alter von eineinhalb Jahren geschenkt bekam. Der Bär wurde mein Weggefährte, ohne den ich nicht einschlafen konnte. Als ich ihn einmal bei meiner Oma vergaß, musste mein Vater die fünfzehn Kilometer hin und zurück auf sich nehmen, wenn zu Hause Ruhe herrschen sollte. So wurde Franz Brehl in meinen Augen zu einem Familienmitglied, dem ich alles anvertrauen konnte. Zusammen haben wir viel erlebt, denn er begleitete mich nahezu überall hin. Dies ging nicht spurlos an ihm vorbei und er musste oft geflickt werden.

Der alte Veteran weist viele Narben auf und ja, ich besitze Franz auch heute noch. Er lebt friedlich in seinem Schrank.

Mein Cousin und meine Cousine, die Kinder der Schwester meiner Mutter, kamen einem Bruder und einer Schwester sehr nahe. Sie wohnten nur etwa 15 Kilometer von uns entfernt, gemeinsam mit ihren Eltern und Opa und Oma mütterlicherseits im selben Haus. Hier verbrachte ich viel Zeit. Im Sommer verweilten wir unzählige Tage im Freibad und gemeinsam machten wir Urlaub an der Ostsee.

Auch wenn ich viele Freunde hatte und gerne mit ihnen spielte, genoss ich meine allein verbrachte Zeit. Ich war ein im Grunde einfaches Kind, unkompliziert und man konnte mich eine Weile unbeaufsichtigt lassen. In unserem Garten beschäftigte ich mich stundenlang im Sandkasten, nur dann und wann rief ich nach meiner Mutter. Meistens hatte ich Durst. Vom Balkon aus warf sie mir in solch einem Fall Trinkpäckchen zu. Es tat weh, sie zu fangen, dennoch versuchte ich es immer wieder. Es war aber auch nicht schlimm, wenn sie auf den Boden fielen. Dann hatten sie zwar Dellen, waren aber nicht geplatzt. Der Inhalt schmeckte auf jeden Fall.

1987 wurde ich eingeschult, meine Klasse bestand aus acht Schülern. Jeweils zwei Klassen teilten sich ein Zimmer. Freundschaften schloss ich schnell.

In der großen Pause verwandelte sich der Schulhof in einen Spielplatz und wir tobten uns gemeinsam aus. Oft spielten wir Völkerball. Ich freute mich riesig, wenn ich einen Mitschüler der gegnerischen Mannschaft mit einem Treffer aus dem Rennen schickte oder flink einem Ball auswich. Wir verfügten über keine eigene Sporthalle, sodass wir mit dem Bus zu anderen Schulen gebracht wurden.

Ein weiteres Abenteuer war der Schwimmunterricht, denn dafür fuhren wir ins städtische Hallenbad, auf dessen Grundstück heute ein Wohnkomplex mit hochmodernen Eigentumswohnungen steht.

Von Anfang an fiel mir das Lernen leicht, noch leichter jedoch ließ ich mich vom Unterricht ablenken. Darauf wies meine Klassenlehrerin in meinem ersten Schulzeugnis hin: Fremde Texte las ich selbständig, beim Lösen von Mathematikaufgaben benötigte ich kaum Hilfe, am Unterricht beteiligte ich mich aktiv. Schriftliche Arbeiten erledigte ich langsam und oberflächlich und müsste in diesem Bereich unterstützt werden. Obwohl ich es gelernt hatte, mich „den Gruppenregeln entsprechend zu verhalten", war ich leicht ablenkbar, vergaß oft Aufträge und musste daher viel nachfragen. In der zweiten Klasse ein ähnliches Bild.

Auf Disharmonie reagierte ich äußerst sensibel und so war ich in meiner Grundschulzeit nahe am Wasser gebaut. Fast jeden Tag brach ich in Tränen aus, wenn mich mein Klassenlehrer kritisierte. Es ist kurios, denn ich habe keinerlei Erinnerung daran, jemals in der Grundschule geweint zu haben. Meine ehemalige Klassenkameradin und erste Liebe Clara, mit der ich heute noch sporadisch Kontakt halte, erzählte mir davon. Der Lehrer habe mich regelrecht auf dem Kieker gehabt.

Dafür war ich mir sicher, dass eines Tages eine Statue von mir in meinem Heimatort stehen würde, um zu verdeutlichen, wo ich aufgewachsen bin. Ich würde berühmt sein und mir war klar, dass ich dazu etwas Bedeutendes leisten musste – und auch würde. Was das genau sein sollte, entzog sich meiner Kenntnis.

Hin und wieder ängstigte mich der selbstauferlegte Leistungsdruck und an manchen Kinder- und Jugendtagen wünschte ich mir eine Behinderung. Sie hätte mir vieles erleichtert. Würde ich beispielsweise im Rollstuhl sitzen, würde weniger von mir verlangt werden und jede meiner Leistungen wäre entsprechend mehr wert. Den Alltag mit einem Handicap zu bewältigen, würde anerkannt und alles was selbstverständlich ist, würde außergewöhnlich werden.

In Gedankenexperimenten stellte ich mir vor blind, taub oder stumm zu sein. Meine Wahl fiel auf stumm, denn ich würde meine Umwelt noch vollständig wahrnehmen, müsste sie aber nicht kommentieren. Ich wäre der geborene Beobachter und wenn ich mich mit Hilfe von Gebärdensprache doch zu „Wort" meldete, hätten meine Aussagen ein größeres Gewicht. Schließlich ist es für mich schwieriger, mich an Gesprächen zu beteiligen, was natürlich entsprechend geachtet würde. In Wahrheit litt ich unter diversen Allergien und Asthma, wofür ich mich zutiefst schämte. Die geringsten Anzeichen von Schwäche waren mir zuwider. Bald spürte ich, dass andere Kinder stärker waren, wenn sie länger rennen konnten als ich. Daher wünschte ich mir, stark und unfehlbar zu sein, eine Behinderung passte nicht länger ins Bild.

Im Alter von neun Jahren feierte ich meine erste Kommunion, wie üblich mit vielen Geschenken. Ich trug die damals topmoderne Igelfrisur, die bei meinen dünnen Haaren jedoch nicht recht überzeugend wirkte. Auf Deutsch gesagt, sah ich lächerlich aus, wie Fotos beweisen. Es war ein sonniger Tag und einzig die Tatsache, dass ich mich beim Spielen nicht dreckig machen durfte, trübte ein wenig meine Stimmung.

Der ganze Kommunionsunterricht hatte sich also gelohnt, auch wenn kleine Meinungsverschiedenheiten auftraten. Der Pfarrer verstand mich einfach nicht, wenn ich erklärte, dass es lustiger ist, alleine zu spielen. Vom Gegenteil konnte er mich nicht überzeugen.

Nach der eigentlichen Kommunionsfeier war es so weit: Ich konnte als Messdiener in unserer kleinen Dorfkirche fungieren. In meinen Augen war ich damit in eine Elite aufgenommen worden. Ein enger Gürtel hielt die Messgewänder, wo sie sein sollten, denn ich war ein recht schmächtiges Kind. Ich war sehr stolz darauf, samstags in die Kirche gehen zu können und dem Pfarrer bei seiner Predigt zu helfen. Ich ging stets alleine hin, meine Eltern waren zwar katholisch, besuchten die Kirche jedoch nicht. Im Grunde war es mir egal.

Als Messdiener gehörte ich einer Gruppe an, fühlte mich dennoch nicht zugehörig. Äußerlich einer von ihnen, innerlich meilenweit entfernt. Aus einem mir heute unbekannten Grund gab ich meine Tätigkeit auf. Vielleicht, weil ich mich ausgegrenzt fühlte.

Irgendwann fing ich an, meine Eltern beim Vornamen zu nennen, was ich auch heute noch tue. Leider erinnere ich mich nicht an den Grund oder ab wann ich das tat. Wenn meine erwachsene Cousine heute zu ihrer Mutter „Mama" sagt, dann verwirrt mich das. Meinem logischen Verstand ist klar, dass eine Mutter ein Leben lang die Mutter bleibt, aber sie so zu nennen?

Als mein kleiner Cousin väterlicherseits es mir gleichtun wollte und seinen Papa beim Vornamen nannte, handelte er sich eine schallende Ohrfeige ein. „Ich bin der Papa." Ich erschrak und konnte die Aufregung nicht nachvollziehen, denn meine Eltern schienen nichts dagegen zu haben, dass ich sie nicht mehr mit Mama und Papa ansprach. Sie hinterfragten mich niemals und so blieb es einfach dabei.

Schon vor meiner Geburt hatten meine Eltern Eheprobleme, die mir erst während meiner Pubertät bewusst wurden. Wenn mein Vater von der Arbeit kam, zog ich mich sofort in mein Zimmer zurück.

Meine Eltern stritten sich nicht offen, es waren eher Anmerkungen am Rande. Doch ich spürte eine beklemmende Atmosphäre, wenn beide in einem Raum waren. Es war mir unmöglich, mit den beiden zu reden, und so zog ich mich in meine eigene Welt zurück.

Auch wenn ich Freunde in der Schule hatte, lebte ich zurückgezogen. Immer noch spielte ich gern alleine, was mittels Konsole und Computer problemlos möglich war. Zudem besaß ich einen eigenen Fernseher, einen Videorecorder, eine Stereoanlage und viele Bücher.

Eines Tages fragte mich meine Mutter, wie ich zu einer Scheidung stehen würde. Sofort gab ich mein „Einverständnis", auch wenn ich meinen Vater nicht hasste. Viel eher hatte ich keinen Bezug mehr zu ihm und mich verband im Grunde nur noch die biologische Verwandtschaft. Zudem machte mir die eisige Atmosphäre zu schaffen und ich wünschte mir nichts sehnlicher als Harmonie.

Einmal warteten wir am Heiligabend darauf, dass mein Vater endlich nach Hause kam. Als er dann in der Tür stand, war er sturzbetrunken und das Fest für uns gelaufen. War dies der Vater, der früher meine Wunschliste notierte, als ich noch nicht schreiben konnte, und sie anschließend unter dem Fußabtreter vor der Wohnungstür versteckte? Er überzeugte mich davon, dass das Christkind die Liste abholen würde, es mich dabei aber auf keinen Fall sehen durfte. Wenn doch, würden meine Wünsche nicht erfüllt. Als er nachsehen wollte, ob das Christkind bereits die Liste an sich genommen hatte, versteckte ich mich auf dem Wohnzimmersofa unter einer Decke. Sicher ist sicher.

Anscheinend waren diese Zeiten endgültig vorbei und er betrank sich lieber auswärts, anstatt den Abend bei seiner Familie zu verbringen. Worüber ich mir damals keine Gedanken machte, war die Tatsache, dass er im stark alkoholisierten Zustand mit dem Auto gefahren war. Heute frage ich mich, ob er lediglich nachlässig war oder (unbewusste) Suizidgedanken hatte. Anscheinend war er unglücklich und konnte es anders nicht zum Ausdruck bringen.

Wie so oft zog ich mich an diesem Abend in mein Zimmer zurück. Am nächsten Tag besuchten wir die Familie mütterlicherseits, als wäre nichts geschehen.

Als ich dreizehn oder vierzehn Jahre alt war, eröffnete meine Mutter ihrem Mann, dass sie sich trennen wolle. Bei dem Gespräch war ich anwesend. Körperlich zumindest. Mein Vater sackte in sich zusammen und war mit der Situation wohl überfordert. Er schien überrascht zu sein, dabei muss er doch bemerkt haben, dass ein weiterer gemeinsamer Weg nicht vorhanden war. Zumal er zu diesem Zeitpunkt bereits eine andere Frau kennengelernt und sich wohl auch regelmäßig mit ihr getroffen hatte – wie ich heute vermute. Ich selber war emotional entrückt, wieder einmal der stumme Beobachter.

Mein Vater zog aus der gemeinsamen Wohnung aus und jedes zweite Wochenende verbrachte ich mit ihm. Das war mehr Zeit als vor der Trennung. Meistens gingen wir ins Kino, wobei ich den Film aussuchen durfte. Sonntags waren wir häufig in seinem Büro. Während er arbeitete, konnte ich in Ruhe lesen. Ich empfand es als normal, dass mein Vater auch am Wochenende arbeitete, und ehrlich gesagt, waren die Stunden in der Firma entspannend. Während andere Menschen den Tag sinnlos verbrachten, war zumindest mein Vater fleißig und verschaffte sich einen Vorsprung. Wir mussten nicht viel miteinander reden und uns keine Aktivitäten ausdenken.

Einige Zeit später stellte mir mein Vater seine Freundin und heutige Ehefrau vor. Jedes Wochenende verbrachten wir nun gemeinsam mit seiner neuen Lebensgefährtin und ihren drei Kindern in einer anderen Stadt. Meine Mutter lernte im Urlaub ihren heutigen Lebensgefährten kennen, der in der Nähe von Vaters Freundin wohnte. Somit verbrachte ich kaum ein Wochenende zu Hause und war in meinen Aktivitäten vollkommen abhängig. Dabei hätte ich so gerne meine Ruhe gehabt und mich in meinem Zimmer verkrochen.

Bald bekam ich freitags in der letzten Schulstunde Bauchschmerzen. Ich zählte die Minuten bis zum Unterrichtsende und mir verging die Lust, nach Hause zu gehen. Stattdessen freute ich mich bereits auf den kommenden Montag. Geäußert habe ich das nie, ich hätte gar nicht gewusst, wie. Ich litt stumm, wie immer. Ich vertraute mich weder einem Familienmitglied, noch einem Freund oder gar einem Lehrer an. Das hätte auch nichts geändert.

Als meine Mutter zu ihrem Lebensgefährten zog, kam ich bei meinem Vater, seiner Freundin und ihren Kinder unter, die wiederum nach Fulda einwanderten. Wir bewohnten ein gemietetes Reihenhaus. Ich wollte in meiner Heimatstadt bleiben, schließlich war ich im letzten Jahr auf der Realschule.

Die Konflikte mit meinem neuen Umfeld ließen nicht lange auf sich warten, denn die Erziehungsmethoden der Freundin meines Vaters empfand ich, gelinde gesagt, als fragwürdig. Ich hatte das Gefühl, dass ihr die Kinder auf der Nase herumtanzten. Daher verspürte ich wenig Lust, auf sie aufzupassen. Sie ließen sich von mir nichts sagen, was mir im Grunde auch egal war. Die letzten Monate biss ich die Zähne zusammen. Obwohl ich immer mehr unter meiner Lebenssituation litt, ließ ich davon in der Schule nichts verlauten.

Den Realschulabschluss in der Tasche bezog ich schließlich im Alter von 17 Jahren eine eigene Wohnung in der Straße meiner Tante und Großeltern. Hier fühlte ich mich frei und begann wenige Wochen später meine kaufmännische Lehre im gleichen Ort.

Als ich mich in der Psychosomatischen Klinik befinde, ist das Verhältnis zu meinen Eltern angespannt. Innerlich habe ich mich von den beiden distanziert, erwarte im Grunde keine Hilfe. Meine Mutter hat ihre eigenen Probleme, mein Vater ist zwar besorgt, scheint aber mit der aktuellen Situation überfordert zu sein. Ich bin jedenfalls froh, dass er mich nicht mehr alle paar Stunden anrufen kann. Mein Mobiltelefon ist ausgeschaltet und ich habe das Zimmertelefon nicht aktiviert.

Seit fünf Jahren habe ich meine Mutter nicht mehr gesehen und sie möchte mich gemeinsam mit ihrem Lebensgefährten über die Osterfeiertage in der Klinik besuchen. Dies lehne ich ab, da ich mich lieber an einem anderen Ort mit ihr treffen möchte. Zudem empfinde ich den Zeitpunkt als unpassend. Zunächst muss ich zu mir selber finden, bevor ich mich anderen Menschen widmen kann.

Allgemein breche ich den Kontakt zur Außenwelt ab: Keine Besuche, keine Telefonate. Ich verabschiede mich jeweils mit kurzen Worten ohne eine nähere Erklärung. Tamara und ich hatten uns hin und wieder E-Mails geschickt, mit Clara hatte ich ebenso wie mit meiner Tante telefoniert. Nun ist Funkstille. Es ist an der Zeit, dass ich mich ganz auf mich konzentriere.

Die Klinik ist weiterhin eine unwirkliche Welt. Meine Augen beginnen sich zu öffnen und ich verstehe, dass ich meine Maske ablegen kann. Ich bin in Sicherheit. In den Mitpatienten habe ich wertvolle Begleiter und auch Freunde gefunden. Wir begegnen uns auf einer anderen Ebene und die wenigsten tragen eine Maske, sondern zeigen sich, wie sie sind. Jeder von uns hat seine Geschichte, seine Sorgen und seine Ängste. An diesem Ort können wir sie einander mitteilen.

Nach wenigen Wochen habe ich das Gefühl, manche meiner Weggefährten schon lange zu kennen, denn oftmals wissen wir Dinge voneinander, die im engsten Familienkreis unbekannt sind. Mehr noch, ich genieße die gemeinsame Freizeit. Am Abend treffen wir uns in der Kuppel, wo wir bei Gesellschaftsspielen zusammensitzen oder einfach nur miteinander reden.

Es ist unglaublich amüsant, mit Menschen Uno zu spielen, die ein wenig verwirrt sind. Einige von uns können sich nicht jede Spielregel merken und sorgen damit für allgemeine Heiterkeit. Eine Mitpatientin kommt fast immer durcheinander, wenn jemand die „Richtungswechsel-Karte" ausspielt. „Ich war doch eben erst dran!" Doch sie lässt sich jedes Mal überreden, einfach weiter mitzuspielen. Ich vergesse ständig „Uno" zu sagen, wenn ich die vorletzte Karte ablege. Daher muss ich zur Strafe zwei neue Karten ziehen. Wenn ich daran denke, freue ich mich wie ein Schneekönig. „Uno, uno, uno, uno", rufe ich laut vernehmlich in die Runde, während ich aufgeregt mit meinem Hintern auf dem Sofa auf und ab hüpfe. Mein Sitznachbar wackelt jedes Mal unfreiwillig mit. Eine Patientin tut so, als würde sie mir in die Karten linsen, wenn sie neben mir sitzt. Gespielt empört schnappe ich nach Luft, als würden mir angesichts ihrer Dreistigkeit schier die Worte fehlen. Dann drehe ich mich zur Seite, worüber wir uns köstlich amüsieren. Eines Abends sagt sie mir, sie würde es schön finden, wenn ich lache. Verwirrt frage ich nach dem Grund. „Weil deine Augen mitlachen." Darauf kann ich nichts erwidern.

Weiterhin spielen wir Kicker, Billard oder Tischtennis. Bei letzterem ist der Spaßfaktor umso höher, je mehr wir auf die Regeln pfeifen und keine Punkte zählen. Besonders mit Sabrina habe ich hier viel Spaß. An einem Samstag spielen wir so lange Tischtennis, bis wir beide klatschnass geschwitzt sind. Ausgelassen wie kleine Kinder lachen und toben wir. Die Bälle klatschen an die Zimmerdecke und wenn sie danach die Platte auf der richtigen Seite treffen, brechen wir in Jubel aus. Alleine Sabrinas bayerischer Akzent ist witzig. Wenig später gesteht sie mir, dass sie seit Jahren nicht mehr von Herzen gelacht hat, und bedankt sich tatsächlich für die schöne Zeit. Spielt man mit Sabrina Kicker, sollte man darauf achten, in der gleichen Mannschaft zu sein. Sie beherrscht das Spiel dermaßen gut, dass sie alle nass macht – auch eingefleischte Tischfußballakrobaten haben kaum eine Chance. Selbst wenn sie alleine gegen zwei Gegner antritt, entscheidet sie die Partien meistens für sich. Gefürchtet sind ihre Schmetterbälle, die ihr Torwart mit voller Wucht im gegnerischen Tor versenkt. Das Ganze geht so schnell, dass meine Augen den Bällen nicht folgen können. Jedes Mal donnert es dermaßen laut, als würde die Kugel das Holz durchschlagen. Fast fürchte ich, einen solchen Durchschuss würde auch das Glas der Kuppel nicht aufhalten. Ob es kugel- bzw. sabrina-sicher ist?

Erstmals fühle ich mich einer Gruppe zugehörig und es macht mir immer größeren Spaß, mit ihr zu agieren. Mareike ist aufgrund ihrer Magersucht in der Klinik und meine Zimmernachbarin. Durch sie verstehe ich auch endlich, warum wir streng angehalten sind, keine Lebensmittel und keine Bücher oder Zeitschriften liegen zu lassen. Die Therapie der Magersuchtpatienten ist, soweit ich das als Außenstehender beurteilen kann, hart. Jedes Privileg müssen sich die Patienten mittels Gewichtszunahme erarbeiten. Sie dürfen das Haus nicht verlassen und sich nur in bestimmten Räumen aufhalten, nicht spielen, nicht fernsehen, nicht lesen. Ohne Ablenkung sind sie mit sich alleine beschäftigt. Mareike tut sich schwer beim Essen, sie sitzt häufig an meinem Tisch. Sie macht kleine Bissen, braucht Ewigkeiten um aufzuessen, was sie so gut wie nie tut. Bald bemerke ich, dass sie mit dem Essen aufhört, wenn unsere Gruppe aufsteht. Während sie noch an der ersten Portion mümmelt, haben wir unsere Mahlzeit längst beendet und uns mehrmals einen Nachschlag gegönnt – zumindest ich. Die Dame an der Essensausgabe merkt schnell, dass es mir schmeckt, und bald bekomme ich extra große Portionen. Ich ahne, dass Mareike nicht weiter isst, weil sie nicht alleine am Tisch sitzen will. Der Essensraum leert sich ebenso schnell, wie er sich füllt. Daher bleibe ich manchmal bei ihr sitzen, wir unterhalten uns und sie isst noch ein paar Bissen. Sie bestimmt, wann wir aufstehen. Manchmal weist uns auch eine Reinigungskraft dezent auf das Ende der Essenszeit hin.

Frau Dr. Strakel, Frau Dr. Böhm und die übrigen Therapeuten machen eine sehr gute Arbeit. Meine Scheu und Skepsis sind nach etwa drei Wochen verschwunden. Es ist etwas eingetreten, was ich für unmöglich gehalten habe: Bei allen unbequemen Wahrheiten, Konflikten, meinen Sorgen und depressiven Phasen fühle ich mich das erste Mal seit langem wohl. Mir wird geholfen und ich kann die Hilfe annehmen.

An jedem Mittwochvormittag ist Visite auf unserem Zimmer, in Gedanken nenne ich sie Stubenappell. Da ich einen möglichst guten Eindruck machen möchte, räume ich vorher auf. Es ist nicht so, dass große Unordnung herrscht, aber ich möchte eben zumindest äußerlich einen aufgeräumten Eindruck hinterlassen. Wie immer hämmert kurz vor der Visite mein Herz und es schnürt mir die Kehle zu. Wenn ein Entlassungstermin festgesetzt ist, erfährt es der Patient in der Visite. Die ersten Visiten fand ich furchtbar, da ich den innerlichen Druck gespürt habe mich für mein Leben rechtfertigen zu müssen. Ich sitze auf meinem Bett, Frau Dr. Strakel oder Frau Dr. Böhm mir gegenüber auf dem Stuhl und Schwester Gerlinde auf der Bank. Mindestens zwei Augenpaare schauen mich auffordernd an. Meist habe ich entsetzliche Angst davor, meinen Entlassungstermin mitgeteilt zu bekommen.

Zugegeben, ich mache Fortschritte, dennoch bin ich längst noch nicht bereit, nach Hause zu gehen. Mir ist klar, dass ich mich dazu noch nicht genug orientieren kann. An manchen Tagen sehe ich trotz der Fortschritte keinen Sinn und kein Ziel in meinem Leben. Dann droht mich ein depressiver Strudel nach unten zu ziehen. Einmal ist es dermaßen schlimm, dass Frau Dr. Böhm fragt, ob ich weiterhin auf Medikamente verzichten möchte. Instinktiv lehne ich die Mittel ab, obwohl ein Teil von mir sich nach dem leichten Weg sehnt. Lieber das böse Gefühl unterdrücken und nichts mehr spüren. Monate später zeigt mir jemand sein Medikament, welches ihm gegen seine Angstzustände verschrieben wurde und er seit einiger Zeit täglich einnimmt. Ich interessiere mich besonders für den Beipackzettel und die darin beschriebenen möglichen Nebenwirkungen. Bei der Einnahme des Medikaments gegen Angstzustände können Nervosität, innere Unruhe und Angst (!) als Nebenwirkungen auftreten. Spontan denke ich an einen Schildbürgerstreich, sehe meine Skepsis bezüglich Psychopharmaka bestätigt und beglückwünsche mich zu meiner Entscheidung, auf Medikamente verzichtet zu haben. Ist es der Pharmaindustrie womöglich bereits seit Jahrzehnten gelungen, nahezu unbemerkt ein Perpetuum mobile zu installieren?

Doch noch während meiner Zeit in der Klinik fasst es Schwester Gerlinde in einem anderen Zusammenhang in Worte: Ich habe Schwierigkeiten einzuschlafen und bitte sie um ein pflanzliches Beruhigungsmittel wie etwa Baldrian. Sie gibt mir nichts dergleichen, sondern den dringenden Hinweis, die Themen zu bearbeiten, die mich nicht einschlafen lassen. Sie sollte Recht behalten. Zudem sind meine Ängste, vorzeitig entlassen zu werden, unbegründet und so atme ich nach jeder Visite erleichtert auf.

Von Dinosauriern, Weicheiern und harten Kerlen

Längst habe ich meine Umgebung (wieder)entdeckt und gemeinsam mit einigen Patienten wandere ich etliche Kilometer durch die Natur, bummele durch die Stadt und esse gemütlich Eis. Mein letzter Besuch einer Eisdiele liegt Jahre zurück. An den freien Wochenenden sitze ich auf der Parkbank, lasse mir die Sonne ins Gesicht scheinen und atme tief durch. Der innere Einpeitscher hat kaum noch Macht über mich, ich werde entschleunigt und gelange vom Müssen zum Sein.

Dabei habe ich mehr zu tun als vorher, denn an den meisten Nachmittagen nehme ich an zusätzlichen Therapien teil. Als wollten mich meine Therapeuten belohnen, werde ich jeden Freitag zum Schwimmen eingeteilt. Das kleine Hallenbad ist in einer benachbarten Klinik einige Gehminuten entfernt. Ich weiß nicht mehr genau, wann ich zuletzt in einem Schwimmbad war, – es muss viele Jahre her sein. In meiner Begleitkarte steht, wie viele Bahnen ich schwimmen soll. Vorher und nachher muss ich meinen Puls messen. Habe ich das Soll erfüllt, kann ich die restliche Zeit nach meinem Gutdünken verbringen. Anfangs versuche ich, so viele Bahnen wie möglich zu schwimmen, bevor ich das Becken verlassen muss. Doch schon bald plansche ich gemütlich im nassen Element.

Ich erkenne weitere Fortschritte. In einer aktiven Gruppentherapie im Sportraum spielen wir Flugzeugabsturz auf einer einsamen Insel. Wir können alle vorhandenen Gegenstände benutzen, müssen uns selber organisieren, um unser Überleben zu gewährleisten, und es gibt nur eine Vorgabe: Ein paar von uns müssen Verletzte simulieren. Sofort ist mir klar, wer diese Rolle für sich entdeckt. Frau Dr. Strakel gibt das Startzeichen und beschränkt sich danach aufs Beobachten. Zunächst ist alles sehr chaotisch. Wir bauen mit Holzklötzen, Stangen und Decken Häuser, die von irgendeinem Hintern wieder umgeschubst werden. Die Verletzten sind diejenigen, die sich in den übrigen Therapien nicht öffnen oder aus irgendeinem Grund nicht an sich arbeiten möchten. Andere müssen sich um sie kümmern. Ab einem gewissen Punkt schält sich eine Struktur heraus. Einige beginnen zu organisieren und zu koordinieren. Ohne vorherige Absprache akzeptieren wir die Entscheidungen einer Patientin, die vorher von sich dachte, sie könne in ihrem Beruf und Alltag keine Menschen führen. So viel zum Wahrheitsgehalt ihres Glaubenssatzes. Mit Seilen legen wir ein großes SOS an den „Strand", falls ein Flugzeug über die Insel fliegt. Wachen werden eingeteilt, die den Himmel und das Meer im Auge behalten. Neben ihnen sind Holzscheite aufgestapelt, die sie als Leuchtfeuer entzünden können. Andere kümmern sich um Trinkwasser und Lebensmittel.

Dann kommt mein Vorschlag: Eine Expedition ans andere Ende der Insel. Vielleicht liegen nur wenige Kilometer entfernt Siedlungen oder Ferienanlagen, zudem könnten wir nach weiteren Nahrungsquellen und Trinkwasser Ausschau halten. Mein Vorhaben wird „bewilligt" und es schließen sich Freiwillige an. Mutig bahnen wir uns einen Weg durch den Dschungel, werden von Schlangen angegriffen (das sind Seile, die eine Patientin hin und her schnellen lässt) und erkunden die Insel. Nach einigen „Tagen" kehren wir zurück. Leider scheinen wir die einzigen Menschen auf dem Eiland zu sein. Ringsherum sind wir vom Meer umgeben, Hilfe muss von außerhalb kommen.

Bedauerlicherweise ist die Zeit viel zu schnell um und nur mit Mühe kehre ich in die Realität zurück. Wer will, darf sich mitteilen. Das muss man mir nicht zwei Mal sagen: Aufgeregt erzähle ich von unserer Abenteuerexpedition und erwähne dabei den gefährlichen Schlangenangriff. Um meine Worte zu unterstreichen, halte ich eine von mir persönlich erschlagene Schlange in Form eines Seiles hoch. Vielleicht sollte ich an dieser Stelle erwähnen, dass ich als Jugendlicher Indiana-Jones-Romane nicht gelesen, sondern verschlungen habe. Meine Phantasie sprudelt über wie schon lange nicht mehr.

Der Erkenntnisgewinn für mich ist enorm: Ich habe wieder Interesse an Entdeckungen, möchte Neues erfahren und lernen. Beste Voraussetzungen, um wieder mit Freude als freier Journalist auf Themenpirsch zu gehen, kreativ zu sein und spannende Zusammenhänge zu finden. Mein Gehirn funktioniert also langsam wieder.

Noch Tage später bin ich elektrisiert. Als ich mit den anderen Patienten zusammensitze, frage ich plötzlich in die Runde, ob es dort auch Dinosaurier gäbe. „Wo?" Meine Mitpatienten können mir nicht folgen. „Na, auf der Insel!", erwidere ich gespielt genervt, als würden wir von nichts anderem sprechen. Tatsächlich liegt das Spiel einige Tage zurück und ich bin längst bei meiner persönlichen Jurassic-Park-Version angelangt.

Einer Patientin hat der Inselausflug stark zugesetzt, was sie im Gruppengespräch deutlich macht. Während der ganzen Zeit hatte sie keine für sich passende Rolle gefunden und sich wohl überflüssig gefühlt. Sie bricht in Tränen aus, da ihr klar geworden ist, dass sie nicht weiß, wer sie ist und was sie möchte. Um das herauszufinden, sind wir alle an diesem verrückten und geschützten Ort.

Bei mir scheinen die Zeichen in Richtung Aufbruch zu neuen Ufern zu deuten. Nachts träume ich, wie ich mit meiner Aktentasche bewaffnet durch die Halle eines Flughafens hetze. Mein Flugzeug wartet bereits, andere Passagiere gibt es nicht. Ich bin alleine. Den Weg zu meinem Flugzeug würde ich im Schlaf finden, denn ich reise stets mit der gleichen Verbindung, obwohl ich nicht sagen kann, welches Ziel ich dabei ansteuere. Plötzlich halte ich inne und schaue mich um. Als ich die vielen anderen Flugzeuge bei ihren Starts und Landungen erblicke, reiße ich perplex Augen und Mund auf. Zum ersten Mal erkenne ich, dass es unzählige Reisemöglichkeiten gibt. Mein Blick wandert weiter und bleibt auf einer Anzeigetafel hängen, die nur für mich neu zu sein scheint. In diesem Moment bin ich mir sicher, dass sie immer existiert hat, ich sie in der Vergangenheit jedoch jedes Mal übersah. Kein Wunder, denn ich hetze stets mit Scheuklappen zu dem mir vertrauten Flugzeug. Angesichts der auf der Tafel angegebenen Ziele wird mir bewusst, dass ich die ganze Welt bereisen könnte. Dazu müsste ich nur in ein anderes Flugzeug steigen. Es ist egal, welches ich auswähle, mein Ticket gilt für alle Flüge.

Mir schwirrt der Kopf und ich muss mich auf den Boden setzen. Jetzt, wo ich die Wahrheit kenne, kann ich nicht mehr mit der Maschine fliegen, zu der ich immer hetze. Ich versuche, mich an den

Sinn zu erinnern, warum ich das bisher getan habe, doch es gibt keinen triftigen Grund. Wo mich meine weitere Reise hinführt, ist mir noch unbekannt, doch ich bin sicher, dass ich dem alten Weg den Rücken kehren werde. Noch besteige ich keines der Flugzeuge. Ein anderes Rollenspiel hat eine ähnlich erhellende Wirkung auf mich. Wir haben dazu eine Zugfahrt simuliert und vier Stühle paarweise gegenüber aufgebaut, wie in einem kleinen Abteil. Jeder Reisende hat seinen Sitzplatz reserviert, nur einer sitzt unrechtmäßig auf einem für jemand anderen vorgemerkten Platz. Plötzlich betritt die Person das Abteil, die den Sitzplatz reserviert hat, und wir nehmen an, dass im gesamten Zug kein anderer frei ist. Nun soll der „Falschsitzer" seinen Platz verteidigen. Bei einem Durchgang können sich die Beteiligten nicht einigen, sondern ein Schaffner soll schlichten. Spontan springt die Patientin als zusätzliche Person ein, die bereits auf der Insel eine Führungsposition eingenommen hat. Wie genau sie den Fall klärt, weiß ich leider nicht mehr, denn längst bin ich dermaßen nervös, dass meine Hände feucht werden, und ich beginne zu schwitzen. Die Situation ist mir mehr als unangenehm und am liebsten würde ich unsichtbar werden. Ich ahne, dass ich als nächster „Falschsitzer" ausgewählt werde. Wenige Minuten später sitze ich auf dem Stuhl. Verdammt, ich hätte vorher wetten sollen. Es ist mir unangenehm, beobachtet zu werden, fast werde ich panisch. Als ich aufgefordert werde, den reservierten Platz zu verlassen, springe ich sofort auf. Frau Dr. Strakel erinnert mich daran, dass ich versuchen soll, die andere Person davon zu überzeugen, mich sitzen zu lassen. Dazu bin ich nicht in der Lage. Generell meide ich jeden Konflikt, da mich Disharmonie im Herzen schmerzt. Zudem bin ich auch noch im Unrecht, da der Sitzplatz nicht für mich reserviert war. Ich stehe auf und gehe zu den anderen Patienten, die uns beobachtet haben. Wieder einmal bin ich der Versager und daher ziehe ich mich in die gewohnte Rolle des stummen Beobachters zurück.

Meine Unfähigkeit ist mir äußerst peinlich, daher spreche ich in den nächsten Stunden so wenig wie möglich. In meinem Leben bin ich bisher jedem Konflikt nach Möglichkeit aus dem Weg gegangen oder es war sehr anstrengend, ihn zu bewältigen. Ich erinnere mich an Gesprächssituationen mit Tamara, die Arbeit für den Großkunden betreffend. Auch wenn ich sicher war, im Recht zu sein, habe ich mich dennoch ihrer Meinung beim kleinsten Widerwort augenblicklich gebeugt. Selbst wenn ich später hätte beweisen können, richtig gelegen zu haben, ließ ich die Angelegenheit auf sich beruhen. Bereits bei dem Konflikt mit dem Mitpatienten, der meinte, er könne mich nicht ernst nehmen, habe ich gemerkt, dass ich mich überwinden und offen sein muss. Ansonsten fresse ich vieles in mich hinein und kein Konflikt kann jemals geklärt werden. So paradox es klingt: Mein Streben nach der perfekten Harmonie führt zum genauen Gegenteil, da meine Vorgehensweise unbrauchbar ist.

Kurze Zeit später gelingt es mir in einer anderen Situation, deutliche Worte zu finden, und ich bin deshalb selber überrascht. Eine Mitpatientin kann scheinbar ihre Opferrolle nicht loslassen und hat an vielem etwas auszusetzen. Die Therapeuten würden ihr nicht helfen und so weiter und so fort. Selber für sich verantwortlich zu sein, scheint ihr nicht in den Sinn zu kommen. Sie war auch eine der Verletzten bei unserem Flugzeugabsturz. Es gefiel ihr, umsorgt zu werden und sich um nichts kümmern zu müssen. Wenn ich mich recht erinnere, ist sie zu diesem Zeitpunkt bereits seit mindestens drei Wochen in der Klinik und müsste sich daher in den Alltag einigermaßen eingelebt haben. Wenn ich mich öffnen kann, dann können es andere auch. Zudem ist ihre Kritik ungerecht und ihr Gejammer nervt mich. Wenn wir es in dieser Taucherglocke mit den Therapeuten an unserer Seite nicht schaffen, erste Schritte zu tun, wo bitte schön dann? Doch die Patientin hat keine Lust mehr auf die Therapien und will deren Sinn nicht erkennen, was für sich genommen gerade für mich nachvollziehbar ist. Jedoch nicht ihre Schlussfolgerung: Beim Mittagessen teilt sie uns mit, sie würde in den Gruppengesprächen nicht mehr reden und sich auch sonst nicht mehr einbringen. Mir platzt der Kragen, dennoch unterbreite ich ihr so sachlich wie möglich den Vorschlag, nach dem Essen die Koffer zu packen und abzureisen. Manche Betroffene wünschen sich so schnell wie möglich einen Platz in der Klinik, dennoch müssen sie mehrere Wochen auf ihren Aufnahmetermin warten. Ich will gar nicht wissen, wie viele von ihnen Suizidgedanken hegen und schnelle Hilfe benötigen. Wenn die Mitpatientin nicht bereit sei, ihre Chance zu nutzen, dann soll sie den Platz für jemanden räumen, der es möchte. Obwohl ich fürchte, es mir mit ihr verscherzt zu haben, bereue ich keines meiner Worte. Zumindest herrscht in diesem Punkt nun Ruhe am Tisch, denn ich kann langsam kein Gejammer mehr ertragen.

Am gleichen Tag spricht mich ein anderer Patient von meiner Station an, mit dem ich keinen näheren Umgang habe. Irgendwie finde ich, die Chemie passt zwischen uns nicht ganz, dennoch begegnen wir uns höflich und reden auch mal ein paar Sätze miteinander. Er war es auch, der mir in einer Therapiestunde die Bälle zuwarf und folglich sagen musste, was ihm an mir gefällt und was er als störend empfindet. Er sprach das Bedauern der Gruppe aus, dass ich mich kaum öffnen würde. Damit brachte er bei mir einen Stein ins Rollen und ich bin ihm für seine wertvollen Hinweise äußerst dankbar. Der „Flurfunk" funktioniert tadellos und so weiß er von dem Tischgespräch. Mein Verhalten findet er klasse und ich muss feststellen, dass ich von manchen ab diesem Zeitpunkt ein Stück mehr respektiert werde. Faszinierend, was klare Worte bewirken können. Selbst mit der Angesprochenen habe ich es mir nicht verscherzt, sondern das Gegenteil tritt ein. Subjektiv habe ich das Gefühl, dass wir uns besser verstehen und sie sich mit meiner Ansage beschäftigt hat. Es wäre auch schade gewesen, wenn wir nicht mehr miteinander geredet hätten. Im Grunde hat die Frau eine überaus mitfühlende und sanfte Art; was in meinen Augen fehlt, ist Selbstvertrauen und das Loslassen der Opferrolle. Wir können uns sehr gut miteinander unterhalten und manchmal hat sie sogar einen wichtigen Hinweis für mich auf Lager oder einfach „nur" ein offenes Ohr. Außerdem lacht sie gerne und ist keinesfalls verlegen, mal einen lustigen Spruch zu klopfen.

Vieles, was ich im Vorfeld befürchtet habe, ist in der Klinik nicht eingetroffen. Doch in einem Punkt sollte ich Recht behalten: Frau Dr. Strakel hat mich in die „weiche Schiene" eingeteilt. Mein Patenpatient Heinz hatte mir an meinem ersten Abend bereits Horrorgeschichten darüber erzählt. Damals war ich mir sicher, diesen Scheiß garantiert an die Hacke zu bekommen. Um dem Ganzen auch noch die Krone aufzusetzen, bin ich zu diesem Zeitpunkt der einzige unserer Station in der weichen Schiene, denn Heinz wurde in der Zwischenzeit entlassen. Die anderen sind entweder in keiner Schiene oder in der harten. Daher machen sie sich einen Spaß daraus, dass ich das zarte Programm verordnet bekommen habe.

Von meiner Seite aus gibt es keine Gegenwehr, denn längst habe ich erkannt, wie wertvoll jede in der Klinik gesammelte Erfahrung ist. Zudem vertraue ich mittlerweile den beiden Therapeutinnen, denn bisher haben sie ein gutes Gespür bewiesen. Passé ist meine Angst, missverstanden und für verrückt erklärt zu werden.

Pünktlich suche ich meine neue Gruppe, die sich an der Rezeption trifft. Motivwandern steht auf dem Programm. Zur Erinnerung: Das bedeutet stille Momente in der Natur zu verbringen und dann am nächsten Tag mit Fingerfarben zu malen, wie man sich dabei gefühlt hat. Ich bin doch tatsächlich in der Kindergartentruppe gelandet, aber ich nehme es mittlerweile mit Humor. Alle Gruppenteilnehmer sind mir fremd, da sie aus allen Stationen stammen. Einzig die Therapeutin Frau Schultheis kenne ich, denn bei ihr haben wir die Körperwahrnehmungsschulung. Sie ist eine herzliche, humorvolle Frau und ich mag sie sehr. Als sie mich erkennt, lächle ich schüchtern.

Nachdem sie sich davon überzeugt hat, dass wir vollzählig sind, machen wir uns auf den Weg in den nahe gelegenen Wald. Das Wetter könnte nicht besser sein, um die unzähligen Wanderwege zu erkunden. Ich war in den letzten Wochen oft in der Natur unterwegs und kenne trotzdem nur einen Bruchteil der Wege. Während in der harten Schiene gejoggt wird, gehen wir gemütlich spazieren. Betreutes Spazierengehen klingt nicht nur komisch, sondern fühlt sich für einen erwachsenen Menschen auch seltsam an. Vorneweg läuft Frau Schultheis und wir folgen brav, wie bei einem Schulausflug. Es fehlen nur noch ein Winnie-Puh-Rucksack und ein Trinkpäckchen mit Kakao. Die Streber laufen ganz vorne mit und unterhalten sich angeregt mit der Lehrerin … äh … Therapeutin.

Gemütlich trotte ich in der Mitte hinterher, um nicht unnötig aufzufallen. Kein Streber, aber auch kein Nachzügler. Dabei komme ich mit anderen aus der Gruppe ins Gespräch, was aufgrund der ähnlichen Lebensumstände relativ einfach ist. Eine junge Frau ist ebenfalls in der PR tätig und hat einen Burnout erlitten. Als würden wir Kochrezepte tauschen, sprechen wir über unsere Gefühle, Ängste und Wünsche. Im Wald bleiben wir stehen und jeder von uns bekommt zehn Minuten zur freien Verfügung. Er darf sich in Rufweite frei bewegen oder sich ein ruhiges Plätzchen suchen.

Die Gruppe verteilt sich und ich nehme auf dem Boden Platz. Der Wind rauscht in den Baumkronen und die Vögel zwitschern uns ein Lied. Die Sonne scheint und die frische Luft duftet mit einer Mischung aus Erde und Laub eindeutig nach Wald. Ich schließe meine Augen und halte mein Gesicht in die Sonne. Angenehme Wärme breitet sich aus und ich kann für wenige Sekunden die Stille genießen. Doch tief in meinem Innern lauern sie. Alle Ängste und Sorgen sind an einem Platz versammelt und melden sich lautstark zu Wort. Was sitzt du hier faul herum, hast du keine Probleme zu lösen? Wie soll es weitergehen, werde ich wirklich wieder gesund, wie wird mein Leben zu Hause aussehen? Bevor ich mich in meine Gedankenspirale hineinsteigern kann, kommt das Signal zum Aufbruch. Auf dem Heimweg schließt sich spontan ein Wanderer an und die meisten von uns haben tatsächlich Spaß.

Am nächsten Tag treffen wir uns im Kunsttherapieraum, binden uns Schürzen um, holen Papier und Fingerfarben und legen mehr oder weniger ambitioniert los. Wir sollen unseren gestrigen Ausflug malen. Entweder etwas, das wir sahen, oder besser, wie wir uns fühlten. Während rings um mich herum die Arbeiten beginnen, bin ich ratlos. Wie zum Henker soll man malen, was man gefühlt hat, und ist es zu spät zu erwähnen, dass ich in Kunst eine Fünf hatte? Verstohlen blicke ich mich um. Alle malen gegenständlich. Bäume, Blumen, Vögel, Schmetterlinge und dergleichen. Ich fühle, dass es mir nichts nutzt, ebenso zu agieren, und entscheide mich gegen den Gruppendruck. Vorsichtig nehme ich mir die Farben und benetze meine Fingerkuppen damit. Grün und gelb vermische ich zu einem Farbenspiel in einer abstrakten Form. Mittendrin ein schwarzer Fleck. Ich überlege, was ich noch hinzufügen könnte, doch schon bald fühlt sich das Bild fertig an. Dabei habe ich nur die Hälfte der Fläche bemalt, während die anderen Teilnehmer das Papier bis in den letzten Winkel ausfüllen. Immer wieder werfen sie Blicke auf meine

Arbeit und langsam beginne ich zu zweifeln, ob ich die Aufgabe richtig verstanden habe.

Der Zweifel steigert sich, als wir reihum erzählen, was das Bild darstellt, und warum wir was gemalt haben. Alles unterscheidet sich stark von meiner Vorgehensweise, meinem Resultat und was es bedeuten soll. Scheiße, gleich blamiere ich mich. Ich bin an der Reihe und blicke mich nervös um. Soll ich diese wildfremden Menschen an meinen Gefühlen teilhaben lassen, während sie mir von irgendeiner Blume erzählen? Da ich beschlossen habe, ehrlich und offen zu sein, lege ich schließlich los. Meine Stimme ist leiser als sonst und zittert ein wenig. Meine Augen werden feucht. Gemalt habe ich den Moment, als ich still mit geschlossenen Augen am Waldboden saß. Das Grüne ist die Natur, die ich als Duft der Pflanzen, und das Gelbe ist die Sonne, die ich als Helligkeit wahrnahm. Der schwarze Fleck sind meine Sorgen, meine Ängste, mein Zusammenbruch. Den Moment konnte ich kaum genießen, da die Schwärze in mir ist und mich überall hin begleitet. Was die Form sagen soll, weiß ich nicht, aber das Bild fühlt sich fertig an.

Man hätte eine Stecknadel fallen hören können und einige Gesichter schauen mich ungläubig an. Mist, habe ich also doch die Aufgabe falsch interpretiert, dabei glaube ich aufmerksam zugehört zu haben. Bevor sich das Gefühl, mich blamiert zu haben, festigt, wird das Schweigen gebrochen und mir fällt eine Last vom Herzen. Einige Patienten bewundern, dass ich in der Lage bin, meine Gefühle zu malen und verständlich zu erklären. Erstaunt schaue ich auf mein Bild herab, denn ich bin verwirrt. Wieso kann ich meine Gefühle malen, obwohl ich bis vor wenigen Wochen nichts von ihrer Existenz wusste? Frau Schultheis ermutigt mich, das Bild meiner Therapeutin zu zeigen. Schließlich räumen wir auf und waschen uns die Hände. Innerlich sprühe ich vor Energie und Elan.

Nachdem ich das Bild in mein Zimmer gebracht habe, husche ich in die große Kuppel, finde keinen Mitpatienten meiner Station und hüpfe daher vor die Tür. Dort sitzen einige von ihnen und genießen die Sonnenstrahlen des späten Nachmittags.

„Ich habe mit Fingerfarben meine Gefühle gemalt", sprudelt es aus mir heraus. Meine Mitpatienten müssen lachen und wollen das

Bild sehen. Am liebsten wurde ich nach oben sausen und es holen, doch ich tue lieber noch ein wenig geheimnisvoll. Vielleicht zeige ich es in der Gruppensitzung, kündige ich betont unverbindlich an. In der nächsten Stationsrunde frage ich, ob ich das Bild zur Gruppentherapie mitbringen darf, und ich bekomme grünes Licht.

Wie immer bin ich einige Minuten früher im Raum als die anderen. Das Bild liegt mit der Rückseite nach oben in der Mitte auf dem Fußboden. Ich decke es erst auf, als alle Patienten und Frau Dr. Böhm anwesend sind. Nochmals erkläre ich die Bedeutung des Bildes, soweit sie sich mir erschließt. Bislang ist mir unklar, warum ich die Farben so angeordnet habe und woher ich wusste, dass das Bild fertig ist. Wir interpretieren noch eine Weile herum und jeder in der Gruppe erzählt, was er im Bild sieht. Die diversen Wahrnehmungen sind sehr interessant. Es wundert mich, dass ich meine Mitmenschen an meinen intimsten Gefühlen teilhaben lassen kann.

Ein und dieselbe Sache kann für jeden Menschen etwas völlig anderes bedeuten. Doch ich folge weiter meiner Intuition, die zeitweise aus der Versenkung auftaucht.

In der weichen Schiene geht es weiter. Einmal in der Woche haben wir leichten „Sport". Übersetzt heißt dies, dass wir spielen. Einmal ist es „Teekesselchen raten", bei dem man einen Begriff finden muss, der zwei Bedeutungen hat. Zuletzt habe ich das in der Grundschule gespielt, dennoch ist es mir nicht peinlich. Fieberhaft beteilige ich mich und errate den ersten Begriff. Wie ein Schneekönig freue ich mich, denn nun bin ich dran. Zusammen mit einer anderen Patientin darf ich ein anderes Wort auswählen, wobei wir beide jeweils eine Bedeutung umschreiben müssen.

Kurz gesagt, ein herrlicher Spaß. Hinterher bin ich völlig gelöst. Erstaunt stelle ich fest, dass sinnfreie Dinge enorme Freude bereiten können. Ich zucke mit den Achseln, denn langsam wundert mich gar nichts mehr. Meine Mitpatienten auf der Station finden es lustig, wie sehr ich in der weichen Schiene aufblühe, und machen darüber Scherze. Schlagartig fällt es mir wie Schuppen von den Augen und mit einem Grinsen im Gesicht stelle ich ein für alle mal klar: In die weiche Schiene kommen nur die harten Kerle, alle anderen landen in der harten Schiene. „Ihr Weicheier!" Diese Erkenntnis verblüfft meine Mitpatienten und es werden keine Scherze mehr gemacht. Ich hatte mich durchgesetzt, was für ein wunderbares Gefühl! Wie wohl kaum ein anderer auf meiner Station fiebere ich den nächsten Therapiesitzungen entgegen und freue mich schon sehr auf die nächste Motivwanderung.

Frau Schultheis hat auch dieses Mal eine kleine Aufgabe für uns. Wir werden jeweils zu dritt in Teams eingeteilt. Ein Patient muss die Augen schließen und die beiden anderen suchen derweil einen Gegenstand aus, – einen weichen und einen harten. Der dritte Patient muss diese Gegenstände mit geschlossenen Augen erraten. Mit allen Sinnen erkunden wir, was in unseren Händen liegt. Nur gucken dürfen wir nicht. Wie fühlt sich der Gegenstand an, wie riecht er und dergleichen. Die Übung erinnert mich ein wenig an die Körperwahrnehmungsschulung, jedoch mit dem Unterschied, dass wir die Außenwelt erkunden.

Am nächsten Tag malen wir mit Fingerfarben und wiederum falle ich aus dem Rahmen. Im Grunde ist es das gleiche Spiel: Die anderen malen die Natur oder einzelne Gegenstände, die sie erraten hatten. Wie beim letzten Mal füllen sie das Papier bis zum Rand vollständig aus. Mutiger als letzte Woche greife ich zu den Farben und mansche mit sichtbarem Vergnügen herum. Ich gehe kurz in mich und beginne zu malen. Es werden drei Objekte: Ein Oval mit drei Farbschichten, eine Art Regenbogen und ein Strichmännchen.

Nach wenigen Minuten bin ich fertig und habe ein schlechtes Gewissen deswegen. Verschwende ich denn keinen Platz, wenn ich so wenig male? Müsste ich die restliche Zeit nicht produktiver verbringen? Die anderen geben sich mehr Mühe als ich. Wie die Woche zuvor ist es mir unmöglich, dem Bild noch etwas hinzuzufügen. Es ist fertig und perfekt genau so, wie es ist.

Als alle fertig sind, erklären wir wieder unsere Bilder. Das Oval auf meinem Bild ist das Blatt, welches ich bei der Wahrnehmungsübung erraten habe. Es hat nach Erde gerochen, daher ist der äußere Ring braun. Das Innere ist rosa, weil das Blatt aufgrund von vielen Härchen ganz weich war, und der grüne, mittlere Ring ist das satte

Grün, welches ich gesehen habe, nachdem ich die Augen öffnen durfte. Das Strichmännchen unter dem Regenbogen bin ich. Der Kopf ist schwarz, weil ich noch viele Sorgen habe. Der Rumpf ist grün, wobei die Farbe meine Naturverbundenheit symbolisieren soll. Auch die anderen Farben haben eine Bedeutung: Die rosaroten Arme stehen für meine Emotionen und mein Einfühlungsvermögen, das gelbe Bein für die Lebensfreude und das blaue Bein für die Selbstsicherheit. Der Regenbogen hat ebenso einen Sinn. Über meinem Kopf beginnt er mit einem schwarzen Ring, danach folgt Braun und mit jeder weiteren Stufe werden die Farben heller und froher, bis hin zum Gelb, also der Lebensfreude. Jeder Ring steht für eine Phase und wie zuvor beim Blatt errate ich schrittweise, was es ist. Zunächst bin ich noch betrübt, aber am Ende wird die Lebensfreude stehen, ich muss lediglich weiter meinen Weg gehen. Wieder sind die anderen Gruppenteilnehmer – soweit ich das beurteilen kann – fasziniert.

Zwischenzeitlich sind zwei Patientinnen aus meiner Station ebenfalls in die weiche Schiene eingeteilt worden. Es ist schön, wieder ein paar bekannte Gesichter dabei zu haben. Vor allem komme ich mir nicht mehr wie ein Außerirdischer vor, wenn ich den anderen von der Therapie erzähle. Nun gibt es Zeugen von unserem lustigen Treiben.

In der Woche darauf male ich das letzte Bild in der Klinik, denn ich werde bald entlassen. Da es am Tag zuvor geregnet hat, machen wir nur einen kurzen Spaziergang und gehen in die Glaskuppel der sich auf dem gleichen Gelände befindenden Nachbarklinik. Dort gibt es viele Pflanzen, Vogelkäfige mit buntem und lauthals trällerndem Inhalt, Aquarien und einen Teich. Die Luft ist feucht und warm, fast tropisch. Manche Orte laden mit Liegestühlen zum entspannten Rückzug ein, andere wiederum sind ideale Treffpunkte.

Wieder einmal bekommen wir Zeit, über die wir frei verfügen können. Ich schlendere zu den Aquarien und schaue den Fischen beim seelenruhigen Schwimmen zu. Um mich herum sind viele Patienten der anderen Klinik. Manche von ihnen haben Besuch. Kinder springen aufgeregt herum, während andere vollkommen fasziniert von den Fischen sind. Über meinem Kopf sehe ich den grauen Himmel und das regnerische Wetter, daher freue ich mich darüber, meine Zeit in der Kuppel zu verbringen. Bedächtig wandere ich zu den Vogelkäfigen. Zwitschernd hüpfen die gefiederten Freunde von einer Stange auf die nächste. Andere Artgenossen sind Laufvögel und wuseln am Boden herum. Schließlich setze ich mich an den Teich und beobachte die Goldfische. Sie strahlen mitten im Besucherlärm dermaßen eine innere Ruhe aus, dass ich mich alleine durch den Anblick entspanne. Ein wenig döse ich vor mich hin, beobachte das Geschehen um mich herum und lasse meine Gedanken kreisen.

Die Zeit vergeht wie im Flug. Nun sitze ich ein letztes Mal im Kunsttherapieraum, denn mein Entlassungstermin steht fest. Wie gewohnt malen die anderen in der Gruppe gegenständlich und ich meine Gefühle. Das ist okay, denn es wird nichts bewertet und alles ist richtig. Beherzt greife ich bei den Farben zu. Es dominiert eine Mischung aus Grün und Gelb. Diese Farben füllen einen Kreis mit einem dicken, roten Rand aus, der weiß gestreift ist. Er erinnert entfernt an einen Rettungsring. Der rote Kreis ist die Unruhe, die mich umgibt, die mich jedoch nicht stört. Die grüne und gelbe Fläche in seinem Inneren symbolisiert mein Inneres. Ich bin entspannt und fühle mich naturverbunden. Obwohl ich mich von dem Tumult abgrenzen kann, bilden die weißen Streifen Brücken zur Außenwelt, die ebenfalls in einer Mischung aus Grün und Gelb dargestellt ist. Es gibt keinen schwarzen Fleck.

Erstmals seit Jahren blühe ich wie eine fast vertrocknete Blume beim ersten Regenguss auf. Die Sorgen der vergangenen Monate treten in den Hintergrund. In einer Stationsrunde bedanke ich mich bei Frau Dr. Strakel dafür, dass sie mich in die weiche Schiene eingeteilt hat. Es fällt mir schwer, in Worte zu fassen, welcher innerliche Umbruch dadurch möglich geworden ist, doch ich glaube, sie weiß es. Schließlich sitzt das Ergebnis vor ihr. Noch heute schüttle ich mit einem Lächeln den Kopf, wenn ich daran denke, dass ausgerechnet die weiche Schiene viele Steine aus dem Weg geräumt hat.

Vor meinem Aufenthalt in der Klinik habe ich ob des emotionalen „Mädchenkrams" die Augen verdreht. Ich bin ein erwachsener Mann, der sich mit Kindergartensachen abgeben sollte und dadurch sein inneres Kind wieder entdeckt hat. Ich werde weicher gespült als der Teddybär von Lenor und ich habe große Freude daran. Meine Mitpatienten fragen mich amüsiert, ob ich nun auch mit dem Stricken anfangen würde.

An den Anblick der sich allabendlich in der Kuppel versammelnden Stricker musste ich mich erst gewöhnen. Ein strickender Mann sieht komisch aus, mehrere von ihnen auf einem Fleck sind gelinde gesagt skurril. So stelle ich mir ruhig gestellte Patienten einer Nervenheilanstalt vor. Abends versammeln sich selbstverständlich auch andere Patienten aus unterschiedlichen Stationen in der Glaskuppel. Einige Frauen hantieren mit der Wolle, stricken und häkeln vor sich hin. Hier sehe ich zum ersten Mal in meinem Leben Männer, die das gleiche tun und es schüttelt mich. Bei aller Liebe, einer von ihnen zu werden, geht mir entschieden zu weit. Daher gebe ich meinen Mitpatienten die Erlaubnis, mich augenblicklich erschießen zu dürfen, falls ich jemals Stricknadeln in die Hände nehmen sollte. Zugegebenermaßen machen mir Dinge Freude, die ich vorher rundheraus abgelehnt hätte. Wenn ich jedoch in mich hineinhorche, kann mich das Stricken nicht begeistern, obwohl ich noch nie zuvor dermaßen entschleunigt war wie jetzt.

Weiterhin nutze ich gerne Situationskomiken aus und bin um keinen lustigen Spruch verlegen. Mit dem Unterschied, dass ich damit keine Unsicherheiten mehr verbergen, sondern einfach gerne mit anderen lachen möchte. Einmal balancieren meine Mitpatienten und ich in einer Gruppentherapie Holzstangen auf unserem Kopf. Während wir uns frei im Raum bewegen, müssen wir darauf achten, nicht aneinanderzustoßen, denn die Stangen sollen nicht fallen. Zu spät: Meine segelt nach unten, mein Blick folgt ihr, sie schlägt mit einem Ende auf, springt wie ein Gummiball wieder nach oben und erwischt mich am rechten Auge. Während mich der Schmerz noch durchzuckt, fällt mein Blick auf Frau Dr. Strakel, die sich ein Grinsen verkneifen muss. Mann, mit der Nummer kann ich ja als Clown im Zirkus auftreten. Warum muss ich mich ausgerechnet vor meiner hübschen Therapeutin zum Affen machen? Zum Glück ist die Gruppentherapie bald zu Ende und die meisten Patienten scheinen mein Malheur nicht mitbekommen zu haben.

Wir eilen zum Mittagessen und mein Auge beginnt zu pochen. Kurz darauf liege ich im Zimmer auf meinem Bett und kann spüren, wie meine Schläfe anschwillt. Es ist Mittagsruhe und ich muss daher auf meinem Zimmer bleiben. An den Rhythmus habe ich mich inzwischen gewöhnt, finde ihn sogar angenehm. Als ich mich im Spiegel anschaue, erkenne ich das blaue Veilchen, welches im Begriff ist zu blühen. Die Schläfe scheint sekündlich weiter anzuschwellen und ist ganz heiß. Daher breche ich die Mittagsruhe, um mich ein paar Stockwerke tiefer in der Notfallsprechstunde zu melden. Zum Glück stellt die Schwester keine lästigen Fragen und gibt mir aus dem Eisfach ein Gelpäckchen zum Kühlen mit. Die nächsten Tage bin ich dazu verdonnert, mit einem blauen Auge durch die Gegend zu laufen. Einer meiner Mitpatienten ist erst seit kurzem in der Klinik. Er zeigt auf mein Veilchen und möchte wissen, was passiert ist. Die Wahrheit, dass ich zu blöd bin, eine Stange auf meinem Kopf zu balancieren, klingt in meinen Ohren irgendwie nicht witzig. Daher erkläre ich sachlich und ernsthaft, ich sei mit einer Blutabnahme nicht einverstanden gewesen, aber Schwester Gerlinde habe hart durchgegriffen und nun seien die Angelegenheit sowie die Fronten geklärt. Der Mitpatient schaut mich leicht entsetzt an und ich verziehe keine Miene.

Passend zum Weichspülprogramm genieße ich die wöchentlichen Filmabende, bei denen niemand vorher weiß, welcher Film gezeigt wird. Alleine die Vorfreude lässt mich hin und her hopsen. Am ersten Abend jedoch bin ich skeptisch. Als dann ein Krankenhausmitarbeiter eine VHS-Kassette einlegen möchte, frage ich, was er denn damit vorhat. Ich kann mich nicht mehr erinnern, wann ich das letzte Mal eine Videokassette in der Hand hatte, und frage mich deshalb, was für eine Art Film das sein soll und ob er schon in Farbe gedreht wurde. Meine Bedenken amüsieren die Anwesenden. Gezeigt wird die Neuverfilmung der Comedian Harmonists. In den Wochen darauf folgen ein Film mit Julia Roberts und die Weiße Massai. Besonders der letztgenannte Film berührt mich sehr. Es war der Moment, in dem die Protagonistin von einem auf den anderen Augenblick ihr komplettes Leben änderte. Das beeindruckt mich stark und ich frage mich, ob ich den Mut dazu gehabt hätte. Würde ich den Moment überhaupt erkennen und ist es nicht längst wieder an der Zeit für mich, Abenteuer zu erleben, anstatt mich zu verstecken?

Tagelang beschäftigen mich diese Fragen in einer nie gekannten Intensität. Seit Wochen habe ich nun keine Zeitung mehr gelesen, kein Radio gehört, kein Fernsehen eingeschaltet oder einen Film geschaut, in dem jemand umgebracht wird. Ich spüre deutlich, wie ich dadurch zu mir komme, mich besser fokussieren kann. Zudem werde ich ruhiger und fühle mich ausgeglichen. Meinen Mitpatienten gefällt das sehr, denn nun kann ich auch auf der Herzensebene agieren. Längst habe ich Gefühle entdeckt, die unter einer dicken Schicht aus Sorgen, Ängsten und dergleichen fast in Vergessenheit geraten sind. Doch das Ganze ist durchaus steigerungsfähig.

Es ist etwas passiert, was ich nie zuvor gedacht hätte: Ich habe eine Frau kennengelernt.

Die Liebe bittet um Einlass

Als ich in die Klinik kam, war ich überzeugt davon, mein Leben verwirkt zu haben. Niemals hätte ich mir vorstellen können, mein wahres Selbst zu erkunden und dabei Freude zu empfinden. Wirkliche und tief empfundene Freude war für mich ein Begriff aus dem Fremdwörterbuch, ebenso wie die Liebe.

Ausgerechnet in den schwächsten Momenten meines Lebens begegnet sie mir. Sie heißt Monika und ist im gleichen Gebäudetrakt untergebracht. Daher begegnen wir uns immer mal wieder. In diesen Tagen bin ich noch verschlossen und dabei, eine Komödie aus meinem Aufenthalt zu machen. Anfangs fällt mir Monika nicht sonderlich auf, später grüße ich höflich und irgendwann verbringen wir Zeit miteinander. Ich bin ihr von Anfang an sympathisch.

Monika kann zunächst nicht verstehen, warum ich in die Klinik eingewiesen worden bin. Noch hält meine Fassade und sie nimmt mich als stets gutgelaunten und fröhlichen Menschen wahr, der manchmal überdreht ist („Wie eine aufgezogene Spielmaus, die durch die Gegend saust"), was sie mir Monate später anvertrauen wird. Soviel zu meinem von mir gezeichneten Selbstbild als Hampelmann.

Mein Verhalten setzt Monika in manchen Situationen unter Druck, lachen und gut gelaunt sein zu müssen, auch wenn ihr danach überhaupt nicht zumute ist. Dann zieht sie sich zurück und ich wundere mich. Nach einigen Wochen erkenne ich den Ernst der Lage und später blühe ich durch die Therapien regelrecht auf.

Monika erfährt erstmals meine Hintergründe und die Schwere meiner Depression. Sie ist geschockt. Plötzlich steht ein anderer Mensch vor ihr. Sicherlich wusste sie, dass ich durchaus ernst sein und sie sich mit mir gut unterhalten kann, doch mit einem Schlag entdeckt sie meine wahren Gefühle. Meine Maske ist gefallen und ihr gefällt, was sie sieht. Eben diese Offenheit hat sie sich von mir gewünscht, ohne es ausgesprochen zu haben.

Wenn meine Mitpatienten nicht spazieren gehen oder wandern möchten, bin ich mit Monika auch mal alleine unterwegs. Sie läuft sehr gerne und ist auch nicht nach einem Kilometer bereits erschöpft. Gesprächsthemen liegen auf der Hand: Warum wir in der Klinik sind, welche Therapien wir haben, wie wir uns fühlen. Vor allem beschäftigt uns die Frage, wie unser neues Leben zu Hause aussehen kann und wie unser Umfeld auf uns reagieren wird. Wir wissen, dass wir in einer Taucherglocke leben, die wir irgendwann verlassen müssen. Noch ist die Außenwelt abgeschirmt, sodass wir uns sicher fühlen und um unsere bewusste Entwicklung kümmern können. Familiäre, gesellschaftliche oder berufliche Verpflichtungen gehören vorerst nicht zu unserem Alltag, doch sie werden uns über kurz oder lang einholen.

Während unserer Spaziergänge wächst zwischen uns ein Band und Monika empfindet bald mehr für mich als reine Sympathie. Ich merke davon zunächst wenig. Sicher, ich mag sie sehr. Sie ist intelligent, humorvoll, aber auch sehr nachdenklich. Bevor sie etwas sagt, kann sie sich minutenlang in Gedankenspiralen verlieren. Malt sich aus, wie der andere reagiert und wie ihre Antwort darauf lauten könnte, was ihr Gegenüber darauf erwidert und so weiter. Sie versucht, sich für alle Möglichkeiten zu wappnen, und vergisst dabei mitunter den nächsten Schritt zu tun. In solchen Momenten ist sie sehr kopflastig und hölzern. Doch darunter versteckt sich eine aufgeweckte Frau, die sich und das Leben genießen möchte. Darüber hinaus ist sie mitunter tollpatschig und trägt damit ungewollt zur allgemeinen Erheiterung bei – was ihr gar nicht gefällt. Ich finde das irgendwie niedlich.

Als in der Glaskuppel im Eingangsbereich ein Konzert stattfindet, werden die Musiker in unserer Kantine verpflegt. Vor dem Auftritt steht das Abendessen an. Für uns bedeutet dies ein Buffet aus unterschiedlichen Salaten, Brotsorten, Käse, Wurst und dergleichen. Monika nimmt an einem der Nachbartische Platz und lässt sich ein Stück Pizza schmecken.

„Wo hast du denn die Pizza her?", fragt jemand aus meiner Gruppe erstaunt.

„Die gibt's da hinten", meint Monika lapidar. Ich drehe mich um und erkenne jede Menge Musiker in der Schlange und beginne zu ahnen, dass Monika verwechselt wurde. Die Pizza ist nämlich für die Mitglieder des Orchesters gedacht, die in feiner Abendgarderobe unterwegs sind.

Wir beginnen ein wenig zu sticheln. Eine meiner Mitpatientinnen schaut auf ihren Teller und meint, sie hätte auch gerne Pizza. Monika verzieht das Gesicht, isst lustlos weiter. Es ist ihr gar nicht recht, schon wieder aus der Reihe gefallen zu sein und im Mittelpunkt zu stehen.

„Wieso kriegt die denn Pizza?", fragt jemand anderes aus meiner Gruppe, der sich gerade zu uns gesellen möchte. Wir prusten los und Monika schiebt den Teller zur Seite. Ich rede ihr gut zu, sie solle sich das Essen nicht verderben lassen. Vielleicht habe sie sich die Pizza auch verdient und wir eben nicht?

Ein anderes Mal unterhalten wir uns über einen Bademeister in der Nachbarklinik. Dort schwimmen wir, wenn es uns verordnet wird. Der Mann ist sehr nett, was einigen meiner Mitpatienten schon aufgefallen ist. Monika ist sich unsicher, wen wir genau meinen, auch wenn sie es erahnt.

„Na, der Typ mit der fleischfarbenen Badekappe", erkläre ich ihr. Erstaunt meint Monika, nachdem sie kurz überlegen muss, dass sie ihn noch nie mit einer Badekappe gesehen hätte, und wieder prusten wir los. Ich erkläre dem verwirrten Mädel, dass ich mit fleischfarbener Badekappe seine Glatze meinte, es ein Wortspiel sei.

Es ist schön, sich mit Monika zu unterhalten, auch wenn andere dabei sind. Einmal wandern wir an einem sonnigen Tag zu dritt durch den Wald in Richtung des nahe gelegenen Steinbruchs, wobei wir bald auf feste Wege pfeifen. Zielstrebig überwinden wir dornige Büsche und Hecken. Als Monikas durchsichtiges Halstuch an einem spitzen Zweig hängen bleibt, witzeln wir, sie hätte ihr Negligé verloren.

Eines Tages bietet Monika mir an, meine Wäsche zu waschen. Auf jeder Station gibt es eine kleine Waschküche mit Waschmaschine und Trockner. Möchte man sie nutzen, ist es erforderlich, sich in eine Liste einzutragen. Gerne nehme ich Monikas Angebot an, denn meine Schmutzwäsche alleine füllt keine Maschine. Während ich auf dem Rückweg zu meinem Zimmer bin, denke ich über Monika nach. Mag sie mich vielleicht mehr als ich ahne? Hoffentlich glaubt sie nicht, ich wolle sie ausnutzen, andererseits hat sie ja mich gefragt und nicht umgekehrt.

Verwirrt gestehe ich mir ein, bei ihr einen möglichst sympathischen Eindruck hinterlassen zu wollen. Im Zimmer angekommen bleibe ich ruckartig stehen. Hektisch wühle ich in der restlichen Schmutzwäsche, weil ich Monika nicht alle Stücke anvertrauen wollte. Verdammte Scheiße. Ich habe ihr tatsächlich meine Bart-Simpson-Socken mitgegeben. „Du hast lustige Socken", lautet Monikas Kommentar, als ich meine saubere Wäsche bei ihr abhole. Ich lächle gequält.

Die Wochen vergehen und wieder einmal sind Monika und ich in der Natur unterwegs – dieses Mal alleine. Es ist ein sonniger Samstag und wir möchten nach unserem Lauf durch den Wald in der Stadt noch ein Eis essen.

Plötzlich bleibt Monika stehen und schaut mich verunsichert an. Sie gesteht mir, dass sie mich sehr gern hat, und führt mich zu einem kleinen Rastplatz, der aus einem Holztisch und zwei Bänken besteht. Hektisch beginnt sie, auf der leeren Tischplatte etwas zu suchen, gerät leicht in Panik, es könnte nicht mehr vorhanden sein. Erleichtert atmet sie auf und zeigt auf ein in das Holz geritztes Herz. „J + M" steht in der Mitte.

„Ist ja lustig, die Namen von dem Liebespaar fangen mit den selben Buchstaben an wie unsere." Noch glaube ich, sie möchte mich auf diesen Zufall hinweisen. Doch dann gesteht sie mir unsicher, dass sie selbst das Herz geritzt hat, und ich bin wie vor den Kopf gestoßen.

Ich hatte schon immer eine lange Leitung und merkte meist erst sehr spät, wenn eine Frau oder ein Mädchen Gefühle für mich hegte. Warum sollte sich jemand für mich interessieren? Es lag schlicht und ergreifend außerhalb meiner Vorstellungskraft.

Frauen und ich sind ein Kapitel für sich. Bislang dauerten meine Beziehungen meist nur wenige Wochen, denn es misslang mir, mich wirklich einer Partnerin gegenüber zu öffnen. Als sich meine letzte Freundin Clara aus genau diesem Grund von mir trennte, war ich Anfang zwanzig. Verletzt und wütend wie ich war, schwor ich mir, mich zunächst um meinen beruflichen Erfolg zu kümmern.

Und nun das. Nachdem wir ein Eis gegessen haben, sitze ich mit Monika in einem Park. Wir haben beide absolut keine Lust, schon jetzt in die Klinik zurückzukehren. Allzu viel Zeit bleibt uns jedoch nicht mehr, da es bald Abendessen gibt. Unsere jeweiligen Mitpatienten würden unsere Abwesenheit bemerken. Es ist später Nachmittag und immer noch sehr warm. Wir sitzen nebeneinander auf einer Parkbank und kreisen um uns selbst. Eine Gruppe Rentner wirft uns verstohlene Blicke zu.

„Die fragen sich bestimmt, wann wir uns endlich küssen", scherzen Monika und ich. Wir schauen uns in die Augen und dann bemerke ich den Pulsschlag an ihrem Hals. Ihr Herz rast förmlich und einen kurzen Augenblick fürchte ich, dass sie ohnmächtig wird. Langsam nähere ich mich, wobei ich auf die kleinste Ausweichreaktion ihrerseits achte. Doch es gibt keine, im Gegenteil. Sie schließt die Augen. Wenige Zentimeter trennen unsere Gesichter, als ich zögere. Seitens der Klinik ist es nicht erlaubt, dass wir uns näher kommen. Es könnte die Therapie verkomplizieren und ich hatte Frau Dr. Böhm geschworen, dass ich keine Regeln mehr brechen würde. Monika und ich könnten unseren Therapieplatz verlieren, den wir beide noch benötigen. Keiner von uns fühlt sich bereit für eine Entlassung. Außerdem komme ich mir albern vor. Was mache ich hier eigentlich?

Wir küssen uns nicht und treten stattdessen den Rückweg an. Nach dem Abendessen fragt mich Monika, ob wir noch ein Stück gehen wollen, und ich willige ein. Zu dieser Zeit sind kaum Menschen auf den nahen Wanderwegen unterwegs. Unbeholfen unterhalten wir uns, bis ich plötzlich stehenbleibe. Zum Teufel mit den Vorschriften und meinen Bedenken. Ich höre auf mein Herz, nehme Monika in den Arm und küsse sie. Sie erwidert den Kuss.

Wir fühlen uns wie verliebte Teenager, deren Eltern nichts erfahren dürfen. Die Eltern sind in unserem Fall die jeweiligen Therapeuten und unsere Mitpatienten. Schon einmal wurde ich verpfiffen und ich bin mir sicher, dass ich bei einem erneuten Regelverstoß meinen Koffer packen muss. Davor habe ich große Angst, doch das Glücksgefühl überwiegt im Moment.

Wir müssen uns unauffällig verhalten und dürfen nicht mehr Zeit miteinander verbringen als zuvor. Außerdem müssen wir uns regelmäßig bei unseren Mitpatienten blicken lassen und auch gemeinsam mit ihnen etwas unternehmen. Wenn mir Monika zufällig begegnet, darf ich mich nicht zu offensichtlich freuen. Daher sind wir dankbar für jeden gemeinsamen Moment, sei er auch noch so kurz. Lebhaft erinnere ich mich an eine Fahrt mit dem Fahrstuhl, die wenige Sekunden dauerte und dennoch intensiv war. Kurz bevor sich die Türen öffneten, lösten wir uns voneinander.

Da wir zuvor auch alleine gewandert sind, ist es nicht ungewöhnlich, wenn wir das weiterhin tun. Eines Abends wollen wir den Sonnenuntergang an „unserem Aussichtspunkt" genießen. Wir sitzen auf einer Bank, während die Sonne glühend rot langsam am Horizont versinkt. Wir halten uns an den Händen, umarmen und küssen uns. Es tut so gut, denn anders als früher kann ich Monika an meiner Gefühlswelt teilhaben lassen. Es kommt uns vor, als wenn wir uns schon länger kennen, was auch kein Wunder ist. Wir beide haben unsere gesellschaftlichen Masken abgelegt und begegnen uns auf einer anderen Ebene. Mit allen Schwächen, Sorgen und auch Hoffnungen.

Schlagartig ist es stockfinster und wir müssen durch den Wald zurück in die Klinik. Leichte Panik befällt uns, als Monika auf die Uhr sieht. Um 22 Uhr ist Nachtruhe und die Eingangstür wird abgeschlossen. Wir müssten klopfen und erklären, wo wir alleine gewesen sind. Wir stehen kurz davor aufzufliegen. Natürlich haben wir keine Taschenlampe dabei und der blasse Mondschein reicht nicht aus, um die Hand vor Augen zu sehen. So stolpern wir den Weg entlang und horchen auf die Geräusche des dunklen Waldes. Zum Glück waren wir bereits oft in der Gegend unterwegs und so verlaufen wir uns nicht. Als die erste Straßenlaterne in Sicht kommt, fällt uns ein Stein vom Herzen. Kurz vor der Sperrstunde erreichen wir die Klinik. Die Eingangskuppel ist so gut wie leer, da die meisten Patienten bereits in ihren Zimmern sind oder sich gerade dorthin begeben. So unauffällig wie möglich verabschieden wir uns voneinander.

Da wir an manchen Tagen nicht offen miteinander sprechen können, schreibt mir Monika Nachrichten und schiebt die Zettel unter meiner Zimmertür durch. Wir haben uns Code-Namen für den Fall ausgedacht, dass einer der Briefe in falsche Hände gerät. An unserem Agentenspiel finden wir Spaß und verdrängen die Tatsache, dass unsere gemeinsame Zeit in der Klinik ihrem Ende zugeht. Monika wird etwa zwei Wochen vor mir entlassen und es ist traurig, dass wir uns nicht offiziell richtig voneinander verabschieden können. Alles muss im Verborgenen stattfinden, obwohl ich bei einigen meiner Mitpatienten vermute, dass sie etwas ahnen.

An Monikas letztem Abend unternehmen wir einen gemeinsamen Spaziergang. Es ist bereits dunkel und wir befinden uns in der Nähe der Klinik. Bald ist Nachtruhe, doch uns fällt es schwer, Abschied zu nehmen. Immer wieder schauen wir uns tief in die Augen und umarmen uns. Jedes Geräusch schreckt uns auf und hastig lösen wir uns voneinander. Auffälliger geht es nun wirklich nicht mehr, außer der Lichtkreis eines Suchscheinwerfers würde uns umschließen oder wir würden Leuchtraketen abfeuern. Doch ich bin verliebt und darf mich daher irrational verhalten. Wenn ich ehrlich bin, fühle ich mich nach den vergangenen Monaten das erste Mal wie ein lebendiges und fühlendes Wesen.

Wieder hat ein falscher Alarm unsere Umarmung beendet. Mein weiterer Aufenthalt steht auf dem Spiel und zum jetzigen Zeitpunkt kann ich noch nicht nach Hause. Schließlich siegt die Vernunft und wir gehen zurück in die Klinik. Betont bedächtig betreten wir das Gelände. Wir schauen uns noch einmal in die Augen und ich frage mich, ob wir uns im wahren Leben wiedersehen werden. Alles scheint unwirklich zu sein. Nicht im Traum hätte ich daran gedacht, im Krankenhaus der Liebe zu begegnen. Doch Monika öffnet mein Herz und ich nehme Gefühle wahr, die ich längst vergessen hatte.

In den letzten Jahren fokussierte ich mich rein auf meinen beruflichen Erfolg und teilweise auf das nackte Überleben. Obwohl ich mir in der nahen Vergangenheit eine Partnerin an meiner Seite wünschte, hielt ich es für unmöglich, eine Beziehung zu führen. Im Sommer 2008 lernte ich zwar in meiner Heimatstadt eine Frau kennen, doch wiederum war ich zu verschlossen – und im Grunde hatte ich nur meine Arbeit im Kopf. Ich befand mich auf dem Höhepunkt meines Schaffensrausches. Ich stand kurz vor dem endgültigen Durchbruch und konnte mich daher emotional nicht auf die Frau einlassen. Wenige Monate später erreichte ich gesundheitlich meinen absoluten Tiefpunkt. Ich war krank, schwach und orientierungslos. Eine Partnerschaft lag in weiter Ferne.

Als Monika bereits seit einigen Tagen zu Hause ist, klingelt abends zur verabredeten Zeit mein Mobiltelefon. Ich spreche leise, flüstere fast, aus Angst, ein Mitpatient könnte Teile des Gesprächs hören. Innerlich vollführe ich Luftsprünge. Monika hat sich tatsächlich gemeldet und wir möchten uns so schnell wie möglich wiedersehen.

Mein Entlassungstermin steht noch nicht fest, obwohl ich bereits fünf Wochen in der Klinik verbracht habe. Noch immer weiß ich nicht, wie es für mich weitergehen soll. Mir ist klar, dass ich bald wieder Geld verdienen muss. Schließlich kann ich nicht ewig Arbeitslosengeld II beziehen, denn für meinen Lebensunterhalt und zwei Ratenverträge benötige ich größere finanzielle Mittel. Längst habe ich begriffen, dass ich meiner Therapeutin einen Plan präsentieren muss, wie ich meinen Alltag zu Hause neu gestalten möchte.

Vielleicht ist es ganz gut, dass Monika nicht mehr in der Klinik ist, obwohl ich sie sehr vermisse. Es ist an der Zeit, dass ich mich wieder meinem Selbstkontakt widme und in mich hineinhorche. Langsam erkenne ich, wer ich bin. Nämlich ein Mensch mit Gefühlen, Träumen und voller Liebe. Bisher kannte ich nur das Arbeitstier Jens.

Vom Beruf zur Berufung

Wenn ich meine Therapeuten richtig verstanden habe, soll ich Arbeit und Privates strikt trennen. Meine Arbeits- und Leistungssucht trugen viel zu meinem endgültigen Zusammenbruch bei – soweit ist alles klar. Meinen Wert definierte ich allein dadurch, wie viel ich leisten und wie viele Probleme ich möglichst im Alleingang und in kürzester Zeit bewältigen konnte. Oftmals sorgte ich unbewusst dafür, dass es genug vertrackte Situationen gab, die ich dann „meistern" konnte. Über einen Erfolg freute ich mich – wenn überhaupt – nur äußerst kurz. Eine dauerhafte Befriedigung war mir unbekannt.

Auch aus diesem Grund musste ich wie ein Drogensüchtiger die Dosis ständig erhöhen. Einerseits wollte ich von anderen Menschen anerkannt werden, andererseits nahm ich kaum ein Lob an. Mein eigenes erst recht nicht. Anerkennung war nur etwas wert, wenn sie von außerhalb kam, und dennoch ließ ich sie an mir abperlen, wo immer sie mir begegnete.

Wie sollte bei dieser Vorgehensweise jemals Ruhe einkehren, jemals mein Bedürfnis befriedigt werden? Denn bereits am nächsten Tag würde das Spiel von vorne beginnen. Ich war ein Gefangener in meinem selbst erschaffenen Teufelskreis.

Meinen journalistischen Beruf verstehe ich als Berufung, daher bin ich mit meiner Tätigkeit stark verschmolzen. Sie geht mir emotional nahe, da ich sie nicht als Job betrachte, den ich über mich ergehen lasse. Ich bin mit Herz und Seele dabei – was gut, aber auch gefährlich ist. Zu oft finde ich nicht den richtigen Zeitpunkt für den Ausstieg, habe kein Gefühl für Feierabend oder meine Grenzen. Das hohe persönliche Engagement ist typisch für Burnout-Betroffene, wie ich bald merken werde.

Hier muss ich in Zukunft ansetzen, wobei der Begriff Work-Life-Balance für mich unbrauchbar ist. Üblicherweise bedeutet dies für viele Menschen, dass sie in der Freizeit Kräfte tanken, die ihnen durch ihre Arbeit wieder geraubt werden. Anstatt Energie durch eine sinnvolle und befriedigende Tätigkeit zu erlangen, lässt man sich aussaugen. Darüber hinaus bin ich rund um die Uhr *ich*, egal ob ich arbeite, lese, schlafe, esse oder sonst etwas tue. Arbeit ist für mich ein Teil des Lebens, in dem ich meine Persönlichkeit auf kreative Weise ausdrücken kann.

Ausnahmslos alles, was man macht, übt Einfluss auf das Leben aus, auch wenn man sich dessen unbewusst ist. Alle meine Gedanken, Entscheidungen und Taten sagen etwas über mein wahres Selbst aus, ob nun während der Arbeitszeit oder außerhalb. Es bleibt lediglich die Frage, ob mein Fühlen, Denken und Handeln mit meinem Inneren in Einklang ist.

Schon immer habe ich davon geträumt, etwas zu bewegen und die Welt verbessern zu können. In diesem Punkt hatte ich augenscheinlich einen weiteren „Fehler" begangen: Ich war in der PR-Arbeit für ein Unternehmen tätig, für dessen Vorgehen und mediale Botschaften ich moralisch zu „unflexibel" war. Im Gegenteil: Ich versuchte, meine Missetaten auszugleichen, was mich weiter unter Druck setzte. Mein Hamsterrad beschleunigte dermaßen, dass ich darin Purzelbäume schlug.

Es ist an der Zeit, mein Leben neu auszurichten. Bereits in jungen Jahren erkannte ich, dass ich einen spezielleren Bezug zur Arbeit hatte als andere in meinem Umfeld. Arbeit und Leben gehören für mich untrennbar zusammen, anders als bei jemandem, der seinen Job als eine Art lästige Pflicht empfindet. Doch ich hatte Kreativität entfalten mit zwanghaftem Malochen verwechselt.

Bei allen meinen Tätigkeiten ging es für mich ebenfalls darum, zu wachsen und gleichzeitig der Allgemeinheit zu dienen. Vieles hätte und habe ich ohne finanziellen Ausgleich getan, manchmal gab ich sogar mehr, als ich zurück bekam. Hin und wieder schoss mein Idealismus über das Ziel hinaus und führte zur Selbstaufgabe, was wiederum ein typisches Merkmal von Gefährdeten oder Betroffenen ist. Mir war teilweise das Glück anderer Menschen wichtiger als mein eigenes. Ich beging dadurch Verrat an meiner Seele.

Nach Feierabend kreisten meine Gedanken weiter und jede berufliche Erkenntnis hatte direkten Einfluss auf meine Gefühlswelt, mein Leben.

Neben dem monetären Erwerb suchte ich den Sinn und die Aufgabe meines Lebens. Kurz: Ich wollte ein besserer Mensch werden und zwar in jedem Lebensbereich.

An meiner bisherigen Sicht gilt es zu arbeiten, denn schließlich hat sie mich zum mehrmaligen Zusammenbruch geführt. Einiges ist noch unstimmig, das verstehe ich. Dennoch schwebe ich ohne Richtung im kalten Vakuum. Mit was werde ich meinen Lebensunterhalt verdienen und wie bleibe ich dabei gesund? Mein Selbstbild war auf Sand gebaut, daher muss ich ein neues errichten.

Zunächst muss ich dazu Unbrauchbares und Schädliches aussortieren, Bewährtes erkennen und mit neuen Erkenntnissen kombinieren. Nur so kann ein tragfähiges Fundament entstehen. Die ersten Überlegungen führen mich in die Vergangenheit.

Mein beruflicher Werdegang ist alles andere als mit dem Lineal gezogen. Im Grunde ahnte ich nicht, welche Tätigkeit mich einmal erfüllen würde. Mit Widerwillen schrieb ich 1996 angesichts des baldigen Realschulabschlusses Bewerbungen. Nach meinem Praktikum in einem medizinischen Labor wollte ich unbedingt Medizinisch-Technischer Assistent (MTA) werden, wozu ich jedoch eine Schule hätte besuchen müssen.

Von Schule hatte ich die Nase gestrichen voll und wollte schnell auf eigenen Beinen stehen – und das geht am besten mit einem eigenen Gehalt. Daher bewarb ich mich bei diversen Unternehmen als Bürokaufmann. Von meinem künftigen Lehrbetrieb erfuhr ich, dass sämtliche Stellen in diesem Bereich vergeben seien, es aber ein neues Berufsbild gäbe. Mit einem Achselzucken meinerseits stand nun fest, dass ich Fachkraft für Lagerwirtschaft werden würde. In Hessen wurde dieser Beruf das erste Mal ausgebildet; er verbindet die kaufmännische Lehre mit Fachwissen aus dem Bereich der Logistik.

Die ersten Tage im Betrieb empfand ich als aufregend, dennoch waren meine Gefühle widersprüchlich, denn zum ersten Mal in meinem Leben traf ich auf frustrierte Menschen, die dies offen zum Ausdruck gaben: Ich solle mir schleunigst eine andere Lehrstelle suchen, denn das Unternehmen sei nicht gut. Es waren enttäuschte

Mitarbeiter, die seit langem Dienst nach Vorschrift schoben. So etwas lag außerhalb meines damaligen Vorstellungsvermögens und ich fragte mich, warum sie noch im Betrieb waren, wenn doch alles so schlecht sei. Meine erste Ausbildungsstation war das Lager, was mich körperlich sehr forderte. Ich war eher zart besaitet, unsportlich, unsicher und daher tollpatschig. Im Lagerbüro musste ich den ganzen Tag „Aufträge reißen". Meter um Meter Endlospapier spuckten die Nadeldrucker aus, die ich an den perforierten Stellen auseinanderriss. Ich musste sie auf Stapeln vorsortieren, um sie dann im Lager zu verteilen. Eilige Aufträge bekamen einen signalroten Stempel und ich musste auf mögliche Liefertermine und dergleichen achten. Ich hatte wahnsinnige Angst, etwas falsch zu machen, denn jeder Fehler versetzte meinem Herzen einen Stich. Zudem fürchtete ich, dem Unternehmen zu schaden. Ich wagte es kaum, den Kopf zu heben. Am liebsten wäre ich unsichtbar gewesen.

Als eine Kollegin, die neben mir saß, etwas erzählte, hörte ich zu und erntete von ihr dafür einen Rüffel. Ich solle gefälligst weiterarbeiten. Dabei wünschte ich mir dazuzugehören, doch ich fühlte mich eher wie ein überflüssiger Teil des Mobiliars. Die Hinweise auf meine Fehler waren garantiert nicht so verletzend gemeint, wie ich sie damals wahrnahm. Wer konnte auch ahnen, wie sensibel ich bin, wenn ich dies zu keinem Zeitpunkt offen zeigte?

Lichtblicke waren Kollegen, die mich freundlich begrüßten und mir bei Fragen halfen. Andere nutzten meine Unwissenheit für ihre Scherze. Damals unterstellte ich jedem Menschen eine gute Absicht. Die meisten Scherze waren im Grunde harmlos und ich hätte sicherlich mitgelacht, wenn ich weniger verkrampft gewesen wäre. In meinen Augen war der Großteil meiner zehnjährigen Schullaufbahn verschwendete Zeit gewesen, denn ich fühlte mich in meiner jetzigen Situation vor allem hilflos. Nichts von dem Gelernten brachte mich auch nur einen Schritt weiter.

In den ersten Wochen meiner Lehre war ich mir sicher zu scheitern und überlegte zu kündigen. Doch wo sollte ich hin? Ich war 17 Jahre alt und bei meinem Vater ausgezogen. Ich lebte in einer Kellerwohnung in der Straße, in der auch meine Tante und Großeltern wohnten. Die Miete übernahm mein Vater, denn ich wäre mit meinem Lehrlingsgehalt nicht weit gekommen. Werktags aß ich bei meiner Tante zu Abend, am Wochenende gab es bei Oma und Opa um Punkt 12 Uhr Mittagessen. Meine Oma schaute in der Wohnung nach dem Rechten und schmierte abends die Pausenbrote für die Arbeit.

Ich war noch lange nicht reif genug, komplett auf eigenen Beinen zu stehen, und wäre sang- und klanglos untergegangen. Ich konnte nicht kochen, nicht richtig putzen und auch keine Wäsche waschen, wobei Bügeln auch heute noch nicht zu meinen Stärken zählt. Meine Sorgen behielt ich für mich. Es mangelte mir an Ausdrucksmöglichkeiten, zudem sah ich keinen Vorteil darin, mich mitzuteilen.

Ich biss mich durch und wurde im Laufe der Zeit selbstsicherer, da ich immer weniger Fehler machte. Zudem fand ich zu meiner frechen Art zurück, die mir in der Schule schon jede Menge Ärger eingebrockt hatte. Als mich der Lagerleiter beispielsweise fragte, was ich bisher gelernt hätte, konnte ich es mir nicht verkneifen, die Kantinenpreise aufzusagen. Der Vorgesetzte verzog das Gesicht und ging weiter.

Eine weitere Hürde war der erste Tag in der Berufsschule. Ich fühlte mich inmitten meiner mir fremden Kameraden sehr unwohl und beteiligte mich folglich an keinem Gespräch. Kurz stellte sich jeder mit Namen vor, das war es für mich auch schon. Der Tag war aus meiner Sicht eine Katastrophe gewesen und ich hatte Angst vor dem regulären Unterrichtsbeginn. Zurück im Unternehmen erzählte ich den Kollegen, dass meine Schulkameraden alles Deppen seien. So konnte ich später zumindest erklären, warum ich keine Freundschaften eingegangen war. Eine ideale Grundlage, wie ich damals dachte.

Zu meinem Erstaunen machte die Berufsschule jedoch bald Spaß, denn erstmals war ich mit Unterrichtsstoff konfrontiert, den ich nahezu ausnahmslos in der Praxis benötigte. Da es sich um einen neuen Beruf handelte, hatten wir in den ersten Monaten kaum Lehrmaterial. Diese Schwierigkeiten fand ich herausfordernd, alles andere wäre langweilig gewesen.

Schnell war mir klar, dass ich auch in der Berufsschule nicht viel zu lernen brauchte. Es genügte, dem Unterricht zu folgen, einigermaßen aktiv teilzunehmen und die Hausaufgaben zu erledigen. Der Stoff an sich erschloss sich mir schnell, denn im Grunde war alles logisch – bis auf Buchführung. Bei meinen Buchungen war mein Ergebnis häufiger „sollte haben, aber hat nix". Wer denkt sich auch solch ein System aus? Begriff man die Hintergründe beim restlichen Lernstoff, ergab sich der Rest von selbst. Somit hatte ich Kapazitäten frei, um im Unterricht Blödsinn zu veranstalten. Nach und nach konnte ich meine Unsicherheit dadurch besser verbergen.

Ich vermied es dennoch weitgehend, mich außerhalb der Schule mit jemandem zu verabreden. Der Freitag war unser fester Schultag und so besprachen sich meine Kameraden, was sie am Wochenende unternehmen und wo sie sich treffen wollten. Das waren die Momente, in denen ich sehr still wurde. Diskotheken und Alkohol interessierten mich kaum, ich verkroch mich lieber zu Hause, denn dort gab es viel zu tun.

Seit einigen Jahren faszinierten mich die großen Rätsel der Menschheit und ich verfügte über ein ordentliches Maß an Neugier. Ich spürte, dass es noch mehr in der Welt geben musste, als man mir sagte und allgemein glaubte. So begann ich mich für Grenzwissenschaften, außergewöhnliche Phänomene und Zusammenhänge hinter den Kulissen zu interessieren.

Da ich eine eigene Wohnung besaß, fand ich die Ruhe und Abgeschiedenheit, die ich mir schon lange wünschte – und entwickelte mich zum Bücherwurm. Ich las die Bücher nicht, ich verschlang sie. In Spitzenzeiten drei Stück die Woche. In meinem spärlichen Bekanntenkreis, auf der Arbeit und in der Berufsschule ließ ich kaum etwas von meiner Passion verlauten. Wenn doch, dann wohldosiert. Ich fürchtete, als Spinner zu gelten, und blieb daher manchmal lieber stumm.

Zudem standen die durch meine Recherchen gewonnenen Erkenntnisse in keinem Widerspruch zu den Lehrinhalten meiner Ausbildung, die mir zwar Spaß machte, aber keine wirkliche Herausforderung war. Auf diese Weise gab es wenigstens kaum Gewissenskonflikte, außer wenn ich glaubte, ich würde bei einer unsinnigen Arbeit meine Zeit verschwenden.

Da ich für die Berufsschule kaum lernen musste, waren die monatlichen Ausbildungsberichte schnell erstellt. Meine eigentliche Arbeit lag im Studium der Welt hinter der Welt. Meine Oma schüttelte den Kopf angesichts der Mengen an Büchern, die ich kaufte und las. Die Fernsehserie Akte X war damals auf dem Höhepunkt ihrer Beliebtheit und ich verpasste keine Folge. Im Gegenteil: Ich nahm jede einzelne auf Videokassette auf.

Eines Tages stöberte ich nach der Berufsschule in der Bahnhofsbuchhandlung, wie ich das schon oft getan hatte. Dort erwarb ich eine Ausgabe der Zeitschrift „Wissenschaft ohne Grenzen" und entdeckte eine Kleinanzeige. Es wurden Autoren für ein neues grenzwissenschaftliches Magazin namens Area X gesucht. Umgehend schrieb ich einen Brief an die angegebene Adresse in Berlin und erhielt ebenso schnell eine Antwort. (Die Kommunikation per E-Mail war damals noch nicht so verbreitet.) Schon bald sollte ich mich nach jedem Feierabend darauf freuen, den Briefkasten zu öffnen, denn es kamen immer mehr interessante Sendungen an. Was wohl der Postbote dachte, wenn er die Absender las? Pentagon, Air Force, NASA.

Doch eins nach dem anderen. Es entwickelte sich ein reger Briefkontakt mit dem Kollegen aus Berlin. Kurz darauf verfasste ich meinen ersten Artikel, der in einer der nächsten Ausgaben veröffentlicht wurde. An den genauen Titel und den Inhalt kann ich mich leider nicht mehr erinnern. Das Magazin erschien in Kleinstauflage und wurde kostenfrei abgegeben, sprich: Es lebte von Idealismus, Mut und Herzenskraft. Daher gab es kein Honorar, mir wäre auch im Traum nicht eingefallen, welches zu verlangen.

Bald darauf wurde ich von den Herausgebern gefragt, ob ich in der Redaktion mitarbeiten wollte, und ich sagte sofort begeistert zu. Ich hatte das Gefühl, die Welt verändern zu können, meine Mitmenschen zu inspirieren und mit essentiellen Informationen zu versorgen, die ihnen aus den unterschiedlichsten Gründen vorenthalten wurden: Ich war am Puls der Zeit.

Es folgte eine Namensänderung des Magazins in Area 2000, da einer der Initiatoren aus mir unbekannten Gründen ausschied. Die Redaktion bestand nun aus vier Personen, von denen drei in Berlin lebten. In der Hauptstadt fand einmal im Monat ein Treffen zu einem vorher festgelegten Thema statt. In den etwa drei Jahren meiner Tätigkeit für Area 2000 war ich nur bei einem einzigen der Treffen dabei. Mir gefiel es, dass ich dort nicht anwesend sein musste und mich mehr im Hintergrund um den redaktionellen Inhalt des Magazins kümmern konnte.

Schon bald sollten sich die Recherchen auf meine Einstellung dem Leben gegenüber auswirken.

Auf einem Vortrag in Berlin wurde unter anderem über Vegetarismus referiert. Kurz zuvor hatte ich bei McDonald's zu Mittag gegessen, zudem rauchte ich zum damaligen Zeitpunkt regelmäßig. Ich war wie vor den Kopf geschlagen, denn bisher hatte ich zwischen der Ernährung und meiner Gesundheit keinen Zusammenhang gesehen. Dafür waren meiner Meinung nach Ärzte und Medikamente zuständig. Zudem war ich begeisterter Schnitzelfan und für mich gehörte Fleisch zu jeder Mahlzeit dazu.

Doch meine Neugier war geweckt und anstatt Bücher über Vegetarismus zu lesen, beschloss ich, einen Selbstversuch zu wagen. Über Nacht wurde ich zum Vegetarier, was meiner Familie wenig behagte.

In den ersten beiden Tagen fühlte ich mich gut, doch schon bald überfielen mich „Entzugserscheinungen". Mir war übel und allgemein unwohl. Ich biss die Zähne zusammen und dachte nicht im Traum daran, mein Experiment zu unterbrechen. Man orakelte, dass ich in spätestens zwei Wochen wieder Fleisch zu mir nehmen würde.

Langsam ging es mir besser und es stellte sich eine unbekannte Leichtigkeit ein. Es war, als ob ich einige Zentimeter über dem Boden schwebte, jede Bewegung fühlte sich leichter an. Als wäre die Schwerkraft plötzlich geringer.

Ich trieb es weiter auf die Spitze und sammelte alle meine Medikamente ein. Seit Monaten nahm ich regelmäßig Tabletten gegen meine ständigen Kopfschmerzen und gelegentlich auch Koffeintabletten. Soweit ich mich erinnere, waren auch die Tabletten gegen mein Asthma darunter. Alles landete in einem Karton, den ich in der örtlichen Apotheke abgab. Verwundert machte mich ein Angestellter darauf aufmerksam, dass die Medikamente allesamt noch haltbar seien. Ich entgegnete, dass ich dies wüsste, aber keine der Mittel mehr benötigen würde.

Nach einem erfolglosen Versuch gelang es mir dann schließlich auch noch, das Rauchen aufzugeben.

Meine Gesundheit verbesserte sich rapide. Meine Haustierallergie ging auf ein Minimum zurück. Die jährliche Bronchitis war Geschichte, sowie auch die Asthmaanfälle der Vergangenheit angehörten. Heute ist es mir möglich, Sport zu treiben, und meine Lebensqualität hat sich stark verbessert.

Aus diesem Grund begann ich, mich mehr und mehr für Naturheilmittel zu interessieren, und investierte unter anderem mein komplettes Weihnachtsgeld in einen Trinkwasserfilter.

Meine Familie war wegen meines neuen Lebensstils immer noch beunruhigt. Eines Abends rief mich mein Vater aufgewühlt an. Er wollte wissen, welcher Sekte ich beigetreten sei. Meine Antwort stellte ihn nicht zufrieden. Ich meinte, dass er sich doch noch an meinen Austritt aus der katholischen Kirche erinnern müsse. Der Sekte hätte ich doch schon vor Monaten den Rücken gekehrt. Das Provozieren und Sticheln konnte ich einfach nicht lassen.

Noch immer aß ich unter der Woche bei meiner Tante und am Wochenende bei meiner Oma. Mit dem Unterschied, dass ich mich lediglich über die Beilagen hermachte. Wobei ich darauf achtete, kein Fleisch untergemischt zu bekommen.

Mein plötzlicher Sinneswandel bereitete der Familie Sorgen, die ich nicht nachvollziehen konnte. Damals habe ich auch keinen Versuch unternommen, etwas zu erklären, sondern höchstens gestichelt. Ich zog wie gewohnt alles ins Lächerliche und gab so wenig von meinem Seelenleben preis wie möglich. Keine besonders kluge Kommunikations-Strategie ...

In meiner Lehre durchlief ich zwischenzeitlich Phasen, in denen ich große Freude hatte, Neues zu lernen, morgens aus dem Bett sprang und traurig über den Feierabend war. Andererseits gab es auch Zeiten, in denen ich in der Sinnlosigkeit meiner Tätigkeiten zu ertrinken drohte. Manchmal glaubte ich, zur falschen Zeit am falschen Ort zu sein. Ich müsste irgendetwas anderes machen, wusste aber nicht was. Mit niemandem konnte ich darüber sprechen und so sammelte sich immer mehr Frust an, der sich hin und wieder entlud: In einer dieser destruktiven Phasen hörte ich aggressive Punkmusik. Getreu dem Motto: „Scheiß auf das System, es macht dich krank!"

Eines Tages arbeitete ich im Lager. Wenn ich mich recht erinnere, musste ich sämtliche Artikel wiegen, damit das jeweilige Gewicht in den Computer eingegeben werden konnte. Mit einer geeichten Waage auf einem Kommissionierwagen schob ich mich durch die Gänge und litt mental unter der monotonen Arbeit. War ich hier auf diesem Planeten, um genau das zu tun, was ich tat? Ich befand mich auf der oberen Ebene des Lagerbereichs und konnte folglich unter mir die Arbeiter und Gabelstapler hin und her eilen sehen. Plötzlich brach es aus mir heraus und ich sang lauthals die Zeilen aus einem Punk-Song: „Schuftet, schwitzt und denkt nicht nach. Was kann's wohl sein, was kommt danach?"

Die Arbeit an und mit Area 2000 ging weiter und ich ließ meine gesundheitlichen Erkenntnisse mit einfließen. Schließlich steigerten wir unsere Auflage auf ein paar hundert Stück. Es waren tolle Zeiten voller Elan und Aufbruchstimmung.

In Berlin wurde jede Ausgabe per Hand erstellt. Die Texte wurden ausgedruckt, zugeschnitten, auf einen Malblock geklebt, im Copyshop auf DIN A5 verkleinert und schließlich geklammert. Danach kamen sie per Paket bei mir an und ich verschickte sie an Abonnenten und Interessierte.

Wir investierten immer mehr Zeit, Energie und auch Geld – dennoch blieb Area 2000 kostenfrei. Niemand sollte die bequeme Ausrede benutzen können, von nichts gewusst zu haben, nur weil er sich keine Bücher oder Zeitschriften leisten konnte – zumal der Zugang zum Internet noch nicht so verbreitet war wie heute.

Wir hatten durchaus Erfolge zu verzeichnen: So konnten wir viele namhafte Autoren gewinnen, die uns ihre Artikel honorarfrei zur Verfügung stellten.

Endlich setzte ich meine Fähigkeiten im Sinne der Gesellschaft ein und war somit ein wertvoller Teil von ihr. An manchen Tagen träumte ich, von meiner Tätigkeit leben zu können. Zudem wurde ich immer selbstsicherer, da ich vieles hinterfragte und mich nicht an alle Regeln hielt. Damals beschäftige ich mich unter anderem mit Themen wie der staatlichen Überwachung der Bürger, dem Ausspähen und Sammeln von Daten und dergleichen. Es gab noch keine sozialen Netzwerke wie Facebook, wo die Nutzer freiwillig vieles oder alles von sich preisgeben. Google war Ende der Neunziger Jahre auch noch nicht so mächtig wie heute.

Wir wollten den Menschen die Informationen geben, die ihnen in unseren Augen aus den unterschiedlichsten Gründen, wie etwa wirtschaftlichen und politischen Interessen, vorenthalten wurden. Ja, ich hatte großen Spaß an meiner Rolle als Revoluzzer.

Als meine Berufsschulklasse zur Expo 2000 fuhr, musste jeder Besucher durch einen Metalldetektor gehen und sein Gepäck auf ein Band legen, um es durchleuchten zu lassen. Überall war Sicherheitspersonal zu sehen, doch die hatten die Rechnung ohne mich gemacht. Statt durch einen Metalldetektor zu gehen, ging ich zwischen zwei Detektoren hindurch und behielt meinen Rucksack auf dem Rücken. Ohne kontrolliert zu werden, betrat ich das Gelände. Meine Meinung zu den Kontrollen verkündete ich zusätzlich lautstark. Eigentlich hätte ich als investigativer Journalist für die örtliche Tagespresse einen Beitrag schreiben müssen. Ein paar meiner Berufsschulkameraden fanden mein Verhalten lustig.

Doch Ende 2000 kam das endgültige Aus für unser kleines Magazin. Wir waren finanziell nicht mehr fähig, die Auflage zu steigern, freiwillige Spenden erhielten wir nur wenige. Zwei der Helfer waren aufgrund von Meinungsverschiedenheiten bereits vor Monaten ausgeschieden und auch ich verspürte kaum noch Lust, an Area 2000 mitzuwirken. Ich fühlte mich ausgelutscht und wusste nicht warum.

Die damalige Zeit war sehr verwirrend für mich, denn ich sah meinen Weg nicht mehr – in manchen Momenten vermisste ich schlicht und einfach den Sinn des Lebens. Was hatte ich mit Area 2000 erreicht? War es überhaupt möglich, Veränderungen anzustoßen? Darüber hinaus quälten mich viele Sorgen.

In der Zwischenzeit hatte ich meine Abschlussprüfung bestanden und die Lehrjahre waren vorbei. Den Termin hatte ich um ein halbes Jahr vorgezogen. Meine Berufsschullehrerin drängte mich aufgrund der hervorragenden schulischen Leistungen, mit meinem Ausbildungsleiter zu reden. Es bestünde die Möglichkeit, die Lehre um ein halbes Jahr zu verkürzen.

Mittlerweile nahm ich wegen persönlicher Differenzen kein Geld mehr von meinem Vater an und finanzierte meinen Lebensunterhalt aus eigener Kraft. Mein Girokonto rutschte bedrohlich ins Minus, denn weiterhin investierte ich in Area 2000. Als mein Vater versuchte, mich milde zu stimmen, kündigte er an, er würde mir wieder Geld überweisen. Doch ich wollte mich unter keinen Umständen kaufen lassen. Daher drohte ich, den Geldeingang komplett an Greenpeace weiterzureichen, womit ich meinen Vater erfolgreich verschrecken konnte. Er wusste genau, ich hätte es durchgezogen.

Der einzige Ausweg war die vorgezogene Abschlussprüfung, worauf ich erst durch meine Lehrerin hingewiesen werden musste. Da mein Vorgesetzter nicht zustimmte, schien der Traum zunächst geplatzt. Einer Mitauszubildenden meines Lehrbetriebs war kurz zuvor ebenfalls eine Verkürzung ihrer Ausbildungszeit abgelehnt worden.

Ich wollte die Absage jedoch nicht akzeptieren, sondern begab mich umgehend ein Stockwerk höher. Hier lag das Büro des Unternehmensgründers und -leiters. Zufällig kam er mir auf dem Flur entgegen und ich sprach ihn ohne Umschweife an: „Herr Kreuters, wir müssen reden." Verdutzt blickte er in mein Gesicht und bedeutete mir schließlich, ihm in sein Büro zu folgen. Die Chefsekretärin sah uns leicht verwundert nach, als Herr Kreuters die Tür schloss und ich ihm gegenüber Platz nahm. Was er für mich tun könne, wollte er wissen. Ich erklärte ihm, dass ich aufgrund meiner guten Leistungen die Abschlussprüfung um ein halbes Jahr vorziehen möchte. Er meinte nach kurzer Überlegung, dass dem nichts im Wege stünde. Mein Ausbildungsleiter habe *nicht* zugestimmt, erklärte ich ihm. Ich solle mir keine Gedanken machen, er würde das regeln.

Nun eröffnete ich Herrn Kreuters, dass er der anderen Auszubildenden, deren Wunsch ebenfalls abgelehnt worden war, auch einen vorgezogenen Abschluss ermöglichen müsse. Gleiches Recht für alle. Herr Kreuters stimmte etwas überrumpelt zu. Ich teilte meiner jungen Kollegin nach diesem Gespräch mit, alles geregelt zu haben, und sie hat die vorgezogene Prüfung dann auch durchgezogen.

Kurze Zeit später bestand ich meine Abschlussprüfung. Verwundert nahm ich zur Kenntnis, dass mir im Unternehmen niemand gratulierte. Überhaupt hatte ich erst wenige Tage zuvor zwischen Tür und Angel erfahren, dass ich übernommen werden sollte. Es ärgerte mich, auf diese Art übergangen zu werden.

Einige Monate später versammelten sich alle Auszubildenden meines Lehrjahres in Herrn Kreuters Büro. Sie hatten in der Zwischenzeit ebenfalls die Prüfung erfolgreich abgelegt und dies wurde mit einem Glas Sekt gefeiert. Mir gelang es noch nicht einmal zu lächeln, mit Unlust stieß ich mit den anderen an. Ein halbes Jahr nach meinem Abschluss legte ich keinen Wert mehr darauf, beglückwünscht zu werden. Erinnerte sich Herr Kreuters etwa nicht mehr an unser Gespräch? Meinen Unmut schluckte ich zusammen mit dem Sekt herunter. Beides schmeckte bitter. Meine innere Kündigung festigte sich zusehends.

Ich hangelte mich von einem Wochenende zum anderen und freute mich Wochen im Voraus auf arbeitsfreie Feiertage. An denen konnte ich meiner wahren Berufung frönen. Nur mit Mühe gelang es mir, morgens aufzustehen. Ich hatte das Gefühl, meine Zeit im Unternehmen zu verschwenden. Darunter litt die Qualität der Arbeit. Ich war nicht in der Lage, darüber ein offenes Gespräch mit meinem Vorgesetzten zu führen. Dazu hätte ich meine Gefühlswelt offen legen müssen und das kam mir nicht in den Sinn.

Schon bald litt meine Arbeitsleistung deutlich. Fehler schlichen sich ein und es kam vor, dass ich nicht nur Gesprächsinhalte vergaß, sondern mich an das Gespräch selber nicht mehr erinnern konnte. Ich fühlte mich bei jedem Fehler wie ein Versager und jeder Tadel war ein weiterer Stich in mein Herz. Ich fand keine Worte, keine Entschuldigung, konnte mir meinen Zustand selber nicht erklären. Die Arbeit an sich überforderte mich nicht, denn bereits als Lehrling hatte ich die Aufträge bearbeitet. Damals konnten sich meine Kollegen auf mich verlassen, ich war fleißig und verfügte über eine schnelle Auffassungsgabe. Und nun fielen mir die einfachsten Arbeitsschritte schwer.

Morgens stand ich mit Bauchschmerzen auf. Mir ging es miserabel. Darüber hinaus war ich unglücklich mit meiner Tätigkeit, in der ich keine Erfüllung fand. Ich wechselte die Abteilung, um ein Sachbearbeiter unter vielen zu sein und in das Mittelmaß abzutauchen. Mein Plan sah vor, dass ich tagsüber meiner Erwerbsarbeit nachging und nach Feierabend die Welt zu einem besseren Ort machen würde. Es entstanden die ersten Kapitel eines Buchmanuskripts, welches zum Glück nie veröffentlicht wurde. Mehr und mehr überrollte mich die Sinnlosigkeit meiner Arbeit. Eines Tages fasste ich den Entschluss zu kündigen. Die Beweggründe konnte ich meiner Gruppenleiterin nicht erklären, denn ich hätte dabei keinen Anfang gefunden. In mir herrschte das reinste Chaos, an dem ich zu ersticken drohte.

Die Aussicht auf meine baldige Freiheit ließ mich ein wenig aufatmen. Bald konnte ich mich rund um die Uhr um meine wahre Berufung kümmern. Zunächst gründete ich einen (Versand)Handel mit Gesundheitsprodukten und Büchern. Der Jens-Brehl-Vertrieb war geboren. Ab jetzt würde ich die Menschen nicht nur in Form von Artikeln und Informationen versorgen, sondern auch mit Produkten, die ihre Gesundheit und Selbstheilungskräfte stärkten. Wie ich jedoch von den anfänglich spärlichen Einnahmen leben sollte, verschloss sich mir.

Der letzte Arbeitstag rückte näher und ich malte mir aus, wie ich vor dem Firmengebäude Luftsprünge machen würde. Die Realität sah anders aus: Mit hängenden Schultern erkannte ich, einen Fehler begangen zu haben. Man hatte mir zwar versprochen, ich könne jederzeit wieder im Unternehmen anfangen, doch ein Vorstoß meinerseits blieb erfolglos. Kein Wunder, meine Leistungen waren zum Schluss wenig überragend gewesen.

Meine Familie war entsetzt, denn wieder einmal hatte ich sie vor vollendete Tatsachen gestellt. Meine Beweggründe konnte ich auch hier nicht darlegen.

Schnell kam ich in finanzielle Nöte und besorgte mir daher einen Nebenjob als Verkäufer in einem kleinen Elektrofachgeschäft. Was ich hier verdiente, reichte gerade für die Miete.

Monate zuvor hatte mir mein Vater angeboten, einen großen Kiosk zu übernehmen, den er erworben hatte. Das Geschäft erzielte einen guten Umsatz und ich wäre mein eigener Herr gewesen. Daher war mein Vater erstaunt zu hören, dass ich das Angebot entschieden ablehnte. „Ich verkaufe keinen Alkohol und keine Zigaretten." Er wurde wütend, denn es sei egal, was man verkaufen würde, schließlich habe er keinen Einfluss darauf, was die Menschen konsumieren. Zudem würden sie ihre Suchtmittel lediglich woanders kaufen, wenn es sein Geschäft nicht gäbe.

Mein Entschluss stand fest und auch im Nachhinein fühlte sich meine Absage richtig an.

Schließlich bekam ich über eine Zeitarbeitsfirma das Angebot, bei einem großen deutschen Telekommunikationsunternehmen tätig zu werden. Ich hatte ohne große Erwartungen ein Bewerbungsformular ausgefüllt, umso überraschter war ich über den Anruf. Ich sollte am gleichen Tag im Büro erscheinen, damit ein Arbeitsvertrag geschlossen werden konnte. Es eilte sehr. Vor Ort fragte ich zunächst nach dem Grund der Eile und die Dame verriet mir, dass ich jemanden ersetzen müsse, der telefonisch nicht erreichbar und aus seinem Urlaub nicht zurückgekehrt war. Gleich am nächsten Morgen sollte der Arbeitseinsatz beginnen und ich sei als einziger von den Bewerbern qualifiziert.

Finanziell stand mir das Wasser bis zum Hals, sprich, ich brauchte diesen Job ebenso dringend, wie das Unternehmen mich brauchte. Es war bereits später Nachmittag und somit eher unwahrscheinlich, dass man noch einen anderen Kandidaten aus dem Hut zaubern konnte. Anstatt hurtig den Vertrag zu unterzeichnen und mir das regelmäßige Einkommen zu sichern, begann ich zu feilschen. Ich setzte mein Pokerface auf, gab mich mäßig interessiert und handelte auf diese Art einen passablen Stundenlohn heraus. Mein Verdienst lag knapp über dem in meinem Ausbildungsbetrieb. Das Zeitarbeitsunternehmen übernahm sogar meine Reisekosten in Form einer Monatskarte für die Bahn – obwohl ich nur etwa 15 Kilometer entfernt wohnte. Ebenso gewährte man mir täglich einen steuerfreien Verpflegungszuschuss. Bei jeder neuen Forderung zuckte mein Gegenüber zusammen. Doch der Dame war bewusst, keine andere Wahl zu haben.

Meine finanziellen Probleme waren von einer Minute auf die andere Vergangenheit, denn ich konnte ab diesem Zeitpunkt wieder regelmäßig meinen Zahlungsverpflichtungen nachkommen.

Ich malte mir aus, tagsüber für das Telekommunikationsunternehmen zu arbeiten und nach Feierabend meinen Vertrieb aufzubauen. Ein Jahr wollte ich durchhalten. So verließ ich morgens gegen 6 Uhr 30 das Haus und kehrte abends um 19 Uhr zurück. Sobald ich den ersten Feierabend hatte, eilte ich häufig zum Elektrofachgeschäft, denn von 17 bis 19 Uhr konnte ich auf Stundenbasis weiterhin als Verkäufer tätig sein. Einige Kollegen nutzten meine Dienste gerne, um früher nach Hause zu gehen. Zudem übernahm ich samstags den Laden. Danach kaufte ich Lebensmittel ein, räumte meine Wohnung auf und schlief schließlich auf dem Sofa ein. Unter der Woche kam ich selten vor Mitternacht zur Ruhe, da ich nach den beiden Feierabenden Bestellungen bearbeiten, Pakete packen und mich um meinen eigenen Bürokram kümmern musste.

Am Sonntag schlief ich mich aus und langweilte mich ab Mittag sehr schnell. Es ärgerte mich, dass ich den Tag nicht hinreichend für mein eigenes Unternehmen nutzen konnte. Ich bereitete mich zwar auf die kommende Woche vor, jedoch konnte ich weder telefonisch jemanden erreichen, noch wurden meine Paketsendungen bei der Post angenommen. In meinen Augen war das verlorene Zeit, denn je früher die Ware beim Kunden war, umso eher wurde der Rechnungsbetrag fällig.

Da ich beständig meinen Lagerbestand füllen und erweitern musste, um schnell liefern zu können, war ich genötigt zu investieren. In einer Ecke meines großen Wohnzimmers stapelten sich die Kartons mit Verkaufsware, aber auch Verpackungs- und Büromaterial. Vom Sofa aus hatte ich mein Unternehmen stets im Blick, sah unerledigte Arbeit sofort. Daher fiel es mir zusätzlich schwer abzuschalten. Kurzzeitig überlegte ich, ob ich das Schlafzimmer nicht in ein Arbeitszimmer umgestalten sollte. Schlafen konnte ich auch im Wohnzimmer auf dem Sofa. Den Plan setzte ich jedoch nicht in die Tat um. So verblieben Arbeit und „Wohnen" in einem Raum.

Guten Kunden verriet ich, dass ich erst abends telefonisch erreichbar sei, und nahm dann auch persönlich Bestellungen entgegen. Wenn ich tagsüber mein Angestelltendasein fristete, malte ich mir häufig aus, wichtige Anrufe zu verpassen. Einzig mit Thomas telefonierte ich vom Großraumbüro aus regelmäßig. Er hatte gemeinsam mit Markus einen Vertrieb für innovative Produkte ins Leben gerufen, ein dazugehöriges Ladengeschäft eröffnet, war Buchautor und Inhaber eines kleinen Verlags. Mit den beiden arbeitete ich eng zusammen und verdiente Provisionen für meine Kundenempfehlungen. Zudem hatte ich die Produkte in mein Sortiment aufgenommen und half kostenlos bei Vorträgen und Präsentationen. Mit Thomas und Markus hatte ich zwei Mitstreiter gefunden, die mich und meine Ambitionen verstanden und ebenfalls daran interessiert waren, die Welt zu einem besseren Ort zu machen – glaubte ich zumindest. Sie und ihre Familien wurden für mich zur zweiten Heimat.

Montags und dienstags war ich noch recht ausgeruht und frisch, wenn ich morgens beim Telekommunikationsunternehmen antrat. Dies änderte sich rapide: Ab Mitte der Woche fühlte ich mich ausgelaugt und übermüdet. Daher erhielt ich den Spitznamen „Herr der Augenringe", was mich nicht im Geringsten störte. So ist es eben, wenn man große Pläne hat und sie verwirklicht. Ich war ein viel beschäftigter, intelligenter junger Mann kurz vor seinem großen Durchbruch.

Vor dem Durchbruch hieß es zunächst, die „Arschbacken" zusammenzukneifen und hart zu arbeiten. Zwischendurch musste ich mir die Zeit so angenehm wie möglich machen. So erfand ich beispielsweise beim Telekommunikationsdienstleister das Spiel *Wie lange bist du schon dabei?*. Die Spielregeln waren einfach: Ich schloss aus der Körpersprache, dem Gang, dem Gesichtsausdruck, dem Blick und der Geisteshaltung, wie viele Jahre jemand bereits für das Unternehmen tätig war. Erst danach fragte ich und meistens kam mein Tipp der Realität sehr nahe. Mit steigender Erfahrung wurde ich immer besser. Der kritische Punkt war anscheinend nach zehn Jahren erreicht. Ich fand auf meinen Streifzügen durch das Gebäude und die anderen Großraumbüros Exemplare, die sich mit hängenden Schultern und verschleiertem Blick kontrolliert nach vorne fallend fortbewegten. Mit ein bisschen Make-up und einigen Spezialeffekten hät-

te man durchaus einen Zombiefilm drehen können. „Die wandeln-
den Toten rufen an" oder so ähnlich.

Natürlich war und ist das für das Unternehmen kaum repräsenta-
tiv und es gab auch motivierte Mitarbeiter, aber mein Blick war entsprechend getrübt. Verwundert nahm ich damals die Poster in den
Büros zur Kenntnis, die bei Alkohol-, Drogen- oder Eheproblemen
rieten, eine bestimmte Telefonnummer anzurufen.

Meine Tätigkeit im Telekommunikationsunternehmen machte mir
anfangs großen Spaß. Ich nannte im Großraumbüro eine abgeteilte
Nische und drei Computer mein Eigen, an denen ich gleichzeitig
arbeitete. Klingt herausfordernd, war es im Grunde aber kaum. Meine
Hauptaufgabe bestand darin, im EDV-System hängengebliebene Aufträge per Hand zu erledigen. Damals kündigten sehr viele Kunden
ihre analogen Festnetzanschlüsse zugunsten von digitalen. Es gab
viel zu tun, denn ein neuer Hochgeschwindigkeits-Internetzugang
trat seinen Siegeszug an. Mit den Technikern oder Kunden hatte ich
keinerlei Kontakt, alle meine Aufträge erhielt ich auf elektronischem
Weg. Eigentlich war ich für eine andere Abteilung vorgesehen, doch
an meinem ersten Arbeitstag hatte man dort noch keinen Platz für
mich. Also wurde ich in ein anderes Team eingeteilt. Der Teamleiter
arbeitete mich etwa eine Stunde lang ein, danach hatte er keine Zeit
mehr für mich. Den Rest brachte ich mir im Laufe des Tages selber
bei. Bezüglich mir unbekannter Abkürzungen und Fachbegriffe wand-
te ich mich an meine Kollegen. Im Grunde musste man kein Genie
sein, sondern lediglich logisch denken können.

An meinem zweiten Tag arbeitete ich eine neue Kollegin ein.
Davon beeindruckt weigerte sich der Teamleiter, mich wieder abzugeben. Mir war alles recht, denn mein Einsatz hier war lediglich die
Grundlage für meinen Traum, selbständig zu arbeiten und gleichzeitig die Welt zu einem besseren Ort zu machen. So bediente ich meine Computer wie eine Krake ein Kontrollpult: Mein Blick fiel abwechselnd auf die Monitore, während meine Hände unablässig Tas-
taturen und Computermäuse tauschten.

Ich tauchte so tief in die digitale Welt ein, dass ich anfing, emoti-
onslos und rein logisch zu denken und zu handeln, was mir äußerst
leicht fiel. Nach einer längeren Phase konzentrierter Arbeit und spe-

ziell nach Feierabend benötigte ich mindestens eine Viertelstunde, um wieder an einem privaten Gespräch teilhaben zu können.

Neben meiner Aufgabe entdeckte ich schnell einen Chat, zu dem viele Mitarbeiter bundesweit Zugriff hatten. Dort war ich nebenher rege aktiv, schließlich wollte ich mich ein wenig ablenken. Es kam so weit, dass ein Mitarbeiter in meinem Büro einen Witz erzählte und ich tatsächlich „lol" antworten wollte anstatt zu lachen. „Lol" ist die Abkürzung von „laughing out loud", zu Deutsch: laut loslachen. In einem Chat verrät man damit, dass man lauthals lacht.

Obwohl ich mich mit nahezu jedem Kollegen unterhielt, wollte ich keine engen Freundschaften aufbauen. Es lohnte sich meiner Meinung nach nicht, da ich nur vorübergehend hier war.

In den ersten Monaten bereitete mir die Arbeit Freude, da ich fast täglich etwas Neues lernte. Ich fragte viel und wollte auch Dinge außerhalb meines eng abgegrenzten Arbeitsbereichs wissen. Mich interessierten die Technik und übergeordnete Zusammenhänge.

Manchem Kollegen schien ich ein Dorn im Auge zu sein: Ich war jung, ging mit Computern wie selbstverständlich um und lernte schnell. Ich geriet in einen Konkurrenzkampf, denn das Unternehmen baute beständig Arbeitsplätze ab. Damals konnten Leiharbeiter maximal zwölf Monate bei einem Kunden eingesetzt werden, danach mussten sie wechseln oder aber vom Kunden fest angestellt werden. Ich hatte nicht vor, länger als nötig zu bleiben, dennoch schien manch ein Kollege die letztgenannte Möglichkeit in Betracht zu ziehen.

Zudem fiel es mir schwer, Dinge, die mich störten, beim Namen zu nennen, und einige Kollegen fanden sicherlich keinen rechten Zugang zu mir. Geschweige denn, dass sie mich einordnen konnten. Heute sehe ich, dass viele Missverständnisse meiner damals unausgegorenen Form der Kommunikation geschuldet waren.

Als äußerst schlimm empfand ich das Mobbing innerhalb unseres Teams. Das Ziel war Miriam, eine Kollegin, die zugegebenermaßen etwas schwierig und mitunter auch nervig war. Aus irgendeinem Grund mochte sie mich vom ersten Tag an. Fast alle Teammitglieder hackten auf ihr herum, wenn der Leiter nicht anwesend war. War er es, wurden ihre Fehler in einer Lautstärke gerügt, dass es der Teamleiter nicht überhören konnte, selbst wenn er es gewollt hätte. Miriam war verunsichert und bemühte sich, keine weiteren Fehler zu machen. Doch diese waren vorprogrammiert, da sie sich immer mehr verkrampfte.

Meine Arbeitszeit begann um 7 Uhr 15, ihre eine Viertelstunde früher. Eines Morgens betrat ich das Großraumbüro und musste mitansehen, wie Miriam aufgrund eines Heulkrampfs am ganzen Körper bebte und zitterte.

Meine Motivation erreichte ihren Tiefpunkt, zudem langweilte mich meine Arbeit zusehends. An jedem Tag erledigte ich das Gleiche und die Eintönigkeit setzte mir zu. Ich konnte die Pausen kaum erwarten und hangelte mich – wie bereits gewohnt – von einem Wochenende zum nächsten. Ich war körperlich, geistig und seelisch erschöpft. Leer und ausgepumpt. Ich beobachtete meine Kollegen, schaute mich im Großraumbüro um und fühlte mich wie in einem Gefängnis. Es war eindeutig: Ich gehörte nicht hierher. Am liebsten hätte ich laut geschrien, nur um zu hören, dass ich noch am Leben war. Wir waren Zombies, die zur Arbeit schlurften und hirnlose Tätigkeiten ausführten.

Seit sechs Monaten war ich im Unternehmen, hatte erst die Hälfte meines Einsatzes absolviert. Privatleben fand so gut wie nicht mehr statt, da ich entweder arbeitete oder schlief. Bereits sonntags sank meine Laune, da mich meine Arbeit ankotzte. Sinn des Lebens, wo bist du?

Am Ende meiner Kräfte

Eines Tages war ich zu Fuß in meinem damaligen Heimatort unterwegs, als ich plötzlich mein linkes Knie nur noch unter großen Schmerzen bewegen konnte. Ich war weder umgeknickt, noch hatte ich mich im Vorfeld in irgendeiner Form verletzt.

Am nächsten Tag humpelte ich zur Arbeit. Das betroffene Bein musste ich angewinkelt lassen, damit es nicht weh tat. In der Mittagspause suchte ich einen Orthopäden auf. Er röntgte das Knie, verschrieb mir ein Medikament und ließ mir einen Verband anlegen. Auf meinen Wunsch hin konnte ich mir im Sanitätshaus Krücken ausleihen. Die Schmerzen blieben in den nächsten Tagen unverändert und so suchte ich immer wieder den Arzt auf. Zu Gesicht bekam ich ihn nicht, lediglich der Verband wurde erneuert. Das wiederholte sich mehrere Male. „Wenn's schlimmer wird, machen wir ein Läppchen drum", sagte ich halb im Scherz zur Arzthelferin, die wieder einmal mein Knie neu umwickelte. Sie konnte darüber nicht lachen.

Eines Tages platzte mir der Kragen: Ich verlangte unverzüglich den Arzt zu sprechen. Endlich saß er mir gegenüber, studierte das Röntgenbild und fragte, ob ich die Tabletten eingenommen hätte. Ich verneinte, denn alleine mit der Hälfte der möglichen Nebenwirkungen ließen sich ganze Arztpraxen füllen. Der Kabarettist Volker Pispers sagte einmal sinngemäß, Ärzte würden sich ihren eigenen Bedarf schaffen.

Nun war es an mir, Fragen zu stellen. Mich interessierte, was es mit den Schmerzen auf sich hatte. Der Arzt blickte mich an und sagte, es sei Verschleiß. Ich konnte nicht anders, sondern lachte ihn aus und zählte auf: Ich war 21 Jahre alt, arbeitete nicht auf dem Bau und machte keinen Extremsport. Woher soll ein Verschleiß stammen? Eine Antwort darauf erhielt ich nicht, dafür wurde ich unwirsch mit einer Überweisung ins Krankenhaus hinauskomplimentiert: Ich müsse eben operiert werden. Ich fragte mich, ob der Arzt heimlich meine Medikamente eingenommen hatte und daher an einer Nebenwirkung litt. Er konnte nicht sagen, was mir fehlt, war sich jedoch sicher, dass ich operiert werden muss. Der war doch nicht mehr bei Verstand. Die Überweisung entsorgte ich im Altpapier – wo sie meiner Meinung nach hingehörte – und humpelte in die Praxis eines Allgemeinmediziners einige Häuser weiter. Dieser blickte mich an und vermutete sofort einen Unfall. Unter vier Augen machte ich ihm klar, dass ich bereits seit Wochen mehr oder weniger medizinisch behandelt worden sei und ich nun die Sache selber in die Hand nehmen wolle. Nein, er dürfe mich nicht behandeln, sondern lediglich zwei Wochen krankschreiben. Der Arzt stellte keine weiteren Fragen, sondern überreichte mir die Arbeitsunfähigkeitsbescheinigung. Bisher hatte ich wegen der Knieschmerzen keinen Arbeitstag versäumt.

In den nächsten Tagen besuchte ich Thomas im Gesundheitsladen, den er zusammen mit Markus betrieb. Thomas hatte ich durch sein Buch kennengelernt, als es Area 2000 noch gab. Wir stellten es in einer Ausgabe vor und später organisierte ich für ihn einen Vortrag in meinem Heimatort. Sein Wissen beeindruckte mich zutiefst, zudem hatte er eine Ausbildung als Kinesiologe absolviert und früher eine eigene Praxis betrieben. Vielleicht konnte er mir bei meinem Problem helfen.

Jedes Mal, wenn ich während der Autofahrt mein linkes Bein einsetzen musste, durchzuckten mich stechende Schmerzen. Im Laden angekommen stellte ich erfreut fest, dass Nadine, Thomas Ehefrau, ebenfalls anwesend war. Ich mochte die beiden, denn sie verstanden mich und ich konnte offen reden. Dadurch kam ich mir weniger wie ein Sonderling vor. Es gibt eben mehr zwischen Himmel und Erde, als in den Schulbüchern steht oder in den Abendnachrichten erwähnt wird. Darüber hinaus konnten sie meinen Wunsch nach selbständigem Arbeiten und meine Träume verstehen.

Während unseres Gesprächs fragte mich Thomas, was momentan mein größter Wunsch sei. Wie aus der Pistole geschossen antwortete ich, dass ich nicht mehr zur Arbeit gehen wollte, womit ich meinen Job beim Telekommunikationsunternehmen meinte. Amüsiert stellte Thomas fest, dass mein Wunsch sich erfüllt hatte. Schließlich konnte ich nicht mehr zur Arbeit gehen, weil ich humpelte. Ich solle mehr auf meine Gedanken acht geben, denn diese hätten Einfluss auf meine Realität. Ich bekam eine energetische Behandlung, wobei ich nicht genau wusste, was Thomas tat. Ich vertraute ihm. Meine Schmerzen wurden schwächer, bis sie nach einigen Tagen vollkommen verschwunden waren: Ich konnte wieder laufen.

Blieben immer noch die Probleme in meinem Job. Doch zunächst stand Urlaub an, in dem ich mich einem Nebenjob widmete: Es war mittlerweile Dezember und ich las die Gaszähler für den regionalen Energieversorger in meinem Heimatort ab. Dafür hatte ich mir die mit Abstand kältesten Tage in diesem Monat ausgesucht. Ich kam abends dermaßen verfroren nach Hause, dass meine Ohren und sämtliche Knochen schmerzten – egal wie viele Schichten Kleidung ich trug. Dennoch biss ich die Zähne zusammen, denn ich brauchte das Geld dringend. Zum Glück half mir mein Onkel, denn alleine hätte ich es nicht geschafft. Im Grunde wäre es auch Zeit gewesen, mich zu erholen und innezuhalten. Jedoch standen die Feiertage vor der Tür, die ich dazu nutzen wollte. Über Weihnachten konnte ich nicht arbeiten, da alle Welt frei hatte, und ich schloss mich einfach an.

Zunächst fand in der Niederlassung des Zeitarbeitsunternehmens eine gemütliche und überraschend familiäre Weihnachtsfeier statt. Die Leiterin trug eine Schürze und backte wie eine Weltmeisterin ultra-leckere Waffeln. Sie freute sich, wenn wir aßen, und wirkte ein wenig traurig, wenn wir satt abwinkten. Die meisten meiner Zeitarbeitskollegen kannte ich nicht, da sie in anderen Unternehmen eingesetzt waren. Daher hatten wir uns viel zu erzählen. An diesem Abend fühlte ich mich etwas weniger alleine.

Der Trost wirkte nur kurz. Im neuen Jahr war ich mit dem alten Lied oder besser gesagt Leid konfrontiert. Ich stumpfte an meiner Hauptarbeitsstelle zusehends ab, es gab für mich nichts Neues zu lernen. In meiner Verzweiflung hatte ich bei anderen Teams ausgeholfen, nur um aus meinem tristen Aufgabengebiet herauszukommen.

Miriam ging es mit der Arbeit immer noch schlecht und ein Kollege versuchte, mich für das weitere Mobbing zu rekrutieren. Ich machte ihm klar, dass er eine ebenso kleine Nummer wie ich in dem Konzern war und mich seine Spielchen nicht interessieren würden.

Schließlich wurde ich öfter krank: Zunächst bekam ich Erkältungen, dann die bislang schlimmste Mandelentzündung meines Lebens. Die körperlichen Leiden sorgten dafür, dass ich jeweils einige Tage zu Hause bleiben musste. Meine Wohnung sah mittlerweile katastrophal aus, da ich kaum Kraft für die Hausarbeit hatte. So konnte es nicht mehr weitergehen. Das Chaos drohte mich zu verschlucken. Ich hielt immer engeren Kontakt zu Thomas und seinem damaligen Geschäftspartner Markus, dessen Haus die beiden Familien bewohnten. Ich war dort immer öfter Gast und langsam sah ich in Thomas einen älteren Bruder.

Eines Abends fühlte ich mich dermaßen ausgelaugt, deprimiert und orientierungslos, dass ich zu Markus fuhr. Unter vier Augen gestand ich, dass ich hin und wieder depressive Phasen durchlitt, in denen ich am Sinn des Lebens zweifeln würde. Erstmals sprach ich dies offen aus. Markus reagierte äußerst verständnisvoll. Kurzerhand blieb ich über Nacht, da ich ihn am nächsten Tag auf einen geschäftlichen Termin begleiten konnte. Wir nutzten die Zeit für weitere Gespräche und erstmals fühlte ich, wie ein Teil der zentnerschweren Last von mir abfiel. Dennoch bat ich um Verschwiegenheit.

Schnell kam ich zu dem Entschluss, den Sprung in die hauptberufliche Selbständigkeit zu wagen, denn der Spagat drohte mich zu zerreißen. Daher suchte ich das Gespräch mit der Niederlassungsleiterin des Zeitarbeitsunternehmens und erklärte ihr, dass ich nicht weiterarbeiten könne. Ich erzählte von den Zuständen dort und machte sie darauf aufmerksam, dass ich in den letzten Wochen mehrfach erkrankt sei. Natürlich behielt ich für mich, dass es sich dabei meist um Erkältungen gehandelt hatte. Ich sei dem emotionalen Druck und dem Mobbing nicht mehr gewachsen und würde in Zukunft aus diesem Grund noch mehr Fehlzeiten anhäufen. Daher bat ich um die Kündigung, was sie fristgerecht erledigen wollte. Ich hätte demnach noch einen vollen Monat zur Arbeit gehen müssen. Mit aller Deutlichkeit machte ich ihr klar, dass ich keine fünf Wochen mehr überleben, sondern eher aus dem Fenster springen würde.

Damals glaubte ich wirklich, ich würde eine kranke Seele vortäuschen, doch in Wahrheit war ich vollständig ausgebrannt und mit den Nerven am Ende. Den Begriff „Burnout" hatte ich noch nie gehört und wenn doch, hätte ich ihn nicht auf meine Situation bezogen. Ich glaubte tatsächlich, ein sehr guter Schauspieler zu sein, ohne zu begreifen, dass ich keine Rolle spielte, sondern mein wahres Selbst präsentierte. Die Filialleiterin war geschockt und willigte ein, die Kündigung vorzudatieren. Somit musste ich nur noch eine Arbeitswoche ableisten.

Lediglich acht Monate hatte ich durchgehalten und eine leise innere Stimme schalt mich einen Versager. Doch nun war der Weg für meine großen Ziele frei. Zunächst begann jedoch eine Odyssee.

Meine neue Familie

Meine Zeit im Heimatort ging dem Ende zu. Das spürte ich deutlich. Daher suchte ich mir eine Wohnung, die näher an dem Wohnort von Thomas und Markus lag. Im Ladengeschäft bezog ich ein Büro und übernahm Aufgaben im Unternehmen der beiden. Ich schrieb die Rechnungen und brachte die Ware auf den Weg zu den Kunden, wie ich das für meinen Vertrieb tat. Zu spät erkannte ich die Mängel meiner neuen Wohnung und zog daher notgedrungen bei Markus ein.

Wir lebten nun alle unter einem Dach und zunächst freute ich mich über den engen Anschluss. Die Kontakte zu meiner leiblichen Familie wurden spärlicher. Einerseits aus Zeitgründen, andererseits weil ich mich dort unverstanden und fremd fühlte. Leider kam es Monate später zum Bruch zwischen Thomas und Markus. Für mich war es so, als würde meine Familie zerfallen, denn alles Vertraute war auf einmal weg. Was übrig blieb war Misstrauen, Ärger und Verbitterung. Es gab eine Situation, in der Thomas und Markus kurz vor einer körperlichen Auseinandersetzung standen.

Zunächst war ich äußerst traurig, verlor ich doch in meinen Augen eine Heimat. Weder ich noch andere Freunde und Bekannte konnten zwischen den beiden Parteien vermitteln. Was genau vorgefallen war, kann ich bis heute nicht mit Bestimmtheit sagen. Sicherlich werden beide Seiten Gründe für ihr Verhalten gehabt haben. Außer Trauer fühlte ich eine große Wut darüber, dass unsere höheren Ziele (wir wollten ja unsere Fähigkeiten und unser Wissen in den Dienst der Gesellschaft stellen) an unseren Egos und Eitelkeiten scheiterten. In mir war der Zweifel gesät worden, ob es überhaupt möglich ist, mit anderen zusammenzuarbeiten, oder ob ich meine Ziele alleine erreichen musste. Zwar verfügt eine Gruppe über unterschiedliche Charaktere und verschiedene Sicht- und Handlungsweisen, doch was nützt das am Ende? Kann ich nur mir selber vertrauen?

Unverrückbar stand fest, dass sich die Wege trennen würden und so musste ich mich für eine Seite entscheiden. Ich wählte Thomas und seine Frau Nadine, da ich zu den beiden einen stärkeren Bezug hatte. Zudem erschienen sie mir die Opfer der Streitigkeiten und in der schwächeren Position zu sein.

Sie kauften schließlich einen alten Bauernhof, bestehend aus einem Fachwerkhaus, einer Scheune und einem großen Garten. Hier bezog ich meine Wohnung und wieder war mein Wohnzimmer gleichzeitig das Büro. Beim Ladengeschäft und Vertrieb wurde ich der neue Partner, zudem kümmerte ich mich noch um mein eigenes Unternehmen und Thomas' Verlag. Gemeinsam wollten wir es schaffen, doch der Erfolg war mäßig. Die Einnahmen verpufften schnell, obwohl wir hin und wieder Erfolge verzeichnen konnten.

Der Zusammenhalt gab mir jedoch Kraft und so glaubte ich an unseren Durchbruch. Nach Feierabend hielt ich ab und an Vorträge, bei denen ich auch Ware verkaufte. Spät nachts kam ich nach Hause, um früh morgens wieder im Laden zu stehen. Auch ohne Vorträge gab es abends viel zu tun: Schließlich musste das Haus saniert, der Garten angelegt und gepflegt werden. Dazwischen immer wieder lange Arbeitstage.

Einmal habe ich bis 3 Uhr morgens die Buchführung erledigt, da sie mir keine Ruhe ließ. Ich liebte es zu arbeiten, während um mich herum alles schlief. Es machte mich nicht zu einem besseren Menschen, aber vielleicht war ich ein wenig fleißiger und leistungswilliger. Mein Wert war wie ein Aktienkurs: Je mehr ich leistete, umso höher notierte er. Private Bedürfnisse wurden mir zusehends fremder. Nur schwerlich konnte ich Freundschaften pflegen, an eine Beziehung war gar nicht zu denken. Damals glaubte ich, eine Frau könnte sich als Klotz am Bein erweisen, denn immerhin möchte sie Aufmerksamkeit. Die konnte ich ihr nicht bieten. Vielleicht in ein paar Jahren, wenn der Unternehmensaufbau abgeschlossen war. Zudem war kurz zuvor meine Beziehung mit Clara gescheitert. Ich hatte noch Zeit, denn immerhin war ich erst Mitte Zwanzig.

Mit meinem Vater hielt ich sporadisch telefonischen Kontakt, beim Rest der Familie ließ ich weder etwas von mir hören noch von mir sehen. Es kamen keine Fragen nach meiner Tätigkeit, was ich als mangelndes Interesse interpretierte. Familiären Halt bekam ich von

Thomas und Nadine. Besonders genoss ich unsere ausgedehnten sonntäglichen Frühstücke. Anfangs glaubten die neuen Nachbarn, ich sei der Sohn. Da dies aufgrund des Alters unmöglich war, wurde ich flugs zum Adoptivkind. Die engen Bande zwischen uns spürte das nahe Umfeld deutlich. Thomas war mein großer Bruder, dem ich vollends vertraute. Schon seit Jahren wünschte ich mir, lange Haare zu haben, doch traute mich nicht, sie wachsen zu lassen. Da Thomas seine Haare zum Pferdeschwanz trug, machte ich es ihm gleich. Dann gab es noch die Eltern von Thomas, die ich ebenfalls mochte. Bei vielen Familienfesten war ich Gast, wie auch zu Weihnachten. Auf meiner Geburtstagsfeier, die ich mit der von Thomas zusammenlegte, war seine Familie ebenso dabei. Sein Vater ist ein intelligenter Mann, der mich vielfach an seinen Lebens- und Berufserfahrungen teilhaben ließ. Zudem fand ich seinen Humor sehr ansprechend. Ich fühlte mich dazugehörig und häufig gab es anlässlich meiner Besuche meine Lieblingsspeisen und -getränke.

Nachdem wir uns mit den gemeinsamen Unternehmungen die ersten Jahre über Wasser gehalten hatten, war die Zeit für eine erneute Kursänderung reif. Mit unserem Handel und Ladengeschäft erreichten wir zu wenige Menschen. Thomas gab seinen Verlag ab und gründete ein Onlinemedium. Da wir uns durch Area 2000 kennengelernt hatten, bot er mir einen Posten als Redakteur an. Honorare könnten fließen, sobald die Aufbauarbeiten abgeschlossen seien. Ich war Feuer und Flamme und glaubte aus tiefstem Herzen an das Projekt. Wir müssten nur gemeinsam an einem Strang ziehen.

2005 gab ich im Alter von 25 Jahren mein bisheriges Unternehmerdasein auf und wurde freier Journalist – eine der besten Entscheidungen meines Lebens. So begann ich zu schreiben, knüpfte Pressekontakte und besuchte zusammen mit Thomas diverse Messen. Ich liebte es, kreativ tätig sein zu können, und gab mit Leidenschaft Vollgas. Da wir die erzielten Einnahmen in den Ausbau der Internetseite investierten, gab es lange Zeit kein Honorar.

So begann ich erstmals, Artikel für das Magazin raum & zeit zu schreiben. Einige Monate später bildete ich mich in der PR weiter und gewann kurz darauf meine ersten Kunden. Für einen Buchverlag schrieb ich beispielsweise Pressemitteilungen und vermittelte Interviews für die jeweiligen Autoren. Es war ein schönes Gefühl, für meine Arbeiten entlohnt zu werden. Dennoch glaubte ich weiterhin an das gemeinsame Projekt.

Ich gewann den Eindruck, dass es Thomas und Nadine missfiel, dass sie nicht meine ungeteilte Aufmerksamkeit und Arbeitskraft bekamen. Ausgesprochen wurde dies nie, aber es lagen Spannungen in der Luft.

Thomas und Nadine waren das Zentrum meines Universums und untrennbar mit meinem Leben verknüpft. Wir standen kurz vor dem Durchbruch, auch wenn es hin und wieder kleine Meinungsverschiedenheiten gab. Dabei war es gerade für mich eine wichtige Perspektive, nennenswerte Einnahmen zu schaffen, die wir dringender denn je benötigten. Mein Schuldenberg wuchs, da ich einigen Verpflichtungen nicht oder lediglich unpünktlich nachkommen konnte. Schon alleine aus diesem Grund musste ich mich auf meine eigenen Aktivitäten konzentrieren, wollte aber Thomas und Nadine nicht im Stich lassen.

Die beiden hatten viel für mich getan, wofür ich äußerst dankbar war und auch heute noch bin. Dennoch konnte es auf keinen Fall so weitergehen. Wir drehten uns im Kreis: Immer wieder wurde meine Hoffnung enttäuscht. Anfangs versuchte ich deswegen, mehr Arbeitsleistung zu bringen, denn gemeinsam würden wir es sicherlich schaffen. Mein Leben betrachtete ich mit einem Tunnelblick: Ich nahm nur noch die Arbeit wahr, alles andere war ausgeblendet. Echte Freude kannte ich nicht mehr, sondern erfüllte lediglich meine Pflichten.

Als ich mein Auto verkaufen musste, fühlte ich mich zusätzlich gefangen. Der alte Bauernhof lag in einem kleinen Dorf und ohne eigenes Fahrzeug kam ich kaum raus. Der Fahrplan des öffentlichen Verkehrs war lückenhaft, wie es in solchen Regionen üblich ist. An manchen Tagen hatte ich das Gefühl, am Computer zu kleben, so viel Arbeit gab es. Selbst nach Feierabend konnte ich ohne Auto und mit leerem Portemonnaie keine großen Sprünge machen. Eher überhaupt keine Sprünge. So freute ich mich auf den werktäglichen Weg zur Post, die etwa einen Kilometer entfernt war. Unterwegs konnte ich meinen Kopf kurzzeitig auslüften und frische Luft schnappen. Ein Teil des Weges ging über unbebaute, ungeschützte Flächen. Im Winter brannte der eiskalte Wind im Gesicht. Durch den Schmerz spürte ich, dass ich noch am Leben war.

Der Umgangston in meiner Ersatzfamilie wurde rauer, Nerven lagen blank. Es war wirklich an der Zeit, eigene Wege zu gehen, was mir immer deutlicher signalisiert wurde. Meine eigenen Projekte gingen reibungslos auf, während ich die Zusammenarbeit mit Thomas und Nadine als zähflüssig und klebrig empfand. Ständig verkrachten sich die beiden mit ehemals hoch gelobten Mitstreitern und wurden am laufenden Band betrogen. Schuld waren generell die anderen.

Finanziell erreichte ich Mitte 2007 meinen absoluten Tiefpunkt. Wenn ich auf diesem Pfad bliebe, würde ich untergehen. Daher raffte ich meinen Mut zusammen und eröffnete Thomas, das gemeinsame Projekt verlassen zu wollen. Mir war bewusst, dass ich Nägel mit Köpfen machen und daher auch ausziehen musste.

Thomas rastete aus, schmiss die Tür hinter sich zu und gab mir zu verstehen, dass ich das Projekt mit meinem Ausstieg gefährden würde, schließlich wären wir kurz vor dem Durchbruch, der nun fraglich sei. Schuldgefühle breiteten sich in mir aus. Es kam zu heftigen Wortgefechten, auch mit Nadine. Die beiden ließen ihre Masken fallen, ich erkannte meine „Familie" nicht mehr wieder. Zorn und Hass schlugen mir entgegen und eskalierten in einem Gespräch in der Küche. Thomas drohte mir unmissverständlich, er würde mich fertigmachen, wenn ich dem Projekt Konkurrenz eröffnen würde. Nadine stand neben dem Messerblock und einen Moment lang glaubte ich felsenfest, sie würde ein Messer herausziehen und auf mich losgehen. Ich fürchtete um mein Leben.

Als ich nach dem „Gespräch" in meinem Wohnbüro stand, zitterte ich am ganzen Körper. Ich war in einen Albtraum geraten und musste dringend aufwachen. Schließlich beruhigten sich zum Schein die Gemüter und Nadine war wie verwandelt. Sie „freute" sich, dass ich endlich auf eigenen Füßen stehe wolle, was auch Zeit würde. Sie konnte mich nicht mehr halten und das spürte sie vielleicht. Sie behandelte mich wie einen lange wohlbehüteten Sohn, der flügge wird.

Ich war bis ins Mark erschüttert und begann mich zu fragen, ob sie mir ihre Freundschaft nur vorgespielt hatten. Mochten sie mich wirklich oder war ich lediglich ein billiges Arbeitstier? Wir verabredeten, dass ich nach meinem Auszug weiterhin für die beiden tätig bleiben würde. Dabei wusste ich, dass ich mich von ihnen trennen musste. Dieser Schritt war überfällig. Dennoch erwähnte ich nichts in dieser Richtung und legte jedes meiner Worte auf die Goldwaage. Der emotionale Ausbruch in der Küche war mir lebhaft im Gedächtnis geblieben und ich wollte lediglich das Haus in einem Stück verlassen.

Mein Vater stand mir mit Geld zur Seite, damit ich mir eine eigene Wohnung suchen konnte. Diese fand ich schneller als gedacht. Ich wollte wieder in meinem Geburtsort wohnen, da ich mich dort bestens auskannte. Zu diesem Zeitpunkt hatte ich keine Kraft, mich an einem fremden Ort erst orientieren zu müssen. Für meinen Auszug peilte ich das Frühjahr 2008 an, da ich zunächst finanzielle Mittel sammeln und natürlich auch eine passende Bleibe finden musste. Als ich in Fulda einen Termin hatte, fragte ich bei Bekannten nach, wie ich eine Wohnung finden könnte. Ich hinterließ meine Telefonnummer und wenige Tage später erreichte mich der Anruf meiner heutigen Vermieterin.

Das Angebot kam viel zu früh, dennoch wollte ich mir keine Blöße geben. Schließlich konnte ich nicht einerseits behaupten, ich würde eine Wohnung suchen, um kurz darauf ein Angebot abzulehnen. Im Vorfeld hatte ich mir meine neue Heimat genau vorgestellt und auch die wichtigsten Attribute notiert, die die Wohnung haben sollte. An erster Stelle stand ein separater Büroraum, damit ich meine Arbeit nicht immer im Blick haben müsste und ich abends die Tür hinter ihr schließen könnte. Ich sagte zu, mir die Wohnung anzusehen. Es war aber unwahrscheinlich, dass sie meinen Vorstellungen entsprechen würde. Ich rechnete damit, lange suchen zu müssen.

Als ich die Wohnung besichtigte, überlief mich ein wohliger Schauer, der noch bis zur Rückfahrt mit dem Zug anhalten sollte. Die Örtlichkeiten waren exakt das, was ich mir vorgestellt hatte.

Die erste Hürde war jedoch der Einkommensnachweis, den ich nicht liefern konnte. Ich sah meine Felle davonschwimmen. Wieder war es Bärbel, die mir wertvolle Hinweise gab. So stellte ich mir im Geiste vor, den Briefkasten mit meinem Namen zu beschriften, und fing an, Kartons zu packen.

Nach einigen Tagen hatte ich die Ungewissheit satt. Es war Abend und ich sah mir eine DVD an. Genervt rief ich „Ich will die Wohnung jetzt!" und schlug mit der Faust auf die Sofalehne. Im selben Augenblick klingelte das Telefon und ich zuckte zusammen. Meine Vermieterin war am Apparat und ich stammelte vor mich hin. War ich bei der versteckten Kamera gelandet? Oder war ich auf dem Sofa eingeschlafen und hatte äußerst lebhaft geträumt? Die schmerzende Faust bewies jedoch, dass ich mich in der Realität befand. Angst machte sich breit, denn eine Absage hätte ich nicht verkraftet, und daher versuchte ich, am Telefon einen guten Eindruck zu machen. *Wenn ich weiter derart rumstottere, denkt sie bestimmt, ich sei betrunken oder habe Drogen genommen. Also reiß dich zusammen!* Sie habe mit ihrem Mann gesprochen und ich könne die Wohnung haben, wenn ich innerhalb von zwei Wochen einziehen würde. Sofort sagte ich zu, obwohl das finanzielle Problem noch im Raum stand. Zwei Monatsmieten Kaution konnte ich auf keinen Fall aufbringen. „Übrigens hat mein Mann gesagt, bei Ihnen nehmen wir nur eine Monatsmiete Kaution", bringt meine Vermieterin ungefragt zur Sprache. Wie, was? Ihr Mann hat entschieden? Er kannte mich nicht, wir waren uns bisher gar nicht begegnet! Mein Verstand ratterte, da er verstehen wollte, was vor sich ging.

Anscheinend war die Zeit reif und ich befand mich auf dem richtigen Weg. Thomas und Nadine waren nach meinem Empfinden weniger davon begeistert, dass plötzlich alles so schnell ging.

Endlich auf eigenen Beinen

Mitte Oktober 2007 erfolgte an einem Samstag der Umzug. Als ersten Raum richtete ich am Sonntag darauf das Büro ein, baute den Schreibtisch und Schränke auf, schloss Computer, Telefon und Fax an. Am Montag war ich einsatzbereit. Zeit, um in Ruhe anzukommen, hatte ich nicht, denn es mussten so schnell wie möglich Aufträge her. Denn erst wenn diese erledigt waren, konnte ich eine Rechnung stellen, die wiederum ein Zahlungsziel auswies.

So entstand aus der Not heraus mein Medienbüro, wobei ich den Schwerpunkt zunächst auf die PR legte. Damals betreute ich hauptsächlich kleine und mittelständische Verlage und Buchautoren. Als freier Journalist versuchte ich, in anderen Themenbereichen Kontakte zu knüpfen, um meine journalistische Tätigkeit klar abgrenzen zu können. Es ist unmöglich, in einer gewissen Sache PR zu betreiben und gleichzeitig als Journalist darüber zu berichten.

Zunächst war ich noch für Thomas und Nadine tätig, doch der vollständige Bruch war nur eine Frage der Zeit. Er erfolgte wenige Wochen nach meinem Auszug.

Ich unterstützte die beiden als „Kameramann" bei unserem letzten gemeinsamen Projekt. Bald darauf wollte ich die Rechnung stellen, doch Nadine eröffnete mir, ich könne nur ein Drittel der vereinbarten Summe bekommen, da sie sich verkalkuliert hätten. Kurz darauf telefonierten wir erneut, weil sie in wenigen Tagen in Fulda einen Geschäftstermin hatte, den ich für sie eingefädelt hatte. Nadine wollte wissen, ob wir uns vorher treffen könnten. Sie wusste, wie sehr ich Zucchini liebe, und sie hatte viele davon im eigenen Garten geerntet. Alleine mit Thomas konnte sie sie nicht aufessen und wollte mir deshalb welche mitbringen. Über das Angebot freute ich mich sehr, denn in meinem Kühlschrank war die gähnende Leere Dauergast. Doch unvermittelt und von einer Sekunde auf die andere änderte sich Nadines Tonfall, ganz so, als hätte ich eine andere Person am Apparat. Sinngemäß meinte sie, dass sie (Thomas und Nadine) bei Leuten, die ihnen Geld schulden würden, bald massiver vorgehen müssten. Geschockt beendete ich das Gespräch, ging für zwei Minuten in mich und rief zurück. Sie bestätigte mir, mich gemeint zu haben. Anscheinend waren die beiden in einem finanziellen Engpass und darüber hinaus der Meinung, ich sei in Bezug auf Miet- und Nebenkosten ein säumiger Schuldner.

Mitte Dezember erhielt ich eine schriftliche Mahnung per Fax. Nadine wünschte mir noch „schöne Feiertage und einen guten Start ins neue Jahr". In der nächsten Nacht – es war an einem Samstag – ratterte mein Faxgerät erneut. Wieder schickte Nadine mir eine Zahlungsaufforderung, dieses Mal in einem anderen Zusammenhang. Auf eine Anrede verzichtete sie und sie hatte beschlossen, mich zu siezen. Sie drohte mir mit einem gerichtlichen Mahnverfahren. Die anfallenden Mehrkosten wolle sie mir gerne ersparen, aber auf die Mahngebühr in Höhe von fünf Euro konnte sie anscheinend nicht verzichten. Meine jahrelange Treue und meine erbrachten Dienste waren nichts mehr wert. Ich hielt den schriftlichen Beweis in den Händen, dass unsere Freundschaft in den letzten Jahren eine Illusion gewesen war.

Es stimmte mich äußerst traurig, dass am Ende jeder Krümel aufgerechnet wurde nach dem Motto „was habe ich für dich getan und wie wenig habe ich dafür bekommen". Gemeinsam hatten wir bisher am gleichen Strang gezogen und ich etliche unvergoltene Arbeitsstunden für den Verlag von Thomas geleistet. Ich hatte sie gerne „für die gute Sache" investiert und wäre nie auf die Idee gekommen, sie im Nachgang berechnen zu wollen – auch im Streit nicht. Wir hatten so viel füreinander getan und uns gegenseitig auf derart vielfältige Weise geholfen, dass es unmöglich war, dies unter monetären Gesichtspunkten auseinanderzudröseln.

Zunächst wollte ich härter arbeiten, um die Forderungen so schnell wie möglich begleichen zu können, doch kurz darauf wurde mir klar, wie ungerechtfertigt sie waren. Als ich nachrechnete, wem noch welches Geld zustand, kam ein Guthaben zu meinen Gunsten heraus, und dies teilte ich den beiden mit, wenn ich mich recht erinnere. Daraufhin hörte ich nie wieder etwas von Thomas und Nadine.

Dennoch litt ich unter furchtbarer Angst, sie könnten mir auflauern oder plötzlich vor meiner Tür stehen. Daher schaute ich mich oftmals nervös um, wenn ich in der Stadt unterwegs war. Noch einige Jahre sollten mich Albträume die beiden betreffend begleiten. In den meisten von ihnen bin ich bei Thomas und Nadine mit meinem heutigen Wissen, dass sie mir etwas vorspielen, „gefangen". Ich kann nicht ausziehen, sondern muss noch lange Zeit bei ihnen bleiben. Dabei muss ich höllisch auf der Hut sein, damit die beiden nichts von meinen wahren Gefühlen merken. Wenn ich aus einem solchen Albtraum nach Luft schnappend erwache, fühlt sich mein Herz an, als würde es in einem Schraubstock festklemmen.

Damals fühlte ich mich gejagt und musste dennoch funktionieren, um Geld zu verdienen. Nachdem ich die erste Miete gezahlt hatte, wusste ich nicht, wie ich dies in den nächsten Monaten tun sollte. Ich kam mir wie ein Verräter vor, der sich eine Wohnung erschlichen hat und dann nicht zahlen kann. Meine Vermieter sind sehr nett und ich wollte auf keinen Fall ihr Vertrauen missbrauchen. Daher wurde ich unsichtbar, verhielt mich so unauffällig wie möglich. Mitbewohner im Haus rätselten, ob ich bereits eingezogen war oder nicht. Man sah und hörte nichts von mir. „Jetzt bloß keine falsche Bewegung machen" war mein Mantra. Dann der Schock. Ich erfuhr, wer mein Vermieter war: Der vorsitzende Richter des hiesigen Landgerichts. Mit ihm wollte ich es mir auf keinen Fall verscherzen. Ergo haute ich rund um die Uhr in die Tasten, arbeitete von früh bis spät, wickelte mehrere Aufträge ab.

Die Rechnungsbeträge beliefen sich meist auf wenige hundert Euro und reichten kaum, um die Kosten zu decken. Immer mehr Gläubiger meldeten sich und übten Druck auf mich aus. Manchmal überwies ich einen Euro, nur um ein Lebenszeichen zu senden und meine Zahlungsbereitschaft zu signalisieren.

Die finanzielle Luft war mehr als dünn, was man auch an meinem Speiseplan ablesen konnte. Für 1,99 Euro erstand ich zehn Kilogramm Kartoffeln. So gab es häufiger Bratkartoffeln mit nichts oder Nudeln mit Pesto zum Abendbrot. Als Frühstück diente mir wochenlang Brot aus dem Vortagsladen oder die günstigste Müslisorte. Ab Mittwoch wurden die Lebensmittel knapp, denn erst am Freitag ging ich zum Supermarkt. Für einen Wochenendeinkauf standen mir 15 Euro zur Verfügung und es entwickelte sich zum Hochgenuss, sich richtig satt zu essen. Dringend benötigtes Büromaterial sparte ich mir sprichwörtlich vom Munde ab, wenn ich es überhaupt kaufen konnte. Einmal verfügte ich nur noch über wenige Blätter Papier für meinen Drucker und teilte sie mir daher strikt ein. Ausdrucke für interne Zwecke verkniff ich mir weitestgehend oder nutzte dafür die Rückseite von bereits gebrauchten Blättern. Dennoch lieh ich mir jeden Samstag Filme in der Videothek aus. Dies war meine Art zu feiern, dass ich wieder eine Woche überlebt hatte.

Die Festplatte meines Computers gab immer öfter ein merkwürdiges Knacken von sich. Jedes Mal blieb mir vor Schreck fast das Herz stehen. Wenn der Rechner nicht mehr funktionierte, konnte ich nicht mehr arbeiten, und es wäre mir unmöglich gewesen, einen neuen zu kaufen. Selbst eine gebrauchte Festplatte hätte ich mir auf keinen Fall leisten können. Kurz zuvor hatte ich für etwa 40 Euro einen gebrauchten Laserdrucker erstanden, der das Investitionsbudget bereits vollständig verschlungen hatte. Ich schämte mich in Grund und Boden, derart haushalten zu müssen. Es fehlten eindeutig Möbelstücke, anfangs konnte ich noch nicht einmal Lampen aufhängen. So begleitete mich eine Schreibtischlampe abends von einem Raum in den anderen.

Zeit für private Kontakte hatte ich nicht, zudem würde ich keinen Besucher in meine Wohnung lassen. Meine Armut wäre sofort ersichtlich. So verbrachte ich auch die ersten Feiertage alleine: An Weihnachten 2007 schaute ich DVDs (allesamt Horrorfilme), an Silvester betrachtete ich das Feuerwerk aus meinem Küchenfenster und Ostern 2008 baute ich mir im Wohnzimmer aus Bananenkisten und einer Holzplatte einen provisorischen Tisch. Dort saß ich nun an einem Uralt-PC und spielte an zwei Tagen ein Computerspiel durch.

Morgens wachte ich mit Existenzsorgen auf, die mir den ganzen Tag keine Ruhe ließen und mit denen ich nachts einschlief. Neben der Angst vor Thomas und Nadine fürchtete ich, meine Wohnung zu verlieren. Vor allem fühlte ich mich schuldig, meine Vermieter menschlich zu enttäuschen, denn schon bald würde alles auffliegen. Eines Morgens sah ich keinen anderen Ausweg, als beim Amt für

Arbeit & Soziales vorstellig zu werden. Die Sachbearbeiterin schien nicht zu verstehen, warum ich mich wie ein Wurm am Haken wand. Mein Antrag wurde schnell bearbeitet und ich leicht getadelt, warum ich mich erst so spät gemeldet hätte. Schließlich hätte man mir bei der Gründung meines Medienbüros unter die Arme gegriffen. Doch ich schämte mich zu lange, denn bereits, als ich bei Thomas und Nadine gewohnt hatte, erhielt ich einige Monate lang Arbeitslosengeld II, obwohl ich von früh bis spät schuftete. Diese Schande wollte ich nicht noch einmal auf mich nehmen und der Welt beweisen, dass ich auf eigenen Beinen stehen konnte.

Doch es gab auch diverse Hoffnungsschimmer. Im Frühjahr 2008 kamen erste Gespräche mit der Geschäftsleitung einer Tageszeitung zustande, in denen wir ein gemeinsames Projekt skizzierten. Zuvor konnte ich einen Artikel in einer Sonderveröffentlichung platzieren.

Bis das gemeinsame Projekt in Angriff genommen werden konnte, gingen noch Monate ins Land. Doch ich hatte keine Zeit mehr zu warten, sondern musste handeln.

Eines Tages fiel es mir morgens schwer aufzustehen. Bleigewichte zogen mich nach unten und anstatt in den Tag zu starten und den Kampf mit meiner Arbeit auszufechten, blieb ich liegen und starrte die Zimmerdecke an. Es war alles so sinnlos, meine Situation verfahren und ausweglos. Den vor Jahren abgebrochenen Kontakt zu meiner Familie hatte ich nicht wieder aufgebaut. Dazu hatte ich weder Zeit noch Lust verspürt. Im Gegenteil: Ich wollte niemanden sehen oder hören – vor allem, da ich mein Scheitern hätte eingestehen müssen.

Mein lähmender Zustand hielt ungefähr eine Woche an, danach hatte ich mich wieder gefangen. Es nützte nichts, ich musste weiter funktionieren. Wenn ich nur lang genug durchhielt, würde ich es schaffen. Ich war kurz vor meinem Ziel.

Dann traf ich Tamara. Wir kamen ins Gespräch, obwohl ich ihr lieber aus dem Weg gegangen wäre. Schnell stellten wir fest, dass wir beide freiberuflich in der PR tätig waren. Wenig später fragte sie mich, ob ich bei einem Großkunden mit einsteigen mochte. Zunächst zögerte ich, da ich mich nicht für qualifiziert genug hielt.

Doch mit gutem Zureden überzeugte mich Tamara und ich war sicher, nun am Ziel zu sein.

Das erste Mal in meiner freiberuflichen Laufbahn stellte ich in der Folgezeit so hohe Rechnungen aus wie noch nie und somit bezog ich nur drei Monate Arbeitslosengeld II. Es war ein erhabenes Gefühl, dem Amt für Arbeit & Soziales mitteilen zu können, keine weitere Hilfe mehr zu benötigen. Tamara war genau im richtigen Augenblick in mein Leben getreten, denn einige Gläubiger wollten ernst machen und hätten mir dadurch die eidesstattliche Versicherung aufgedrängt. Meine Selbständigkeit wäre damit beendet gewesen, da der Offenbarungseid in der Schufa eingetragen worden wäre. Jetzt war ich in der Lage, allen meinen Verpflichtungen nachzukommen, und ich einigte mich schnell auf Ratenzahlungen oder handelte gar Nachlässe aus. Mein Schuldenberg fiel in sich zusammen.

Vom ersten Geldeingang kaufte ich mir ein Notebook. Ab diesem Zeitpunkt verzichtete der PC darauf, komische Geräusche von sich zu geben, und er ist Jahre später noch in meinem Büro im Einsatz. Hatte ich etwa meine Existenzängste auf den Computer projiziert?

Erstmals konnte ich mir persönliche Wünsche erfüllen, ohne im Vorfeld nachdenken zu müssen, ob ich sie mir leisten konnte. Gefielen mir einige DVDs, so kaufte ich sie einfach. Da ich mich körperlich nicht in der Mitte fühlte, erstand ich natürliche Nahrungsergänzungen, wie beispielsweise Algentabletten, für mehrere hundert Euro. Eine meiner damaligen Geschäftsbanken fragte, ob ich nicht eine goldene Kreditkarte haben möchte. Ja, warum denn auch nicht? Als mir zu Hause die Decke auf den Kopf fiel, meldete ich mich spontan im Fitnessstudio an. Beim Verkaufsgespräch fragte mich der Berater, was meiner Meinung nach die Angebote des Studios im Monat kosten dürften. Keine andere Frage hätte uninteressanter sein können. Es war vollkommen egal. Ich meldete mich an und kaufte umgehend neue Sportschuhe.

Noch nie zuvor konnte ich das Geld dermaßen fließen lassen und ein Ende schien nicht in Sicht. Im nächsten Monat würde ich noch mehr verdienen. Ich analysierte meine Einnahmen genau und rechnete mir Steigerungsraten aus, die ich zu erfüllen gedachte.

Wenn ich nicht arbeitete, schwitzte ich an mindestens zwei Abenden pro Woche im Fitnessstudio. Ich notierte meine Fortschritte haarklein und absolvierte jedes Training mit grenzenlosem Ehrgeiz. Meine Gedanken drehten sich dabei häufig um die Arbeit und so saß ich nach dem Sport auch zu später Stunde noch am Schreibtisch. Nichts konnte mich aufhalten. Sogar mit hohem Fieber trainierte ich weiter, alles andere wäre einer Kapitulation gleichgekommen. Der Plan musste erfüllt und ich körperlich in Hochform gebracht werden.

Mein Arbeitspensum schoss weiter in ungeahnte Höhen. Manche Menschen benötigen Heroin oder andere Drogen für einen Trip. Mein Rauschmittel war die Arbeit. Ich war gut drauf, unschlagbar, unfehlbar. Die Dosis musste ich immer weiter erhöhen, wenn sie mich befriedigen sollte.

Weitere Kunden folgten, sodass mein Auftragsbuch bald überquoll. Selbst das von mir tot geglaubte Projekt mit der Tageszeitung nahm Gestalt an und wurde im Spätsommer schließlich umgesetzt.

Doch wenige Wochen zuvor durchlief ich die zweite Krise. Ich fühlte mich ausgelaugt und chronisch müde, was selbst Tamara auffiel. Wir sahen uns zwar regelmäßig persönlich, aber ein Großteil unserer Kommunikation verlief telefonisch oder per E-Mail.

Eigentlich wollte ich nach einer Besprechung zurück nach Hause in mein Büro, doch Tamara legte mir nahe, das schöne Wetter zu genießen. Diesen kleinen Anstoß benötigte ich, um aus dem Tun herauszukommen – und wenn es nur für wenige Stunden war. Ich kaufte einen Roman und las darin auf einer Bank im Schlosspark. Am nächsten Tag stürzte ich mich wie gewohnt in die Arbeit. Besonders bei Tamara legte ich großen Wert darauf, Pluspunkte zu sammeln und vor allem meine Dankbarkeit zu zeigen. So tat ich ihr gerne kleine Gefallen, wie einen neuen Drucker anzuschließen und dergleichen. Fast jeden Tag fürchtete ich mich davor, einen großen Fehler zu machen, sie zu enttäuschen oder gar als Hochstapler aufzufliegen. Meine Müdigkeit verdrängte ich, verschwendete einfach keinen Gedanken mehr daran. Wenn ich mein Tempo beibehielt oder vielleicht sogar noch ein wenig steigern könnte, wäre ich in wenigen Monaten komplett schuldenfrei.

Im November 2008 war das Projekt für die Tageszeitung in vollem Gange. Erstmals lieferte ich den Inhalt einer vollständigen Seite: einen ausführlichen Bericht, zwei Nachrichtenmeldungen. Ich hatte die Preise für das Gewinnspiel organisiert und für die Rubrik „Expertenrat" ein Kurzinterview geführt. Dies sollte nun alle zwei Wochen so sein, wobei alleine die Vorarbeiten etliche Stunden verschlangen. Wochen zuvor besuchte ich für das Projekt mehrere Tage die Games Convention und führte von früh bis spät Gespräche und verfolgte zahlreiche Präsentationen.

Doch langsam schwanden meine Kräfte: Ich schaffte es kaum noch, die Arbeiten für den Großkunden pünktlich zu erledigen, geschweige denn die diversen Aufträge zwischendurch. Mein Kartenhaus drohte einzustürzen, denn erstmals war es mir unmöglich, mein Arbeitspensum zu bewältigen.

Daher stellte ich eine Schreibkraft ein, die mich zehn Stunden pro Woche unterstützte. Ohne ihre Hilfe wäre ich noch tiefer im Chaos versunken, obwohl das kaum vorstellbar war. Im Grunde war ich nur noch eine seelenlose Hülle, die mehr schlecht als recht funktionierte. Wie einer der Zombies, der zu lange beim Telekommunikationsunternehmen gearbeitet hatte.

Ich begann, einen Fehler an den nächsten zu reihen, schlief aufgrund von Albträumen immer schlechter und bekam schließlich Panikattacken, sobald das Telefon klingelte. Alles war grau und blieb grau, egal was ich tat. Der Sinn des Lebens war noch nie so weit entfernt wie jetzt.

Wenn meine Schreibkraft anwesend war, machte ich gute Miene zum bösen Spiel. Manchmal tat ich so, als würde ich arbeiten. Doch im Grunde starrte ich auf meinen Monitor und tippte unsinniges Zeug. Es ging nicht mehr alleine um *meine* Existenz, sondern ich wollte meiner Angestellten ein sicheres Einkommen bieten. Doch schon bald stand bei ihr ein ungeplanter Umzug an und verschämt kündigte sie die Stelle. Bevor ich sie einstellte, hatte ich sie gefragt, ob sie langfristig bei mir arbeiten wollte, und sie bejahte es damals. Sie entschuldigte sich nun, ihr Versprechen gebrochen zu haben. Einerseits war ich erleichtert, andererseits fehlte mir bald ihre Hilfe.

Kurz darauf erhielt ich von unserem Großkunden den Auftrag, einen simplen Pressetext zu verfassen. Reiner Standard, moralisch aus meiner Sicht vertretbar. Ich kannte Inhalt und Tenor, verfügte über alle Informationen und hatte erste Formulierungen bereits im Sinn. Als ich zu schreiben begann, sah es zunächst gut aus. Der erste Absatz gefiel mir und es schien zu fließen. Doch plötzlich ging das Licht aus.

Meine zweite Chance

Seit etwa fünf Wochen bin ich in der Psychosomatischen Klinik und mein Selbstkontakt wird täglich stärker. Ich habe mein Arbeitsleben Revue passieren lassen und ich weiß, dass ich vieles ändern muss. Bei der nächsten Visite stelle ich meiner Bezugstherapeutin meinen Plan vor: Weiterhin möchte ich als Journalist und PR-Berater tätig sein, doch zunächst lediglich halbtags arbeiten, um ein Gefühl für meine Grenzen und Möglichkeiten zu finden. Auf keinen Fall darf ich in meine alten Strukturen zurückkehren. Einige gravierende Fehler sind für mich offensichtlich geworden. Zudem möchte ich eine Weiterbildung absolvieren, um meine berufliche Selbstsicherheit zurückzugewinnen. Bisher fühlte ich mich aufgrund der fehlenden Ausbildung als minderwertig, obwohl ich gute Ergebnisse lieferte. Privat nehme ich mir mehr Auszeit und erkunde, was mir gefällt. Sicherlich werde ich mich dabei überraschen, schließlich finde ich die „weiche Schiene" ja auch richtig klasse. (Wenige Wochen zuvor habe ich so etwas für den größten Scheiß auf Erden gehalten – das habe ich natürlich nur sinngemäß gesagt und nicht wörtlich.)

Den Kontakt mit meinem sozialen Umfeld möchte ich stärken und früher kommunizieren, wenn es mir nicht gut geht. Hilfe anzunehmen ist kein Zeichen von Schwäche, so viel habe ich bisher verstanden. Der Rest wird sich ergeben.

Mut und Energie pulsieren in meinen Adern. Dennoch zucke ich zusammen, als mir ein möglicher Entlassungstermin in der nächsten Woche angeboten wird. Unsicher bitte ich, mir noch sieben weitere Tage zu geben. Einerseits freue ich mich auf meinen Neustart, andererseits muss ich mich erst an den Gedanken gewöhnen, mein Leben in Zukunft in den meisten Angelegenheiten anders zu gestalten. Außerdem habe ich Angst, meine guten Vorsätze würden sich nach wenigen Wochen in Rauch auflösen, was mich sicherlich verzweifeln ließe. Was, wenn mich der depressive Strudel erneut erfasst und wie ein Spielzeug herumwirbelt? Was, wenn die Suizidgedanken nur auf einen schwachen Moment warten? Wer soll mir zu Hause helfen, gibt es dort überhaupt Ansprechpartner für mich? Vielleicht werde ich doch nicht gesund und kann nie wieder arbeiten oder ich versage erneut oder, oder, oder. Nur mit Mühe kann ich die Gedankenspirale durchbrechen, indem ich mich auf das Hier und Jetzt konzentriere. Wie es zu Hause weitergeht, wird sich zum richtigen Zeitpunkt zeigen, und ich möchte meine verbliebene Zeit in der Klinik nicht mit wilden Spekulationen vergeuden.

Zwar befinde ich mich noch in der „Taucherglocke" Klinik, doch meine Gedanken kreisen bereits um mein Zuhause. Ich freue mich darauf, heimzukehren und meine neuen Erkenntnisse in die Tat umzusetzen, worauf ich meine Gedanken und Gefühle fokussiere.

Nach und nach werden auch die Mitpatienten entlassen, mit denen ich von Anfang an hier bin. Wieder bricht eine Gruppe auseinander, doch ich freue mich für diejenigen, die zuversichtlich nach Hause zurückkehren. Wer will, kann in der Klinik viel lernen, doch manche verweigern sich in vielen oder allen Punkten bis zum Schluss. Sie haben sich kaum verändert und ich wünsche jedem, dass er dennoch seinen Weg gehen kann. Keiner von uns ist geheilt, doch wer aufmerksam ist, kennt nun wichtige Hintergründe und kann die nächsten Schritte gehen. Letztendlich ist jeder von uns selber für sich verantwortlich, jede Therapie stellt lediglich ein Angebot dar.

Weil ich mich ausgeglichener und ruhiger fühle, empfinde ich Neuankömmlinge mitunter als stressig. Sie können sich (noch) nicht auf die Therapien einlassen, sind ungeduldig, stören den Ablauf. Sie spiegeln mich und meine Startschwierigkeiten wider und somit erhasche ich einen unschönen Blick auf mein altes Selbst. An den Therapien nehme ich noch teil, jedoch scheine ich alle Botschaften dieses Ortes für mich abgerufen zu haben. Ich erfahre wenig Neues und genieße einfach den sicheren Hafen.

Wir schreiben den 12. Mai 2009 und ich trete den Beweis an, dass man innerhalb eines Lebens zwei Mal geboren werden kann. Mein Koffer ist gepackt. Trotz der Vorfreude fällt der Abschied schwer. Aus der Klinik ist so etwas wie eine Heimat geworden, wie seltsam das auch klingen mag. Viele Menschen haben bewusst oder unbewusst Hand in Hand gearbeitet, um mir neue Einsichten zu vermitteln. In der letzten Stationsrunde erzähle ich von meinem Aufbruch zur Klinik. Damals stand ich vor meinem Haus und wusste, ich würde bei meiner Heimkehr ein anderer Mensch sein. Das Ausmaß der Veränderung konnte ich damals jedoch nicht erahnen. Ich beschließe, die Runde zu schocken und erläutere, dass ich vorher geglaubt habe, die ganze Veranstaltung wäre reine Zeitverschwendung und darüber hinaus emotionaler Schwuchtelkram. Die anwesenden Therapeuten reißen erstaunt die Augen auf. Den Patienten lege ich ans Herz, die Zeit in der Klinik bestmöglich zu nutzen, so wie es Fabian in seiner letzten Stationsrunde getan hat. Von ganzem Herzen wünsche ich mir, dass auch die Neuankömmlinge verstehen, wie wertvoll die hier gebotenen Möglichkeiten sind. Ihre Skepsis und Scheu kann ich nur allzu gut nachempfinden und ich hoffe, dass sie sich davon befreien können.

Meine Dankbarkeit kann ich nicht in Worte fassen, denn dafür gibt es keine ausreichenden Begriffe. Vielleicht ahnen die Therapeuten, wie sehr sie mir geholfen haben. In meinem Fall dürfen sie gerne stolz auf sich sein.

Wenige Tage später verlasse ich das letzte Mal mein Zimmer. Ich blicke noch einmal zurück und schaue mich kurz um. Da hängt der Spiegel, den ich gefragt habe, wer ich bin. Ich glaube, ich ahne es langsam. Auf dem Flur spielt ein CD-Player „Time to say goodbye". Umarmungen, Tränen, weitere Umarmungen. Im Foyer warte ich auf meinen Onkel. Ich war über meinen Schatten gesprungen und hatte gefragt, ob mich jemand abholen könne. Die letzte Verabschiedungsrunde folgt, als mein Onkel ankommt. Ich bin aufgekratzt wie ein Kind am Weihnachtsmorgen. Die Sonne scheint und ich bin frei zu tun, was immer ich möchte. In meinem Gepäck befindet sich das Rüstzeug für mein zweites Leben. Noch gelte ich als arbeitsunfähig, wäre jedoch „in absehbarer Zeit wieder in der Lage, meine Arbeit aufzunehmen", wie es in meinem Entlassungsbericht so schön heißt. Mir wird empfohlen, meine Psychotherapie ambulant fortzuführen und eine Selbsthilfegruppe für Workaholics zu besuchen.

Doch dies hat Zeit, zuerst möchte ich zu Hause ankommen. Dort erwarten mich ein Wäschekorb voll Post und ein leerer Kühlschrank. Erstgenannten ignoriere ich geflissentlich, doch um die Lebensmittel sollte ich mich umgehend kümmern. Gemütlich laufe ich zum Supermarkt und muss überlegen, was ich einkaufen möchte. Sieben Wochen habe ich mir darum keine Gedanken machen müssen und nun überwältigt mich die Auswahl an Möglichkeiten. Als ich im Laden stehe, ist alles plötzlich unwirklich. Die Menschen verhalten sich wie immer, auch die angebotene Ware hat sich nicht wesentlich verändert. Es ist fast so, als wäre ich erst gestern hier gewesen. War ich wirklich weg oder habe ich das geträumt? Unterwegs treffe ich zufällig Tamara, die sich freut, mich zu sehen, und wissen möchte, wie es mir geht. Seit Wochen hatte ich mich nicht bei ihr gemeldet, da ich mich in der Klinik auf mich konzentriert und den Kontakt zur Außenwelt abgebrochen hatte.

Am nächsten Tag klingelt es vormittags an der Tür. Ich öffne und wenige Sekunden später steht Monika vor mir. Die Schmetterlinge in meinem Bauch scheinen eine Art Flugwettbewerb auszutragen, denn sie tanzen wilde Formationen. Ich schließe Monika in meine Arme. Sie ist wirklich hier, ich bilde mir ihre Anwesenheit nicht ein.

Im Krankenhaus hatten wir vereinbart, dass wir uns so schnell wie möglich in der „wirklichen" Welt besuchen wollten. Es fühlt sich an wie ein Traum und fast fürchte ich aufzuwachen. Seitdem ich in meine Heimatstadt gezogen bin, habe ich keinen privaten Besuch in meiner Wohnung empfangen. Mir wäre niemand eingefallen, den ich hätte einladen können. Bevor ich in die Klinik kam, hatte ich mir nicht vorstellen können, jemals wieder so etwas wie Freude, Glück oder Liebe zu empfinden. Doch nun fühle ich alles auf einmal und muss mich daher innerlich sortieren.

Ich bin euphorisch und das sieht man mir auch an. Daran kann selbst der Neurologe nichts ändern, der mich in die Klinik einwies. In seiner Praxis bekomme ich Schelte von ihm. Warum ich immer noch arbeitsunfähig sei, deswegen habe er mich nicht in die Klinik geschickt und so weiter. Was er sagt, geht zum einen Ohr hinein und zum anderen wieder hinaus. Anscheinend hat er keine Ahnung, was die Aufgabe der Klinik ist und was dort genau geschieht. Wie stellt er sich vor, in sieben Wochen von etwas geheilt zu werden, was jahre- oder gar ein ganzes Leben lang vorhanden war? Der kann mir den Buckel runterrutschen. Meine gute Laune vermag er mir nicht zu verderben. Zum Glück habe ich bei ihm keine weiteren Termine, ich hätte sie nicht wahrgenommen. Dennoch muss ich mich um einen Therapieplatz kümmern, wie es mir in der Klinik aufgetragen wurde. So suche ich mir aus den Gelben Seiten die entsprechenden Telefonnummern heraus.

Das Erwachen erfolgt auf dem Fuße. Im Grunde suche ich eine Gruppentherapie, denn in der Klinik hat mir diese Vorgehensweise sehr gut gefallen und so ziehe ich sie Einzelgesprächen vor. Ich schätze es mittlerweile, mich mit anderen Patienten auszutauschen und ihre Sichtweise auf meine Problematiken zu hören. Doch in meiner Heimatstadt wird diese Form von Therapie nicht angeboten. Darüberhinaus geben mir manche Arzthelferinnen zu verstehen, dass ich mit meinem Anruf störe, und überhaupt müsste ich doch wissen, dass seit Jahren keine neuen Patienten mehr angenommen werden. So sieht also der Umgang mit depressiven Menschen aus. Das kann nicht förderlich sein und ich möchte mir erst gar nicht vorstellen, wie ein bereits verzweifelter Mensch auf das arrogante Verhalten reagiert. In unserer auf Leistung getrimmten Gesellschaft ist vielerorts kein Platz für Menschlichkeit, doch wenn sie bereits dort fehlt, wo sich Betroffene Hilfe erwarten, weiß ich auch nicht weiter. Natürlich können meine Gesprächspartner nicht wissen, wie schwer es für mich war, überhaupt Hilfe anzunehmen, und erst seit kurzem erkenne ich dies nicht mehr als Schwäche, sondern als Stärke an. Noch hat sich diese Einsicht nicht festigen können und steht auf tönernen Füßen. Daher muss ich mich bewusst entscheiden daran festzuhalten, auch wenn unpassende Kommentare eher dafür sprechen, meine Probleme wie gewohnt alleine mit mir auszutragen. Doch das hieße zu kapitulieren und ich käme mir wie ein Verräter vor. Deswegen bleibe ich am Ball.

Einige Telefonate später bietet man mir einen Termin für ein Erstgespräch an und mein Herz möchte vor Freude einen Sprung machen. In der Leitung höre ich Papier rascheln und ich bekomme schließlich ein Datum genannt. Mai 2010. Man mutet mir die Wartezeit von einem Jahr zu. Nicht für den Beginn der Therapie, sondern für das Erstgespräch wohlgemerkt. Erst danach entscheide ich, ob die Chemie zwischen mir und Therapeut stimmt, ob wir zusammen arbeiten können oder nicht. Zunächst glaube ich an einen Telefonscherz, denn das Angebot kann unmöglich ernst gemeint sein. Doch es ist leider die bittere Realität. Entschieden lehne ich ab, obwohl ich bereits fast alle Praxen in meiner Stadt kontaktiert habe. Nur eine Therapeutin habe ich nicht erreicht, sondern eine Nachricht auf dem Anrufbeantworter hinterlassen.

Mit hängenden Schultern gebe ich mich geschlagen und versuche ein Wochenende lang zu verstehen, wie es für mich ohne Therapie weitergehen kann. Noch treibt mich der in der Klinik aufgekommene Schwung und Elan an, doch ohne weitere Erfolgserlebnisse droht er zu versickern. Alten Strukturen wären Tür und Tor geöffnet.

Mein Vater kann keine Hilfe sein, denn er versteht immer noch nicht, was mit mir passiert und was überhaupt eine Psychosomatische Klinik ist. Entweder spielt er den Idioten, versteht es wirklich nicht oder hat schlicht und ergreifend kein Interesse, sich damit zu beschäftigen.

Den Kontakt zu meiner restlichen Familie empfinde ich noch als fragil und so weiß ich nicht, ob und inwieweit sie mir unter die Arme greifen können. Zudem ist es mir unangenehm, erst jahrelang nichts voneinander zu hören und erst in einer Notsituation wieder miteinander zu reden. Auf keinen Fall möchte ich den Eindruck erwecken, jemanden ausnutzen zu wollen.

Die Liebe zu Monika gibt mir eine gewisse Zuversicht, doch muss auch sie erst wieder ihren Weg finden. Wo ich kann, versuche ich, sie zu unterstützen, doch in manchen Punkten muss ich passen. Ein Blinder kann schließlich keinen anderen Blinden über die Straße führen. Zudem muss ich mich selber ihr gegenüber sortieren, denn alles ist neu für mich. Allein eine Beziehung wäre für sich bereits eine Sensation, doch in dieser Phase beginne ich, mich erst selber kennenzulernen. Teilweise bin ich mir noch fremd. Vor allem, wenn es darum geht, mich außerhalb meines Berufs zu definieren.

Wenige Tage später erfolgt der Rückruf der Therapeutin, der ich einige Tage zuvor auf ihrem Anrufbeantworter eine Nachricht hinterlassen hatte. Mir steht das zweifelhafte Glück ins Haus, dass sie mir einen Therapieplatz anbieten kann, weil ein anderer Patient seine Behandlung abgebrochen hat, wenn ich sie richtig verstanden habe. Trotz Bedenken sage ich zu, denn im Grunde habe ich keine andere Wahl.

Einige Tage später betrete ich das erste Mal die Praxis, die ich in den nächsten Monaten regelmäßig aufsuchen werde. Sie liegt im dritten Stock und obwohl es einen Aufzug gibt, entscheide ich mich bei jedem Besuch für die Treppe. Ich klingle an der Tür und ein nervtötendes Summen ertönt kurze Zeit später. Da mich niemand begrüßt, gehe ich unsicher ins Wartezimmer. Die Luft ist stickig und es riecht nach den chemischen Ausdünstungen vom Teppichboden oder von irgendeiner Farbe.

Alle Türen sind verschlossen und ich bin alleine. Langsam fühle ich mich unwohl. Vielleicht ist das Procedere so gewollt, damit ich keinen Kontakt zu den anderen Patienten habe. Vielleicht ist es einigen peinlich, hier gesehen zu werden.

Plötzlich kommt eine hochgewachsene, schlanke Frau mit langen schwarzen Haaren um die Ecke. Ihr Alter schätze ich auf Mitte Vierzig. Sie beugt sich leicht nach vorne, während sie mir die Hand reicht und sich als meine Therapeutin vorstellt. Unsicher begrüße ich sie, denn irgendwie erscheint mir die Situation unwirklich und auch ein wenig absurd. Wir begegnen uns das erste Mal und ich habe keine Ahnung, was für ein Mensch sie ist. Dennoch werde ich ihr Einblicke in meine intimste Gefühlswelt geben, wofür sie von meiner Krankenkasse bezahlt wird.

Sie deutet auf eine offene Tür und ich trete ein. Sie folgt mir und schließt hinter uns die Tür. Im Hintergrund steht ein Schreibtisch mit Glasplatte, auf dem ihr Notebook und diverse Unterlagen liegen. Der Tintenstrahldrucker musste aufgrund von Platzmangel auf den Fußboden ausweichen. Ich nehme auf einem der beiden sich gegenüber stehenden Sessel Platz. Neben uns ist ein kleiner Tisch, auf dem ein Karton Taschentücher auf seinen Einsatz wartet. Bei dem Anblick vergeht mir augenblicklich die Lust, doch ich zwinge mich, sitzen zu bleiben.

Noch immer bin ich traurig, keine Gruppentherapie gefunden zu haben, und fühle mich isoliert. Als würde ich mich heimlich hier mit meiner Therapeutin treffen und niemand wüsste Bescheid. Während ich die Wände mustere, stelle ich mir vor, was die schon alles gehört haben müssen. Menschliche Tragödien ohne Ende, von denen die Gesellschaft womöglich nichts ahnt. Erst in diesem Raum zeigen sie sich. Auf die belebte Straße treten nach den Gesprächen Menschen mit roten Augen und verheulten Gesichtern. Kein Passant wird innehalten und Fragen stellen. Jeder wird an dem oder der Betroffenen vorbeieilen und nichts Ungewöhnliches wahrnehmen. Vielleicht hat der traurige Mensch wenige Minuten zuvor von seiner ausweglosen Lage und seinen Suizidgedanken berichtet und nur ein Mensch, der dafür bezahlt wird, interessiert sich dafür.

Als mich meine Therapeutin schließlich fragt, warum ich sie aufsuche, schüttele ich die düsteren Gedanken ab. Obwohl ich kaum Lust verspüre, etwas zu sagen, erzähle ich ihr von meinem Burnout, den depressiven Phasen, wie ich in die Klinik kam, was ich dort erlebte und was mir gut tat.

Das Aufnahmegespräch in der Klinik und der heutige Termin sind so unterschiedlich wie Tag und Nacht. Damals stammelte ich unzusammenhängendes, wirres Zeug und nun kann ich in klaren Strukturen umreißen, worum es geht. Den Fortschritt bemerke ich sofort, was mich bestärkt, auf meinem Weg zu bleiben. Meine Therapeutin hört geduldig zu, stellt hin und wieder Zwischenfragen.

Die fünfzig Minuten vergehen wie im Flug. Nun ist es an mir zu entscheiden, ob ich meine Therapie hier beginnen möchte. Entweder nehme ich dieses Angebot an oder erweitere den Suchradius um einige Kilometer oder verzichte auf eine Therapie. Diese Optionen stehen mir offen. Obwohl ich skeptisch bin, ob mir die Einzelgespräche gefallen oder gar helfen werden, vereinbaren wir weitere Termine. Der entsprechende Antrag wird von meiner Krankenkasse schnell bearbeitet und genehmigt. Schön, wenn auch etwas einfach geht.

In der Zwischenzeit bringe ich Ordnung in mein Büro, denn auch beruflich muss es weitergehen. Zunächst widme ich mich dem Wäschekorb voller Post. Es sind Schreiben einer Behörde dabei, die mir unberechtigterweise Geld vom Geschäftskonto abgebucht hat, was ich augenblicklich stornieren lasse. Ich bin doch keine Bank, die

Kredite gewährt! Den Sachverhalt konnte ich vor meiner Abreise nicht mehr abschließend klären. Anscheinend wollten die Sachbearbeiter eine Art Brieffreundschaft mit mir schließen, da sie im Abstand von einigen Tagen mehrere Briefe abgeschickt haben. Mahnung, zweite Mahnung, letzte Mahnung, allerletzte Mahnung, allerallerletzte Mahnung, wir haben unseren Fehler erkannt. Manche Dinge erledigen sich ohne Zutun.

Anders sieht es in meinen Aktenordnern aus. Zuletzt war ich wirklich unkonzentriert und überfordert, denn ich habe viele Unterlagen falsch abgeheftet. Zudem sind nahezu alle Notizen völlig wirr und merkwürdig kompliziert verfasst. Damals versuchte ich krampfhaft zu arbeiten. Das Ergebnis ist Altpapier und landet im selbigen. Es dauert eine Weile, bis ich das Chaos beseitigen kann und die Post durchgegangen bin.

Das Telefon klingelt und augenblicklich ist meine Zuversicht baden gegangen. Tamara konnte für den Großkunden nicht alles auffangen, was ich nicht mehr zu erledigen vermocht hatte. Aufgrund meiner mangelhaften Arbeit wurde das Honorar gekürzt. Alles ist wieder präsent: die von mir hinterlassene verbrannte Erde und mein vollständiges Versagen. Tatsächlich sollten noch Monate vergehen, bis ich meinen Burnout nicht länger als Versagen empfinde. Sie sagt, ich solle mir keine Vorwürfe machen, doch das tue ich. Es müsste noch am Presseverteiler gearbeitet werden, in dem sämtliche Journalistenkontakte des Konzerns verwaltet werden. Meine Aufgabe war es, ihn aktuell zu halten, doch zuletzt besaß ich dafür nicht die Kraft. Ich hatte mich übernommen und dies erst sehr spät kommuniziert.

Nun muss ich nachholen, was ich verpatzt habe. Selbst ein Praktikant hätte dies ohne Probleme tun können, doch mir bricht der kalte Schweiß aus. Ich kann das nicht, aber ich habe keine Wahl. Als die Daten den Monitor ausfüllen, muss ich mehrmals tief durchatmen. Beim ersten Tastendruck zittern meine Hände, mein Herz rast. Nach wenigen Minuten muss ich die erste Pause einlegen.

Als ich die Datei einige Tage später bearbeitet abgebe, habe ich meine Aufgabe nicht vollständig erledigt. Meine Akkus sind erschöpft.

Tamara muss die Arbeit für mich beenden. Wieder fühle ich mich wie ein Versager und vor allem schmerzt es mich, meine ehemalige Kollegin nochmals zu enttäuschen.

Die nächste Herausforderung erwartet mich am Wochenende. Seit fünf Jahren habe ich meine Mutter nicht gesehen und keinerlei Kontakt gehalten. Wir hatten lediglich ein paar Telefonate geführt, bevor ich in die Klinik kam. Ihren Besuch dort lehnte ich ab und jetzt bin ich auf dem Weg zu ihr.

Mein Blick schweift durch das Zugabteil und verharrt gefühlte Stunden auf der vorbeirasenden Landschaft. Alles geht so schnell. Ich bin unsicher, wie ich angemessen reagieren muss, was von mir verlangt wird und ob ich alle Erwartungen erfüllen kann.

Am Zielbahnhof warte ich wenige Minuten, dann steige ich in das Auto. Ihr Lebensgefährte holt mich ab. Er hat sich in all den Jahren kaum verändert. Die Haare sind grauer und der Bauch etwas ausgeprägter, das war dann auch schon alles. Wir hatten uns 1996 im Urlaub in Spanien kennengelernt und er war mir auf Anhieb sympathisch gewesen. Meine Mutter lebte damals seit einem Jahr von meinem Vater getrennt.

Nun begrüßt er mich, als wären keine fünf Jahre vergangen, sondern höchstens fünf Wochen. Alles ist wie immer und genau das verwirrt mich, denn ich bin inzwischen ein anderer Mensch. Sollte sich die Umwelt nicht im gleichen Maße wandeln? Schließlich stehe ich im Treppenhaus und die Wohnungstür öffnet sich. Die beiden Hunde Nicki und Susi geben ein Bellkonzert, begrüßen mich wild und Nicki springt an mir hoch. *Streichel mich, streichel mich, hast du mir auch etwas mitgebracht?* Dieses Theater veranstalten sie bei nahezu jedem Besucher.

Etwas unsicher lächelnd steht meine Mutter im Flur. Ich gehe auf sie zu und wir umarmen uns. Meine Reisetasche verstaue ich im Gästezimmer und setze mich danach nervös an den Küchentisch. In meiner Lehrzeit habe ich viele Wochenenden bei meiner Mutter und ihrem Lebensgefährten verbracht, nachdem ich meinen Führerschein und ein eigenes Auto besaß. Die Umgebung ist vertraut und fremd zugleich.

Da es sonnig und warm ist, verbringen wir das Wochenende zum Großteil im Garten. Es ist herrlich, im Liegestuhl zu sitzen und nichts tun zu müssen. Noch kann ich nicht bis ins kleinste Detail von meinem Kranksein und den dunkelsten Stunden erzählen, aber ich versuche es. Die Gespräche gehen jedoch nicht allzusehr in die Tiefe, da ich dies bisher generell vermieden hatte. Meine Probleme behielt ich bislang für mich und spielte lieber den stets gut Gelaunten oder zog mich zurück. Daher fällt es mir noch schwer, komplett aus dieser Rolle auszusteigen.

Wenige Tage später sitze ich mit meiner Mutter und ihrem Lebensgefährten im Auto und habe furchtbare Angst. Mein Opa feiert einen runden Geburtstag. Die Familie und etliche meiner ehemaligen Nachbarn sind versammelt. Viele freuen sich, mich zu sehen und fragen, wie es mir geht. Meine Antwort lautet jedes Mal „gut". Ich schwitze am ganzen Körper und bete, dass mir niemand meine Unsicherheit anmerkt.

Das erste Mal treffe ich wieder auf meinen Cousin und seine Frau. Bei unserem letzten Kontakt war er noch nicht verheiratet. Ich glaube, er weiß wo ich war, und ich hoffe, er hält mich nicht für geisteskrank. Meine Cousine schließt mich in ihre Arme, was mich verunsichert. Es fällt mir schwer, ein Gesprächsthema zu finden, denn innerlich bin ich dermaßen aufgewühlt, dass es dafür keine Worte gibt. *Bin ich hier richtig? Verhalte ich mich wie ein normaler Mensch?* Irgendwie überstehe ich den Abend, an dem ich hin und wieder sogar lachen konnte. Am nächsten Tag fahre ich ein wenig entspannter nach Hause. Ich muss mir Raum und Zeit geben, um mich und meinen Weg zu finden. Sarkastisch gratuliere ich mir, denn ausgerechnet Geduld zählt bislang nicht zu meinen Stärken.

Zunächst muss ich mich in meinem Alltag wieder zurechtfinden, der mich zwar nicht mehr überfordert, aber dennoch teilweise verstörend auf mich wirkt. Alles und jeder ist hektisch, es scheint kaum Ruhepole zu geben. Dies blieb mir früher verborgen. Es gibt immer irgendetwas, was man ganz schnell noch erledigen muss. Ich komme mir vor wie ein Außerirdischer, der aus seinem Raumschiff gestiegen ist und nun versucht, diese Welt zu erfassen und zu verstehen. Während ich mich in Normalgeschwindigkeit bewege, wird um mich herum ein Film vorgespult. Besonders, weil ich das Meditieren für mich entdeckt habe.

Wann genau es war, kann ich nicht mehr mit Bestimmtheit sagen. Bereits während meiner Lehre unternahm ich zaghafte Versuche zu meditieren. Bald spürte ich, dass dabei etwas passiert. So wurde mir beispielsweise warm und ich fühlte mich merkwürdig. Selbstverständlich empfand ich es damals als merkwürdig, mit meinem Inneren und meinen Emotionen in Kontakt zu kommen. Daher ließ ich es schnell auf sich beruhen. Zudem fiel es mir häufig schwer, den Verstand und die damit verbundene Gedankenflut zu bändigen. Erst zehn Jahre später starte ich neue Versuche. Im Frühjahr 2008 nutze ich eine geführte Meditation auf CD dazu, mit meiner Angst in Kontakt zu kommen und mich zu entspannen.

Obwohl ich während den Familienstellenwochenenden schrittweise mein Herz öffnen konnte, war es mir erst nach meinem Klinikaufenthalt möglich zu meditieren. Dazu habe ich weder einen Kurs besucht, noch spezielle Literatur gelesen. Es ist schwer zu beschreiben, denn im Grunde hat es sich einfach ergeben.

Die Anfänge sind schwer, denn zu Beginn einer jeden Meditation heißt es, vom Denken ins Fühlen zu gehen. Doch unsere Gedanken rasen die ganze Zeit während unseres Wachbewusstseins, was speziell beim Meditieren die Aufmerksamkeit ablenkt. Ständig denken und analysieren wir die Vergangenheit oder machen Pläne für die Zukunft. Mittendrin fällt uns schlagartig ein, dass wir noch Brot einkaufen müssen und dergleichen. Es ist normal, dass alle möglichen Gedanken auftauchen. Ich bekämpfe sie nicht, sondern nehme sie kurz wahr und lenke meine Aufmerksamkeit bewusst auf das jeweilige Thema der Meditation. Die aufkommenden Gedanken sind gute Indikatoren, mit was ich mich derzeit (unbewusst) beschäftige. Somit ärgere ich mich nicht über „störende" Einflüsse, sondern bin dankbar für die rasche Bestandsaufnahme.

Solch eine Inventur ist äußerst wertvoll, denn oftmals bin ich überrascht, welche Themen oder Situationen ich verarbeite. Vieles davon ist unbewusst. Zunächst ist es für mich schwierig, den Gedankenstrom abzuschalten und zu mir zu kommen. Doch wie alles im Leben ist auch das Meditieren eine Sache der Übung. Dabei gehe ich so vor, dass ich nur meditiere, wenn ich auch wirklich Zeit dafür habe. Zwischen Tür und Angel funktioniert es bei mir nicht. Daher schaffe ich mir zunächst eine entspannende Atmosphäre, wobei ich manchmal Räucherstäbchen anzünde. Dann lege ich beruhigende Musik auf, die leise im Hintergrund spielt. Sie hilft mir auch, in mein Tagesbewusstsein zurückzukommen. Eine meiner CDs spielt fünfzig Minuten und wenn die Musik leise ausklingt, trete ich langsam die Rückkehr an. Anfangs stellte ich mir manchmal einen Wecker, doch der riss mich unvermittelt aus der Meditation, was ich als äußerst unangenehm empfand. Ich mag es auch nicht, aus dem Schlaf gerissen zu werden, sondern wache lieber von alleine auf.

Meist nehme ich mir ein bestimmtes Thema vor, welches ich beleuchten möchte. Mit meinem Verstand kann ich es allenfalls von der logischen Seite betrachten, beim Meditieren bin ich stärker im Selbstkontakt und spüre dabei bewusst in mich hinein. Wie für viele Menschen war es für mich zu Beginn schwierig, mich über einen längeren Zeitraum zu konzentrieren. Das kann man jedoch üben.

Manchmal nehme ich mir eine Achtsamkeits-Meditation vor. Zumindest nenne ich sie so. Ich sitze im Schneidersitz, lausche meinem Atem und versuche, so lange wie möglich im Hier und Jetzt zu sein. Unser Fokus liegt jedoch meist in der Vergangenheit oder in der Zukunft und weniger im Moment. Früher oder später verschiebt sich die Aufmerksamkeit in eine dieser Richtungen. Dafür verurteile ich mich nicht, sondern nehme wertfrei wahr, wohin mein Fokus wandert. Ich bedanke mich bei dem speziellen Gedanken und lasse ihn dann los. Wichtig ist, dass man locker bleibt und es vermeidet, mit Druck oder Krampf zu agieren. In unserem Alltag sind wir oft nur für wenige Augenblicke in der Gegenwart und so ist es auf jeden Fall ein Gewinn, während der Meditation diese Phase auszuweiten.

Wenn ich aus solch einer Meditation in mein Alltagsbewusstsein zurückkehre, bin ich wesentlich entspannter und ausgeglichener als vorher. Der Ärger in der Vergangenheit oder die Ängste vor der Zukunft treten in den Hintergrund. Ich nehme mir ein paar Minuten Zeit, um ganz bei mir anzukommen. Manchmal lausche ich noch einige Momente der Musik und gebe dem Erlebten Zeit und Raum, um nachzuklingen.

Eine weitere Möglichkeit, die Achtsamkeit zu üben, ist die Reise durch den Körper, was mich persönlich an die Körperwahrnehmungsschulungen in der Klinik erinnert. Im meditativen Zustand spüre ich mich durch den kompletten Körper, denn meist nehmen wir ihn bewusst nur durch Schmerzen wahr. Daher ist es interessant, bewusst zu fühlen und sich klar zu machen, dass wir geistige Wesen sind, die einen Körper besitzen, und keine Körper, die einen Geist besitzen. Das Körperspüren setze ich auch hin und wieder in anderen – manchmal eher banalen – Fällen ein.

An einem Wochentag nahm ich mir fest vor, ins Fitnessstudio zu gehen, doch irgendwie schien die Zeitqualität nicht passend zu sein. Mein Verdacht fiel sofort auf den inneren Schweinehund, denn mein Verstand meinte, die Bewegung würde mir sicherlich gut tun. Vor meinem Zusammenbruch habe ich die Signale meines Körpers ignoriert und unterdrückt, bis er ab einem gewissen Punkt von seinem Streikrecht Gebrauch machte. Da ich ihn vermehrt zu Wort kommen lassen möchte, entschließe ich mich dazu, ihn direkt zu fragen, ob er Sport treiben möchte oder nicht.

Als ich in mich hineinspüre, klärt sich bald, warum ich hin und her gerissen bin: Mein Verstand meint, ich müsse meinen Trainingsrhythmus einhalten, mein Herz legt aufgrund des unnötigen Drucks sein Veto ein und mein Körper klärt die Angelegenheit auf: Ich spüre beim Einatmen einen leichten Schmerz in meiner Lunge, den ich im Wachbewusstsein nicht wahrnehme. So „fein" ist er. In der Nase kribbelt es ein klein wenig, was ich ebenfalls nur allzuleicht übersehe. In mir schlummert die Möglichkeit, eine Erkältung zu bekommen, daher wünscht sich mein Körper Ruhe, die ich ihm schließlich gönne. Mit einer Tasse Tee und einem guten Buch genieße ich den unverhofft frühen Feierabend. Wenige Tage später gehe ich ins Fitnessstudio und wundere mich über meine Kondition. Die Pause gab mir Kraft und mein Körper ist leistungsfähiger.

In Wahrheit liegen alle Antworten in uns, worauf ich in einem späteren Kapitel eingehen möchte. Hätte mir jemand vor meinem endgültigen Zusammenbruch versucht, die hier genannten Erfahrungen zu erzählen, hätte ich ihn für ein Weichei gehalten. Es ist schwer, über etwas zu schreiben, was man im Grunde selber erleben muss. Anfangs empfiehlt es sich für die meisten Interessierten, geführte Meditationen zu nutzen, um ein Gefühl für die Thematik zu entwickeln. Zudem wird die Aufmerksamkeit auf ein bestimmtes Thema oder eine bestimmte Seelenreise gelenkt, was es erleichtert, unpassende Gedanken und Bilder auszublenden.

Die Themen für meine Meditationen kommen mir meist spontan in den Sinn und bestehen aus Dingen, die mich aktuell beschäftigen. Ein Beispiel: Einmal muss ich einen Artikel über das sozioökologische Konzept des Equilibrismus schreiben und komme dabei nur schleppend voran. Es liegen mir zwar alle Informationen und Aussagen vor, doch ich bin unsicher, wie ich sie in einen Kontext stellen soll. Ich möchte die Leser auf eine Gedankenreise mitnehmen, aber mein bisheriger Text ist dafür – gelinde ausgedrückt – eher ungeeignet. Mein Kopf beginnt zu schmerzen und mein Verstand ist kurz davor zu überhitzen. Daher verlasse ich das Büro, gehe ins Wohnzimmer, lege die Meditationsmusik ein und sitze kurz darauf im Schneidersitz auf meinem Sofa. Ich konzentriere mich auf meinen Atem und entspanne mich. Nach kurzer Zeit gelingt es mir, meinem Verstand eine Pause zu gönnen. Statt ihn frage ich mein Herz, wie der Artikel aufgebaut werden kann. Anstelle zu überlegen, öffne ich mich für eine Eingebung. Plötzlich fällt es mir wie Schuppen von den Augen. Ich muss den bisherigen Text komplett umstellen. Mit meinem Herzen sehe und spüre ich deutlich, wie ich genau vorgehen müsste. Etwa eine Viertelstunde später sitze ich wieder am Schreibtisch und setze das Gesehene um. Alleine mit meinem Verstand hätte ich nie diese Erzählform gewählt und es ergibt sich nun alles beinahe wie von selbst. Die Redaktion der raum & zeit wählte in der Konferenz den Beitrag sogar als Titelgeschichte aus.[3]

Das Lob von Redaktion und Lesern gebührt somit auch meinen geistigen Helfern, die mir gerne unter die Arme greifen, wenn ich sie darum bitte. Im Grunde kann man in sämtlichen unklaren Lagen seine geistige Führung aktivieren, denn sie wartet nur darauf, eingeladen zu werden, um helfen zu können.

Anfangs wollte ich unbedingt jeden Tag meditieren und richtete mir dafür feste Zeiten ein. Doch bereits kurz darauf freue ich mich nicht mehr auf die Seelenauszeit, sondern sie verkommt zur lästigen Pflichtübung. Besonders, da ich sogar die Dauer festlege. Darüber entscheidet heute nur noch meine Gefühlslage. Da es einige Minuten dauert, um wirklich zur Ruhe zu kommen, meditiere ich mindestens 15 Minuten. Es kann auch vorkommen, dass eine kurze Meditation „ausufert", weil ich spüre, länger verweilen zu wollen.

Nach einigen Monaten bin ich so weit, dass ich vielfach das Zeitgefühl verliere. Erst ein Blick auf die Uhr oder die Laufzeit der aktuell eingelegten CD gibt Aufschluss darüber, wie lange die Meditation dauerte, und im Grunde ist mir das völlig egal. In meinen Augen gibt es keine allgemeingültigen Regeln, wie man zu meditieren hat. Anfangs war ich mir nicht sicher, es überhaupt richtig zu machen. Jeder Interessierte wird seinen Weg finden, sobald er die ersten Schritte macht.

Den eigenen Weg finden – dies muss ich wenige Wochen nach meiner Heimkehr aus der Klinik auch im beruflichen Sinne. Noch ist unklar, ob ich meine dort gefassten Pläne überhaupt umsetzen kann.

Anfangs teile ich meine Woche strikt ein. Werktags versuche ich zumeist, vormittags ein paar Stunden zu arbeiten, obwohl ich derzeit keine Aufträge habe. Irgendwo muss ich jedoch beginnen und so schaffe ich zunächst weiter Ordnung. Am Wochenende öffne ich weder geschäftliche Post noch betrete ich das Büro.

Diese klaren Strukturen helfen mir, mich zu orientieren, und so erhalte ich langsam ein Gefühl davon, was Arbeit und was Freizeit ist. Für die meisten Menschen wird dies banal klingen, für mich ist es eine spannende Aufgabe, bewusst in unterschiedlichen Situationen in mich hineinzufühlen.

Anfangs fürchte ich, vom Amt für Arbeit & Soziales Druck zu bekommen, so schnell wie möglich wieder in Vollzeit zu arbeiten. Als ich eine Einladung zu einem persönlichen Gespräch in meinem Briefkasten finde, breitet sich in meiner Brust die Angst aus. Bald möchte ich wieder auf eigenen Beinen stehen und Arbeitslosengeld II zu bekommen, ist mir sehr unangenehm. Schließlich bin ich an meiner Lage selbst schuld und nun müssen andere Menschen für meinen Unterhalt aufkommen. Dabei wollte gerade ich der Gesellschaft noch so viel geben. Anscheinend soll ich zuvor lernen, dankbar Hilfe in jeglicher Form anzunehmen.

Mit meiner Sachbearbeiterin habe ich großes Glück, wobei es ihr mehrmals gelingt, mich zu erstaunen. Bei unserem Gespräch erzähle ich ihr von meinem Aufenthalt im Krankenhaus, wobei ich jedoch verschweige, warum ich in welcher Art von Klinik war. Als mir die Sachbearbeiterin sagt, ich solle mich erst einmal kurieren und mich um Gottes Willen nicht sofort wieder in die Arbeit stürzen, glaube ich wieder einmal, Opfer der versteckten Kamera zu sein. Sicherlich werde ich gleich gefragt, ob ich Spaß verstehe. Doch nichts dergleichen passiert. Unser heutiges Gespräch diene lediglich dazu, uns kennenzulernen. Bei Fragen und Problemen soll ich nicht zögern und sofort Kontakt aufnehmen. Mehr Verständnis zu haben, ist unmöglich. Erst bei den nächsten Besuchen werde ich mich öffnen und von meinem Burnout erzählen. Dabei ahnte sie es die ganze Zeit.

Kurz darauf folgt die nächste Überraschung: Von Tamara erhalte ich das Angebot, wieder für den Großkunden tätig zu werden. Es wären leichte Aufgaben ohne große Verantwortung auf Praktikantenniveau – im Grunde der perfekte Einstieg.

Das regelmäßige Einkommen ist verlockend, doch in meinem Inneren regt sich heftiger Widerstand. Mein Verstand möchte mich dazu überreden, das Geld zu nehmen, doch mein Herz rebelliert gegen diesen Vorschlag. In der Klinik schwor ich mir, künftig in allen Belangen meinem Herzen zu folgen. Das klingt in der Theorie sehr gut, doch nun stecke ich mitten in meinem ersten Praxistest. Ich lehne dankend ab, da ich mich an meine moralischen Konflikte erinnere. Wieder würde ich in der alten Zwickmühle landen und für ein Unternehmen tätig sein, hinter dem ich nicht zu 100 Prozent stehen kann. Zudem nutze ich meine (noch nicht vollständig wieder erwachten) Fähigkeiten weder zu meinem, noch zum Wohl der Gemeinschaft. Mein Verstand nennt mich einen Idioten, diese Chance ausgeschlagen zu haben, mein Herz wirft jubelnd Konfetti in die

Luft. Sich selber treu zu sein, ist ein wundervolles Gefühl. Es bleibt der fade Nachgeschmack, Tamara gegenüber undankbar zu sein und Arbeitslosengeld II zu beziehen, obwohl ich die Möglichkeit hätte, mir ein regelmäßiges Einkommen zu verschaffen. Darüber hinaus bedeutet mir Tamaras Vertrauen in mich sehr viel.

Penibel achte ich darauf, nicht in alte Strukturen abzurutschen, denn das käme in meinen Augen einem Verrat an den Therapeuten in der Klinik gleich. Ich habe eine zweite Chance und werde sie nutzen.

Zuversicht gibt mir die Liebe zu Monika, denn unsere gemeinsame Zeit ist einfach schön. Wir sind nicht bemüht, einen bestimmten Eindruck bei unserem Partner zu hinterlassen, denn wir kennen uns bereits ohne Maske. Das nimmt gerade mir eine Menge Druck, denn ich muss nicht erklären, warum ich sie nicht in teure Restaurants ausführen oder ihr Geschenke kaufen kann. Auch die halbfertig eingerichtete Wohnung stört sie nicht. Ebenso ist es sehr wertvoll, dass wir eine gemeinsame Zeit in der Klinik verbracht haben, denn einem Außenstehenden zu erklären, was dort alles passiert und wie man sich fühlt, ist mitunter schwierig.

Da mein Budget für Freizeitvergnügen nicht gerade üppig ist, genießen wir die einfachen Dinge des Alltags. Im Schlosspark beobachten wir die Enten und amüsieren uns über die kleinen Küken. Es sieht lustig aus, wenn sie tauchen und dann mit einem Schwupps wieder an der Oberfläche sind. Wie eine Quietschente, die man unter Wasser loslässt. Ein anderes Küken zischt unter Wasser ab wie ein Torpedo und legt dabei mehrere Meter zurück. Verrückt, was man alles sehen und wahrnehmen kann, wenn man es sich gestattet.

Weitere schöne Momente erlebe ich, wenn Monika und ich gemeinsam kochen. Auf diese Weise gebe ich ihr ein paar Einblicke in die vegetarische Küche.

Inzwischen hat auch meine Gesprächstherapie begonnen und so sitze ich einmal in der Woche meiner Therapeutin gegenüber. Sie gibt sich Mühe, hört aufmerksam zu und dennoch bleiben die meisten unserer Treffen für mich surreal. Was ist das für ein merkwürdiger Beruf, in dem man sich den ganzen Tag die Probleme anderer Menschen anhört und Feierabend macht, als wäre nichts geschehen? Wiederholt frage ich mich, warum die Gespräche isoliert vom restlichen gesellschaftlichen Geschehen und nicht in dessen Mitte stattfinden? Kurz gesagt: Ich komme mir wie ein Sonderling vor.

Zumindest sind die regelmäßigen Treffen weitere Fixpunkte in meiner eingeteilten Woche. Kurz vor dem jeweiligen Termin fällt mir meist kein Thema ein, welches es wert wäre, zur Sprache gebracht zu werden.

Wenn ich die Praxis betrete, möchte ich am liebsten umkehren. Im Wartezimmer sitze ich fast immer alleine. Seit dem Erstgespräch hat sich in diesen Punkten nichts geändert. Meine Therapeutin holt mich stets dort ab, reicht mir die Hand und achtet nach meinem persönlichen Empfinden peinlichst darauf, den Abstand zwischen uns zu wahren. Es sieht ungelenk, steif und ein wenig albern aus. Fast so, als fürchte sie sich, bei mir anzustecken. Ich akzeptiere ihr Verhalten so, wie es ist, und bringe es daher nicht zur Sprache. Es ist nebensächlich.

Wenn ich im bequemen Sessel Platz nehme, seufze ich. Diesen Reflex kann ich nicht unterdrücken und plötzlich sprudelt aus mir heraus, was mich gerade beschäftigt. Meine eigenen Worte überraschen mich in dem Moment, in dem sie meinen Mund verlassen. Wenige Sekunden vorher war mir noch unklar, was ich hier eigentlich soll. Seltsam. Zunächst bin ich enttäuscht, weil wir kaum Lösungen erarbeiten, doch dann erkenne ich den Nutzen der Kontrollfunktion: Ich hüte mich davor, in alte und bequeme Muster zurückzufallen, da ich mich in der Gesprächstherapie „rechtfertige".

Als ich mir schwor, meinem Herzen zu folgen, koppelte ich daran die absolute Wahrhaftigkeit mir und meinem Umfeld gegenüber – auch wenn es mitunter schwer ist. Wenn ich jemanden belüge, belüge ich mich im Grunde selbst. Wer dies einmal erkannt und in seine Lebensweise integriert hat, kann nicht mehr zurück. Ich bin unfähig, mich zu verbiegen, was mir früher das Leben in unserer Gesellschaft scheinbar erleichtert hatte. In Wahrheit verhindert es das wahre Leben und wir verstricken uns immer tiefer in den Rollen, die wir spielen. Sich ohne Maske zu bewegen, macht stark und verwundbar zugleich. Daher möchte ich lernen, meine Grenzen zu wahren.

Keine leichte Aufgabe für jemanden, der sie in der Vergangenheit verleugnet hat. Aus diesem Grund nahm ich das Training im Fitnessstudio erst nach einigen Wochen wieder auf. Sport aus reinem Spaß zu betreiben, war mir bislang fremd, und hinter der nächsten Mauer lauert der Leistungsgedanke auf einen schwachen Moment. Doch ich erinnere mich an das wilde Tischtennisspiel in der Klinik und wie viel Freude es mir bereitete.

Daher startete ich den ersten Versuch, das Fitnessstudio aus Spaß regelmäßig zu besuchen. Meine Kondition hatte merklich nachgelassen. Es fiel mir schwer, mir deswegen keine Vorwürfe zu machen und ein gesundes Pensum beizubehalten. Es war äußerst verlockend für mich, den Rückstand mit Gewalt aufzuholen, doch ich blieb standhaft.

Eines Tages komme ich in das Training nicht rein, werde nicht warm mit den Übungen. Jede ist für sich genommen eine einzige Qual. Dennoch beiße ich die Zähne zusammen, bis mir ein Licht aufgeht. An jedem anderen Tag der Woche kann ich das Fitnessstudio besuchen, der vorgezogene Feierabend fordert mich sowieso heraus, die freie Zeit zu füllen. Wenn ich am frühen Nachmittag meine Arbeit beende, bleiben vom Tag noch so viele Stunden übrig. Wenn mir das Training heute schwer fällt, dann ist es wohl der falsche Zeitpunkt. Mein Körper zeigt mir dies deutlich an und dennoch versuche ich, es zu ignorieren. Der innere Einpeitscher feiert ein Freudenfest, welches ich ihm augenblicklich verderbe. Ich gehe zuerst in die Akzeptanz, dann unter die Dusche und anschließend nach Hause.

Das Gefühl, versagt zu haben, ist reine Illusion und in diesem Moment bin ich in so starkem Selbstkontakt, dass ich keine Sekunde darauf hereinfalle. Der innere Einpeitscher schaut mich sprachlos an und versteht die Welt nicht mehr. Tja, mein Junge, da musste jetzt durch …

Während sich der Kontakt zu meiner Familie einspielt, bleibt das Verhältnis zu meinem Vater angespannt und zeitweise irritierend. Am Telefon vernehme ich höchst ungewöhnliche Worte. Ich solle noch nicht an die Arbeit denken, sondern mir Zeit nehmen, gesund zu werden, und mir bloß keine Sorgen machen. Er wäre für mich da.

Ist das wirklich mein Vater am anderen Ende der Leitung? Über das unerwartete Hilfsangebot freue ich mich sehr, doch auch nach Wochen hat sich nichts getan. Wir telefonieren zwar regelmäßig, aber meist unter Zeitdruck, wie bisher. Bald schon stellt er wiederholt die gleichen Fragen, hört nicht zu und kann oder will nicht verstehen. Es kostet mich sehr viel Energie, einen gemeinsamen Nenner zu finden, von dem ich sicher bin, dass er existiert. Muss er einfach. Eines Tages bin ich des Spiels überdrüssig und fordere die zugesagte Unterstützung ein. Die habe er mir nie versprochen und ich wäre auf mich gestellt. Das Gespräch, an das ich mich erinnern will, muss wohl meiner überschäumenden Fantasie entsprungen sein. Der Vertrauensbruch macht mich wütend und gleichzeitig traurig.

Längst ist mein Vater ein grundlegendes Thema in der Gesprächstherapie. Dort erhoffe ich mir Antworten, die jedoch anders ausfallen, als ich es mir vorstelle. Meine Therapeutin schüttelt mit dem Kopf und gibt zum Ausdruck, nicht zu verstehen, weshalb ich mir so viel Mühe angesichts der hoffnungslosen Lage geben würde. Zunächst bin ich enttäuscht, dass sie mir nicht mehr sagen kann, doch bald erkenne ich den wichtigen Hinweis. Meinen Vater versorge ich mit Aufmerksamkeit und verliere dadurch meine Energie. Nach den meisten Telefonaten fühle ich mich ausgelaugt und leer. An diesem Punkt in meinem Leben gibt es keinen gemeinsamen Nenner und so beschließe ich, aus dem Spiel auszusteigen.

Alleine schaffe ich es nicht und Monika befindet sich ebenfalls mitten in herausfordernden Prozessen. Daher braucht sie auch Zeit für sich. Aber ich kenne Menschen, die mir helfen können, und ich weiß, wo sie sind. Als ich den Raum betrete, begrüßen mich viele bekannte Gesichter. Das erste Mal seit Wochen bin ich beim Familienstellen. Wir fallen uns freudig in die Arme. Ich kann mich öffnen und erzähle in Stichpunkten von meinem Kranksein und der Zeit in der Klinik. Es war zwar deutlich gewesen, dass meine Lage ernst ist, doch worunter ich litt, hatte ich aus Scham verschwiegen.

Sophia ist auch anwesend, Manuel inzwischen umgezogen. Sie ermuntert mich, Kontakt mit ihm aufzunehmen, worüber er sich bestimmt freuen würde. Ich weiß zwar nicht, warum ihm das Freude bereiten soll, dennoch schreibe ich ihm eine SMS. Noch ahne ich nicht, dass dies der Beginn einer außergewöhnlichen Freundschaft ist.

Zunächst tut mir das Familienstellen gut und da ich ab sofort keine Maske mehr trage und mein Herz offener ist, nehme ich mehr wahr als zuvor. Überraschend wird ein Glaubenssatz sichtbar, der mich bereits mein ganzes Leben begleitet. *Meinen Platz in der Gesellschaft muss ich mir erkämpfen.* Das ist ein mächtiges unbewusstes Verhaltensmuster, welches mich bis zum bitteren Ende in die Erschöpfung treibt. Ich bin geschockt und erkenne, dass ich hier in Liebe und Dankbarkeit Altes loslassen darf. Dazu später mehr.

Zusammen mit Bärbel gelingt es mir, weitere unbewusste Strukturen ans Licht zu befördern. Dabei bin ich erstaunlich lernfähig. Wenn man ein Glas mit schalem Wasser ausleert, kann man frisches einfüllen. Das umschreibt meine Situation passend. Durch den totalen Zusammenbruch habe ich alles verloren, mein altes Selbst- und Weltbild ist ungültig. Daher bin ich offen für neue Sichtweisen, die ich nach kurzer Zeit fest integriere. Da ich alles verloren hatte, konnte ich nur noch gewinnen. In der Gesprächstherapie werden mir Zusammenhänge bewusst, die ich mit Bärbel und dem Familienstellen beleuchten kann.

Meine Therapeutin ist angesichts des Tempos mitunter sprachlos. Während sie noch über ein bestimmtes Thema reden will, bin ich bereits beim nächsten. Dabei husche ich weder darüber noch verdränge ich etwas, sondern mache es mir in aller Deutlichkeit bewusst.

So ist das Thema mit meinem Vater schnell mit Hilfe von Manuel geklärt. In meinem Wohnzimmer stellen wir die Situation auf, wobei Manuel in die Rolle meines Vaters schlüpft. Endlich erfahre ich die unbewussten Hintergründe für sein Verhalten und es entsteht ein konstruktiver Dialog. Es ist an mir, meinen Vater so anzunehmen, wie er ist, und mich für seine bisherige Hilfe zu bedanken. „Wir" vereinbaren, den jeweils anderen zu respektieren und da wir keinen gemeinsamen Nenner mehr finden, eigene Wege zu gehen.

Die Aufstellung ist ergreifend und reinigend. Mit meinem Vater habe ich darüber nicht geredet und wir haben seine „Baustellen" nicht weiter beleuchtet. Dennoch bricht mein Vater kurz darauf den Kontakt zu mir ohne eine Erklärung ab. Zum gegenwärtigen Zeitpunkt haben wir uns nichts mehr zu sagen und alle essentiellen Botschaften liegen offen. Es liegt an mir, diese Einsichten in mein Leben zu integrieren. Mein Vater liebt mich, kann aber nicht aus seiner Haut. Er entscheidet sich dafür, andere Menschen verantwortlich zu machen und in alten Bahnen zu bleiben.

Zunächst ist es schwer für mich, das zu akzeptieren, denn ich hatte in unseren Gesprächen stets versucht, ihn für Neues zu öffnen. Jetzt muss ich erkennen, dass mein Vorhaben von Anfang an zum Scheitern verurteilt war und ich im wahrsten Sinne des Wortes meine Energie verschwendete. Es ist an der Zeit, auf mich zu achten und meine eigenen Baustellen zu bearbeiten. Mein Vater kann mir dabei nicht helfen, denn einige davon würden seine eigenen Lernaufgaben betreffen. Da er diese (noch) verleugnet, reagierte er für meine Begriffe bislang irrational. Nun ist alles logisch und es herrscht Friede.

Meiner Therapeutin erzähle ich nichts von meiner alternativen Herangehensweise. Während unseren Gesprächen spüre ich deswegen in mich hinein, doch es bleibt unstimmig, sie einzuweihen.

Eine weitere frohe Botschaft kommt von meiner Sachbearbeiterin vom Amt für Arbeit & Soziales. In der Klinik plante ich nicht nur halbtags zu arbeiten, sondern nahm mir vor, eine Weiterbildung zu absolvieren. Nachdem ich mehrere Angebote betrachte, finde ich schnell ein passendes Fernstudium. Nun muss ich nur noch meine Sachbearbeiterin davon überzeugen, mir einen entsprechenden Bildungsgutschein zu gewähren. Insgeheim rechne ich mit großem Widerstand und überlege mir vielfältige Argumente.

Als ich um einen Termin bitte und dort meine Idee präsentiere, hat meine Sachbearbeiterin tatsächlich ein offenes Ohr für mein Anliegen. Sie scheint sich über meine Idee und mein Engagement ehrlich zu freuen. Wenige Wochen später ist mein Antrag genehmigt und ich beginne mit einem Fernstudium in der Fachrichtung Public Relations. Wie sich Monate später zeigen wird, benötige ich dies hauptsächlich dazu, meine Selbstsicherheit wiederzufinden. Ohne die Bildungsmaßnahme wäre es mir in der relativ kurzen Zeit nicht gelungen, beruflich Fuß zu fassen. Wie essentiell das Studium für meinen weiteren Weg ist, kann ich zum jetzigen Zeitpunkt noch nicht ahnen.

Das Fernstudium ist auf eine Dauer von zwölf Monaten konzipiert. Dennoch herrscht kein Druck: Ohne Mehrkosten kann ich mir eineinhalb Jahre Zeit lassen, doch das kommt für mich nicht in Frage. Wenige Wochen zuvor war mir aufgrund der vielen Freizeit langweilig, denn außer im Park die Enten zu beobachten oder das Fitnessstudio zu besuchen, habe ich kaum etwas unternommen. Daher freue ich mich darauf, wieder aktiv sein zu können. Bisher ist der berufliche Erfolg – positiv ausgedrückt – „überschaubar". Ich kann nur einen Artikel verkaufen, den ich Monate vor meinem Zusammenbruch geschrieben habe. Das Honorar ist kaum der Rede wert, aber besser als nichts.

Als jedoch die ersten Studienunterlagen eintreffen, rast erneut mein Herz und meine Hände beginnen zu zittern. Ich fürchte mich davor, den Umschlag zu öffnen und die ersten Lernhefte aufzuschlagen. Kurz vor meinem endgültigen Zusammenbruch im Winter 2008 war mein Gedächtnis ein Sieb. Sobald ich den Telefonhörer auflegte, war es möglich, dass ich schlagartig den Inhalt des Gesprächs vergaß. Jetzt heißt es, selbständig aus Büchern lernen, Texte lesen, deren Informationen verstehen, merken und anwenden. Ich wäre am Boden zerstört, wenn ich versagen würde. Zwei Wochen rühre ich das Lernmaterial nicht an, mache sogar einen Bogen darum.

Mein Verhalten geht mir bald stark auf die Nerven. Die Wochen, nachdem der Bildungsgutschein genehmigt worden war, fieberte ich dem Studiumsbeginn entgegen. Endlich wieder eine berufliche Aufgabe haben, die Arbeitszeit mit etwas Nützlichem füllen und Neues entdecken, waren die Sehnsüchte. Nun hat das Studium angefangen, welches ich in zwölf Monaten beenden will. Das bedeutet, dass ich jeden Monat ein Lernheft durcharbeiten und eine Hausarbeit schreiben muss. Jetzt sind schon zwei Wochen damit ins Land gegangen, Staub auf die Unterlagen rieseln zu lassen. Anscheinend weiß ich selber nicht, was ich will, und das macht mich fast rasend.

Ab einem gewissen Punkt finde ich den Mut und schlage das erste Lernheft auf. Zum Lesen setze ich mich ins Wohnzimmer. Anfangs fällt es mir schwer, einzelne wichtige Aussagen zu finden, und so mache ich mir zu viele Notizen. Die nächste Hürde wartet am Heftende: Die Hausarbeit möchte geschrieben werden. Abwechselnd muss ich Fragen beantworten, Analysen anfertigen, Pressetexte schreiben, Konzepte erstellen und dergleichen. Alles, wozu ich nicht in der Lage bin. Glaube ich zumindest. Die zwölf Hausarbeiten werden bewertet und ergeben am Ende die Gesamtnote auf dem Abschlusszeugnis. Dort soll natürlich eine Eins glänzen, obwohl das vollkommen utopisch ist, denn als ich die erste Hausarbeit schreibe, zittern meine Finger, Panik umschließt mein Herz und mir bleibt die Luft weg. Ich flüchte in die Küche, trinke ein Glas Wasser – ob ich Durst habe weiß ich nicht. Hauptsache, ich bin nicht mehr im Büro und habe einen Grund, den Raum zu verlassen. So sehr ich mich auch bemühe, ich kann nicht ewig davonlaufen, sondern muss mich meinen Ängsten stellen.

Es geht um eine Note in einem Abschlusszeugnis, welches wahrscheinlich kaum jemand zu Gesicht bekommen wird. Zudem kann ich keinen Schaden wie bei dem Großkunden anrichten, alles dient zu Übungszwecken. Zaghaft kehre ich in das Büro zurück, setze mich an den Schreibtisch und beginne zu schreiben.

Einige Tage darauf traue ich mich kaum, die elektronische Antwort des Dozenten zu öffnen, denn im Anhang befindet sich die Bewertung meiner Arbeit. Mit klopfendem Herzen klicke ich auf die Datei und augenblicklich atme ich erleichtert aus. Ich habe eine Eins-Minus geschrieben. Das ist besser, als ich erwartet hatte. Kehren meine Fähigkeiten zurück? Anscheinend.

Einige Tage nach diesem Erfolgserlebnis besuche ich einen Vortrag über Erneuerbare Energie, denn ich habe es satt, abends alleine in meiner Wohnung zu sitzen. Auf dem Nachhauseweg blitzt eine vermessene Idee auf: Ich könnte doch einen Artikel über das Thema schreiben. Nein kann ich nicht, sage ich mir augenblicklich. Es ist noch zu früh und ich bin wieder zu schnell, doch die Idee lässt mich nicht los. Es ist die Angst, eine Formulierung im Kopf zu haben und sie nicht aufschreiben zu können. Wie damals, als ich dachte, den Verstand verloren zu haben. Nie wieder möchte ich in diese Situation kommen, denn ich wäre dermaßen verzweifelt, es erneut zu erleben, dass ich schlicht Panik vor meiner möglichen Reaktion habe.

Die meisten Ängste haben etwas mit unserer Zukunft zu tun, selten mit dem Jetzt und der Realität. Was wäre, wenn? Diese Frage droht mich zu lähmen, wenn ich nicht bald über meinen Schatten springe. In der ersten Hausarbeit des Fernstudiums habe ich mir doch bereits bewiesen, wieder kreativ tätig sein zu können. Was fehlt, ist Selbstvertrauen, welches ich jedoch erst erlange, wenn ich regelmäßig meiner journalistischen Berufung nachgehe. Daher überrede ich mich selbst, es auf einen Versuch ankommen zu lassen, und verspreche mir, nicht böse auf mich zu sein, wenn es nicht klappt.

Der Beitrag ist etwas holprig und zunächst zu lang, dennoch biete ich ihn der raum & zeit an. Es ist mein erstes Lebenszeichen bei der Redaktion nach langer Zeit, doch man kann sich zum Glück an mich erinnern. Aufgrund der PR-Arbeit für den Großkunden hatte ich keine Muße mehr gefunden, wahrhaftige Artikel zu schreiben. Mein erster Entwurf mit dem Arbeitstitel „Die Zukunft wird grün" gefällt mir einigermaßen oder besser ausgedrückt: Ich weiß nicht, was ich noch optimieren kann. Hoffentlich ist er brauchbar, denn ich fürchte mich vor einer Blamage.

Das Themenangebot findet Anklang bei den Redakteurinnen Andrea und Angelika, mit denen ich zu diesem Zeitpunkt noch per Sie bin. Der Artikel wird gekürzt, überarbeitet und schließlich mit der Überschrift „Strahlende Zukunft – Wie die Atomlobby die Energiewende verhindern will" veröffentlicht.[4]

Der Journalist Jens Brehl ist wieder da. Er ist noch etwas wacklig auf den Beinen, aber das wird sich geben. Noch strengt mich die Arbeit an und ich muss bewusst auf Verschnaufpausen achten. Zudem fürchte ich mich vor einem plötzlichen Blackout. Daher mahne ich mich immer wieder zur Geduld und einen Schritt nach dem anderen zu gehen.

Nachdem die weiteren Hausarbeiten sehr gut benotet wurden, fasse ich im Frühjahr 2010 einen Entschluss: Ich möchte die Redaktion der raum & zeit besuchen, um mich allen persönlich vorzustellen. Für das Magazin möchte ich wieder regelmäßig schreiben und auch Aufträge von der Redaktion erhalten. Zuvor prüfe ich meine

Finanzen und stelle fest, dass es ein riskantes Unterfangen werden wird. Die Fahrtkosten kann ich mir nicht leisten, da mein Budget mehr als nur knapp ist. Alleine von diesem Geld könnte ich über einen Monat meinen Lebensunterhalt bestreiten. Wäre es nicht besser auf Nummer Sicher zu gehen? Der Besuch könnte sich als (finanzieller) Reinfall entpuppen.

Bislang kenne ich niemanden in der Redaktion oder Verlagsleitung persönlich. Der Kontakt beschränkt sich auf Telefonate und E-Mails. Die Stimme in meinem Herzen drängt mich dazu, nach Wolfratshausen aufzubrechen, da die Zeit dafür reif sei. Doch mich plagen Versagensängste, wobei der finanzielle Aspekt eine willkommene Ausrede ist, nichts zu unternehmen.

Diese Rechnung habe ich ohne meine geistigen Helfer gemacht: Wenn ich aufmerksam genug bin, erhalte ich nicht nur durch mein höheres Selbst wichtige Botschaften, sondern finde sie in meinem direkten Umfeld. Sobald ich zweifle, dass ich Geld ausgeben kann oder ob eine bereits erfolgte Ausgabe richtig war, finde ich just in diesem Moment Geld oder bekomme unerwartet etwas geschenkt.

Hin und her gerissen was ich tun soll, springe ich von meinem Bürostuhl auf und gehe in die Bibliothek. Die wollte ich eigentlich erst in den nächsten Tagen besuchen, um Bücher abzugeben und neue auszuleihen. Mein überstürzter Aufbruch ärgert mich, weil ich mich wie ein Feigling fühle. Anstatt mein Dilemma zu lösen, will ich meine Zeit damit vertrödeln, mir Romane auszuleihen. Wieder auf der Flucht wertvolle Arbeitszeit verschwendet. Da ich mich jedoch bereits auf halbem Wege befinde, kehre ich nicht um. Dadurch wäre ich noch genervter, denn ich hätte Arbeitszeit damit vergeudet, sinnlos durch die Gegend zu stapfen. Der Tag wäre endgültig gelaufen und ich fürchte, aufgrund der Unzufriedenheit in eine depressive Phase zu rutschen. Diese Scheiße geht mir langsam auch auf den Wecker, doch darüber darf ich jetzt nicht nachdenken. Bloß nicht in eine Grübelschleife geraten, sondern aktiv bleiben.

Zurück zu meinem Problem: Soll ich fahren oder nicht? Die Frage beschäftigt mich, als ich meinen Rucksack in der Bibliothek im Schließfach deponiere und ich einen Euro aus dem Portemonnaie hole. Den muss man als Pfand einwerfen. Verdutzt halte ich inne: Es liegt bereits eine Münze im kleinen Ausgabeschälchen. Der Vornutzer hat sie vergessen oder für mich hinterlegt. Es ist entschieden: Ich fahre nach Wolfratshausen.

Mit klopfendem Herzen wähle ich am nächsten Tag die Telefonnummer von Angelika und konzentriere mich zuvor darauf, sie mit „Frau Fischer" anzureden. Das „Du" hat sie mir nie angeboten und ich bin mir unsicher, ob der Verlag das gerne hört. Bereits seit Jahren fühlt sich das „Sie" völlig unstimmig an, daher muss ich mich bei jedem Telefonat auf die „korrekte" Anrede einstimmen. Ich spüre, dass von diesem Gespräch eine Menge abhängt, und möchte es daher unter keinen Umständen in den Sand setzen. Als Frau Fischer den Hörer abnimmt, äußere ich ihr gegenüber unsicher den Wunsch, den Verlag besuchen zu wollen. Sofort sagt sie begeistert zu und ich frage mich verdattert, was ich nun mit den vielen Argumenten anfangen soll, die ich mir zurechtgelegt hatte. Mir ist klar, dass ich Nägel mit Köpfen machen muss, damit mir ein Rückzieher unmöglich wird. Wir vereinbaren einen festen Termin und aus dem Bauch heraus bestelle ich mir neben den Zugtickets eine Bahncard, die mich 120 Euro kostet. Keine Ahnung, wovon ich das bezahlen soll, doch ich höre auf die gefundene Münze, die ich als entsprechendes Zeichen interpretiere.

In solchen Momenten erinnere ich mich bewusst daran, dass ich mich in der Klinik dazu entschieden hatte, meinem Herzen und meiner Intuition zu vertrauen und zu folgen. Verstand und Herz in Einklang zu bringen, ist mitunter herausfordernd, denn im Grunde meinen es beide gut mit mir. Lediglich die jeweilige Sichtweise ist unterschiedlich, woraus sich konträre Handlungsweisen ergeben. Mein Herz weiß, dass ich richtig handle. Der Verstand zweifelt und fordert einen Beweis. Der liegt indes in meinem Briefkasten: Die Verwertungsgesellschaft der Autoren, die VG Wort, hatte eine Nachzahlung angekündigt. Ich rechne mit höchstens 50 Euro. Verwirrt versuche ich herauszufinden, wieso die Summe auf dem Scheck eine Null zuviel aufweist. Beim besten Willen kann ich den Fehler auf der Abrechnung nicht finden und erst nach einer halben Minute verstehe ich, dass mir 500 Euro zustehen. Die Reisekosten sind gedeckt. Das Herz hatte recht; der Verstand schmollt.

Wenige Wochen später sitzen die Redaktionsmitglieder und ich am runden Tisch. Was ich genau sagen möchte, weiß ich nicht. Aus dem Bauch heraus entscheide ich mich, das Gespräch fließen zu lassen, ihm Raum zu geben und zu schauen, wohin es uns führt. Lediglich meine Stichpunkte arbeite ich ab: Welche Themen ich abdecken kann und dass ich für Aufträge verfügbar bin. Bislang hatte ich es versäumt, meine Fähigkeiten und Wünsche darzulegen. Schon eigenartig, dass ein stummer Beobachter, wie ich es war, überhaupt in der Kommunikation und der Medienbranche tätig ist. Doch dies ist nicht der richtige Augenblick, sich darüber Gedanken zu machen, denn ich glaube, mich verhört zu haben. Tatsächlich würde seit Wochen ein Thema aus Zeitgründen unbearbeitet herumliegen. Meine Selbstsicherheit ist dahin. Hatte ich sie überhaupt im Gepäck oder war mein souveränes Auftreten eine Illusion gewesen?

Plötzlich befinde ich mich nicht mehr in einem lockeren Vorgespräch, sondern bekomme tatsächlich einen Auftrag und man möchte den Inhalt mit mir klären. Mein Herz klopft, ich spüre den Wunsch zu hyperventilieren, in Schweiß auszubrechen und schreiend aus dem Raum zu rennen: DAS IST ZU FRÜH, ICH WERDE VERSAGEN! WISST IHR DAS DENN NICHT? Die Zeit dehnt sich, meine Wahrnehmung ist entsprechend intensiv: Ich durchlebe in wenigen Sekunden – oder in einer einzigen? – eine Fülle von Emotionen, die ich nicht vollständig einzuordnen vermag. Mir ist es unmöglich zu flüchten, denn ich möchte diese Chance ergreifen. Wenn ich es nicht tue, wird die Angst mein restliches Leben bestimmen. Was will die Angst eigentlich von mir? Einerseits wünsche ich mir Aufträge, andererseits würde ich diesen liebend gerne ablehnen und die Beine in die Hand nehmen.

Keiner der Gesprächsteilnehmer ahnt etwas von meinem inneren Kampf, so gut habe ich mich (wieder) im Griff. Zunächst gebe ich mich mäßig interessiert, denn das Thema „Leben im Alter" ist aus meiner Sicht unspektakulär und langweilig. Wahrscheinlicher ist aber, dass ich mir das Thema schlecht reden will, um den Grund für eine Ablehnung zu haben. Dennoch gelingt es mir nicht, den Auftrag abzuwehren, im Gegenteil.

Als ich wieder zu Hause bin, erhalte ich noch positive Rückmeldung über meinen Besuch. Zumindest bin ich mit den beiden Redakteurinnen Andrea und Angelika endlich per du, was vieles für mich erleichtert. In einem privaten Gespräch mit Angelika verplappere ich mich und erzähle tatsächlich etwas von meiner Burnout-Erfahrung. Während die Worte meinen Mund verlassen, beobachte ich mich und schüttele ungläubig den Kopf. *Was zum Henker soll das werden, hast du den Verstand verloren? Erst machst du einen kompetenten Eindruck und dann spülst du ihn das Klo herunter? Ehrlich, Mann, ich verstehe dich nicht!* Das ist der Verstand. Die Rolle des Sprachrohrs hat das Herz übernommen. Es hat ohne mein bewusstes Zutun in Angelika einen Menschen erkannt, dem es sich anvertrauen kann – und dies zu einem Zeitpunkt, in dem nur das engste Umfeld bruchstückhaft meine Erlebnisse kennt.

In den nächsten Tagen meide ich das von der Redaktion zur Verfügung gestellte Recherchematerial wie der Teufel das Weihwasser. Leider kann ich mich nicht ewig drücken und muss irgendwann mit meiner Arbeit beginnen. Wir haben zwar keinen konkreten Abgabetermin vereinbart, doch ich leide jeden Tag, an dem ich untätig geblieben bin. Schließlich arbeite ich mich in das Thema ein und beginne zu schreiben. Nach zwei Absätzen ist klar, dass ich nur Mist produziere, und ich fühle mich wie gelähmt. Genau so war es damals. Ich wollte schreiben, aber es ging nicht. Mir bricht der Schweiß bei dem Gedanken aus, die in mich gesetzten Erwartungen enttäuschen zu müssen. Wenn dieser Auftrag in die Hose geht, ist eine weitere Zusammenarbeit eher unwahrscheinlich und niemand kann mir helfen. Hätte ich vielleicht doch ein paar Monate mit meinem Besuch warten sollen?

Tage später vereinbare ich ein Interview und erhalte hier viele essentielle Informationen. Plötzlich schält sich vor meinem geistigen Auge eine Struktur aus dem Gefühls- und Gedankenchaos heraus. Das Thema beginnt mich zu interessieren und es entsteht ein neuer Text. Während der Recherche öffnen sich weitere Türen und ich lerne Menschen kennen, die wichtige Informationen für mich haben und den Beitrag damit bereichern.

Als ich den ersten Entwurf in der Redaktion einreiche, laufe ich wie ein Tiger im Käfig in meiner Wohnung auf und ab. Das Atmen fällt mir schwer und mein Herz pocht, als wäre ich einen Marathon gelaufen. Ich fürchte mich vor der Antwort aus der Redaktion, denn ich kann nicht abschätzen, wie gut oder schlecht meine Arbeit ist. Alles was ich weiß, ist, dass der Artikel in meinen Augen fertig ist, ich wüsste nicht, was ich noch ergänzen könnte. Wahrscheinlich habe ich wichtige Kernpunkte übersehen und das Thema nicht im Sinne der Verlagsleitung umgesetzt. Dann die erlösende Botschaft: Der Beitrag ist in Ordnung und wird veröffentlicht.[5)]

Zu diesem Zeitpunkt ahnt niemand, wie erleichtert ich bin. Ein tonnenschweres Gewicht fällt augenblicklich von meinen Schultern, kurz bevor es mich zerquetschen konnte. Vielleicht sieht meine Zukunft als Journalist doch rosig aus? Ich wage es jedenfalls, zu schwärmen und davon zu träumen. Noch ahne ich nichts von den journalistischen Erfolgen der nahen Zukunft und auch das Fernstudium sollte ich mit der utopischen Eins im Zeugnis abschließen.

Schattensprünge

Im Sommer 2009 gibt es zunächst noch Rückschläge zu vermelden, zumindest empfinde ich das zu dieser Zeit. Depressive Phasen und Existenzängste schleichen sich in meinen Alltag. Es entsteht die Illusion, alleine zu sein und keinen Sinn im Leben zu haben. Daran kann auch die einmal wöchentlich stattfindende Gesprächstherapie kaum etwas ändern. An manchen Tagen fehlt mir der rechte Antrieb, trotz vereinzelter Erfolgserlebnisse.

Als ich in der Stadt unterwegs bin, beschließe ich spontan, eine gemeinnützige und soziale Einrichtung aufzusuchen. Ich habe keinen Termin und bin mir unsicher, mich überhaupt an die richtige Stelle zu wenden, obwohl mir jemand erzählte, dort würde man sich auch um depressive Menschen kümmern. Noch im Hausflur überlege ich es mir anders und drehe um, nur um es mir erneut anders zu überlegen. Mein Gott, es ist eben dieses Hinundher, was mich belastet und nervt. Einige Tage zuvor war ich kurz versucht, mich in der Psychosomatischen Tagesklinik in Fulda zu melden und zu bitten, man möge mich aufnehmen. Von morgens bis spätnachmittags wäre ich in diversen Therapien und abends zu Hause.

Doch ich muss mich in meinem Alltag zurechtfinden, darf nicht ständig fliehen, und ich möchte mich nicht von einem Klinikaufenthalt zum nächsten hangeln. So entschlossen wie möglich melde ich mich am Empfang der sozialen Organisation und werde gebeten, kurz zu warten. Während diesen wenigen Minuten zweifle ich daran, das Richtige zu tun. Mein Anliegen erscheint mir kindisch, denn in meinen Augen bin ich ein erwachsener Mann, der sich nicht zusammenreißen kann.

Minuten später werde ich aus meinen Grübeleien erlöst und sitze kurz darauf einer engagierten Mitarbeiterin gegenüber. Meine Stimme zittert wieder und ich bin unruhig. So zusammenhängend wie möglich erkläre ich meine Situation. Ich sei ehemaliger Burnout-Patient, der eine schwere depressive Phase durchlebt habe und teilweise noch durchlebe. Der Alltag überfordere mich manchmal und ich wüsste in manchen Situationen nicht wohin mit mir. Ich sei zwar in einer Gesprächtherapie, bräuchte aber darüber hinaus noch Hilfe, möchte aber nicht schon wieder in eine Klinik. Nach endlos anmutenden Erklärungen lasse ich die Katze aus dem Sack: Ich benötige Hilfe und schäme mich dafür. Dabei dachte ich, längst über das Stadium des Schämens hinaus zu sein.

Mein Gegenüber möchte wissen, ob ich Psychopharmaka genommen habe oder gar aktuell noch nehme. Ich verneine. Mit dem Zeugs möchte ich nichts zu tun haben, was ich allerdings an dieser Stelle für mich behalte. Es soll nicht der Eindruck entstehen, ich würde von vornherein mögliche Lösungswege ablehnen – obwohl ich das medikamentöse Unterdrücken von Emotionen in meinem Fall nicht als Antwort auf meine Probleme betrachte.

Die Mitarbeiterin erzählt mir von einer Selbsthilfegruppe, die sich regelmäßig treffen und gemeinsam etwas unternehmen würde. Genau das ist mein Problem, denn ich verkrieche mich noch viel zu oft, und aufgrund meiner bisherigen Arbeitssucht sind meine sozialen Kontakte alles andere als üppig. Im Sommer würde man sogar gemeinsam im Garten arbeiten. Ich kann mein Glück nicht fassen, denn das klingt für mich wie das Paradies auf Erden: Mit Menschen zusammen zu sein, die mich verstehen. Doch der Traum platzt augenblicklich: Man könne mich auf gar keinen Fall in die Gruppe aufnehmen. Dort kämen Menschen zusammen, die mitunter seit Jahrzehnten schwer depressiv und suizidgefährdet sind und ihren Alltag teilweise überhaupt nicht mehr bewältigen. Ich würde mich dort unwohl fühlen und schon gar nicht weiter genesen können. Im Gegenteil: Die Mitarbeiterin hat Angst, dass mich der depressive Gruppenstrudel erfasst und mit nach unten zieht. Es sieht so aus, als würden die Depressiven zwar beschäftigt, aber Lösungswege erschließen sich daraus nicht.

Mit hängenden Schultern begreife ich das Vakuum, in dem ich mich befinde: Ich bin nicht gesund genug, um Vollzeit zu arbeiten und mein Leben wieder vollständig meistern zu können, aber auch nicht krank genug für weitere Therapien oder die Aufnahme in diese spezielle Selbsthilfegruppe. Wahrscheinlich mache ich mir einfach zu viel Druck, denn ich verlange von mir, wieder schnell vollständig einsatzbereit zu sein. Lieber heute als morgen möchte ich dem Amt für Arbeit & Soziales endgültig den Rücken kehren. Ich empfinde es als Schande, auf Arbeitslosengeld II angewiesen zu sein. Auch wenn es mir gewaltig stinkt: Geduld ist eine Tugend.

Die finanzielle Situation ist prekär, denn mit dem Arbeitslosengeld II allein kann ich nicht alle meine Kosten decken – zumal ich noch eine offene Verbindlichkeit in monatlichen Raten tilge. Daher muss ich Abstriche machen. Der Druck und die Tatsache, jeden Euro zwei Mal herumdrehen zu müssen, zerren an meinen Nerven. Statistisch gesehen lebe ich unterhalb der Armutsgrenze. So weit habe ich es als Journalist und PR-Berater geschafft. Zudem bin ich traurig, Monika nicht mehr bieten zu können. Gerne würde ich mit ihr über das Wochenende verreisen, doch es kommt für mich nicht in Frage, ihr auf der Tasche zu liegen. Daher erwähne ich meinen Wunsch erst gar nicht.

Wieder drohen die Lebensmittel, knapp zu werden, und ich habe zusehends das Gefühl, mich im Kreis zu drehen. Als ich nach Fulda zog und mein Medienbüro eröffnete, saß ich in der gleichen Klemme. Danach habe ich für einige Monate viel Geld verdient und finanzielle Sorgen endgültig ad acta gelegt. Der berufliche Durchbruch war erfolgt. Zumindest kurz vor dem Absturz.

Im Internet entdecke ich die Fuldaer Tafel. Vom Handel nicht mehr als verkaufsfähig angesehene Lebensmittel werden für zwei Euro pro „Einkauf" an Bedürftige verteilt. Das sind neben Gebäck vom Vortag, Bananen mit braunen Flecken, Salatköpfe mit welken Blättern, Lebensmittel aus Überproduktion oder solche, die nicht schnell genug einen Abnehmer gefunden haben und daher wertvolle Regalmeter im Einzelhandel blockieren.[6] Nein, so tief sinke ich auf keinen Fall und daher wehre ich mich allein gegen die Vorstellung, um Lebensmittel in einer Schlange anzustehen. Angesichts des leeren Kühlschranks hilft aber alles Zieren nichts.

Als mich Monika besucht, lasse ich mich von ihr zu der auf der Internetseite angegebenen Adresse fahren. Da ich nicht möchte, dass sie mich bei meinem entwürdigenden Gang begleitet, fährt sie nach Hause. Vor dem Eingang hat sich bereits eine lange Menschenschlange gebildet und ich reihe mich ein. Leider werde ich auch dann nicht unsichtbar, wenn ich den Kopf einziehe. Ich schäme mich in Grund und Boden. Vom erfolgreichen Journalist und Berater zum Almosenempfänger. Da ich auf keinen Fall wie ein Idiot wirken möchte, frage ich nicht nach dem Ablauf, sondern warte brav, bis ich an der Reihe bin. Ich versuche, Gesprächen aus dem Weg zu gehen, doch spätestens, als wir dicht gedrängt auf einer Metalltreppe stehen, ist Ausweichen schwer. Wenn jemand einen Witz erzählt, lache ich höflich mit. Ich tue alles, um nicht weiter aufzufallen, und wäre am liebsten zu Hause. Zum Glück sieht mich Monika nicht. Der Ausländeranteil ist hoch, ebenso sind ehemalige oder aktive Alkoholiker anwesend. Noch nie habe ich so viele gescheiterte Existenzen auf einem Haufen gesehen, wobei ich mich dazu zähle. Anscheinend haben sehr viele Menschen Probleme damit, sich mit dem Nötigsten zu versorgen. Doch lange kann ich mir keine weiteren Gedanken darüber machen, denn ich werde in den Ausgaberaum gerufen. Hier drängen sich weitere Menschen an einer Theke. Dahinter huschen die ehrenamtlichen Helfer herum und geben die Lebensmittel aus. Eine freundliche Dame fragt mich nach meinem Ausweis. Imaginär klopfe ich mir auf die Schulter: *Das haste ganz toll gemacht. Du hast extra nicht gefragt, um nicht wie ein unwissender Idiot zu wirken, und hast dich gerade deswegen zum Trottel der Nation erklärt. Gratulation!* Stotternd gebe ich zu, keinen Ausweis zu haben, und ein anderer Kunde ist verwirrt, warum ich ihn nicht gefragt habe. Schließlich haben wir fast eine halbe Stunde nebeneinander angestanden.

Die Dame hinter der Theke nimmt es gelassener als ich und schickt mich wieder hinaus, die Treppe auf der anderen Seite runter und dann ins Büro. Dort erstellt eine weitere eifrige Helferin am Computer einen Ausweis mit Bild. Sie schießt das Foto, welches mich an die Geldautomatenknacker-Klinikaufnahme auf dem Patientenausweis erinnert. Ich sehe aus, wie ich mich fühle. Doch die Dame reißt mich mit ihren Fragen immer wieder aus meinen Gedankenspiralen: In welche Gruppe ich möchte: rot, blau oder grün? Als Farbe der Hoffnung wähle ich grün und erfahre, dass die Gruppen die Ausgabezeiten monatlich tauschen. So ist jeder einmal als erster und als letzter an der Reihe. Da hat sich aber jemand Gedanken gemacht und ich staune, wie ernst der gemeinnützige Verein das System betreibt. Zusätzlich darf ich mir den Ausgabetag aussuchen, wobei meine Wahl auf den Freitag fällt. Die Mitarbeiterin zerknautscht ihr Gesicht und meint, ich solle lieber dienstags kommen, der Freitag sei ein schwieriger Tag. Obwohl ich keine Ahnung habe, was sie damit meint, stimme ich zu. Im Grunde ist es mir auch egal. Meinen Ausweis muss ich jedes Mal mitbringen, da er eingescannt wird. Somit ist gewährleistet, dass ich nur einmal in der Woche Lebensmittel abhole. Da ich neu bin und nun meinen Ausweis habe, darf ich sofort in den Ausgaberaum.

Beschämt aufgrund meiner Unkenntnis der Abläufe reiche ich meinen Ausweis über die Theke. Warum ich nicht einen der Anwesenden gefragt habe, möchte die Dame an der Lebensmittelausgabe wissen. Ich zucke mit den Schultern. „Wollte halt nicht wie ein Depp dastehen", gebe ich kleinlaut zu.

Lächelnd werde ich nach meinen Wünschen gefragt, was mich augenblicklich überfordert. Was darf ich mitnehmen und wie viel steht mir zu? Worauf habe ich eigentlich Lust? Die Ausgabe verläuft stets nach dem gleichen Schema, wie ich bald feststelle. Zunächst gibt es Backwaren vom Vortag. Danach darf ich mir Gemüse und Obst aussuchen. Zum Schluss gibt es Molkereiprodukte, auf Fleischwaren verzichte ich, ebenso auf Kuchen oder sonstige Süßigkeiten.

Die Frau an der Ausgabe verfügt über einen unendlichen Vorrat an Geduld und führt mich durch das Procedere. Als ich das erste Mal nach meinem „Einkauf" vor die Tür trete, fühle ich mich wie ein Dieb. Mein Rucksack und mehrere Einkaufstaschen sind prall mit Lebensmitteln gefüllt, für die ich lediglich zwei Euro bezahlen musste. Mein schlechtes Gewissen meldet sich zu Wort, da ich anderen Menschen, die die Hilfe nötiger haben als ich, etwas weggenommen habe. Zudem wurde mir sicherlich viel zu viel mitgegeben, weswegen ich bestimmt als gierig gelte.

Bepackt wie ein Esel mache ich mich zu Fuß auf den Heimweg und während ich die Lebensmittel verstaue, meldet sich die Freude. Zumindest brauche ich mir keine Sorgen mehr darüber zu machen, ob ich genug zu essen habe. Wieder ist eine Last von meinen Schultern genommen worden. Nach meiner Kalkulation reichen die Einnahmen jetzt auf jeden Fall für die Miete und die Energiekosten. Somit kann ich mich ein wenig entspannter um meine weitere Genesung kümmern.

Doch zunächst gilt es einen weiteren Schock zu verdauen: Ich betrete Wochen später die Ausgabestelle der Tafel und stehe plötzlich einer ehemaligen Arbeitskollegin aus meinem Ausbildungsbetrieb gegenüber. Sie arbeitet ehrenamtlich beim gemeinnützigen Verein und bedient mich heute. Während ich sie sofort erkenne, muss sie eine Weile überlegen. Gott, ist mir das peinlich. Leider verweigert mir der Erdboden den Gefallen, mich zu verschlucken – auf den ist auch kein Verlass mehr. Nun weiß sie, dass ich in meinem Leben gescheitert bin. Denke ich jedenfalls.

Bald bin ich gern gesehener Kunde der Tafel, da ich höflich bin und mir nur das nehme, was ich auch gebrauchen kann. Die Bescheidenheit legt nicht jeder an den Tag, obwohl ich nicht nachvollziehen kann, worin der Vorteil besteht, so viele Lebensmittel wie möglich abzustauben, die man aufgrund der Menge gar nicht verzehren kann und letztlich doch im Abfall entsorgen muss. Manche Menschen freuen sich anscheinend, wenn sie anderen etwas wegschnappen können oder dergleichen.

Erst Monate später wird mir klar, dass an der Tafel Menschen aus völlig unterschiedlichen Kulturkreisen aufeinandertreffen. Missverständnisse sind daher nahezu vorprogrammiert. Zudem stammen einige der Kunden aus Krisengebieten, haben Hunger, Mangel und andere traumatische Erlebnisse am eigenen Leib erfahren. Sie neigen besonders zum hamstern, denn wer weiß, wann es das nächste Mal wieder Lebensmittel gibt? Für mich sieht es aus, als seien sie gierig. Denn ich stamme aus einer Generation, die jeden Tag alles in nahezu unbegrenzten Mengen im Supermarkt einkaufen kann. Es liegt außerhalb meiner Vorstellung, über einen längeren Zeitraum zu hungern.

Generell beginne ich, die Mitarbeiter für ihren unermüdlichen Einsatz zu bewundern. Ich würde es auf keinen Fall tun, denn Dankbarkeit ist an diesem Ort nicht selbstverständlich. Oftmals werden die Mitarbeiter angepöbelt und einige Kunden können oder wollen sich nicht wie Menschen benehmen. Mehr als einmal droht eine

Situation zu eskalieren und ich sehe dabei vor meinem geistigen Auge die Fäuste fliegen. Es wird beschimpft, geflucht und manchmal mit Gewalt gedroht. „Ich werf' dich gleich die Treppe runter", sind Sätze, die man in solchen Fällen zu hören bekommt. Ich ziehe jedes Mal den Kopf ein und versuche mich, von den Streithähnen fernzuhalten.

Manchmal habe ich ein wenig Angst. Ein Kunde erzählt mir, eine Mitarbeiterin sei einmal mit einem Salatkopf beworfen worden. Es ist schon verrückt: Gerade diejenigen, die Autorität ablehnen und sich wohl eher als alternativ betrachten, rufen nach mehr Kontrolle seitens der Tafelmitarbeiter. Es müssten beispielsweise Wartemarken genutzt werden, über deren Einsatz man sich jedoch beim Arbeitsamt wiederum beschwert. Ich versuche zu erklären, dass die Aufmerksamkeit und Energie der Tafelmitarbeiter bei ihren eigentlichen Aufgaben besser aufgehoben seien. Je mehr sie mit anderen Tätigkeiten aufgehalten werden, umso langsamer geht alles voran. Schließlich könne man von erwachsenen Menschen verlangen, sich zu einigen und in einer Schlange anzustellen. Es ist ganz einfach: Jeder, der neu ankommt, fragt, wer vor ihm an der Reihe ist. Dabei gehe ich fest davon aus, dass jeder Kunde geistig dazu in der Lage ist, sich diese Person zu merken. Zudem versteht jedes Kind, dass die Ausgabe nicht schneller geht, je mehr Menschen sich in den Ausgaberaum drängeln. Die Zahl der Helfer vergrößert sich dadurch jedenfalls nicht.

Oftmals möchten mich andere, die hinter mir anstehen, nötigen, nicht vor der Tür zu warten, sondern in den Ausgaberaum zu gehen. Dort stehen jedoch bereits Kunden in zweiter Reihe und warten darauf, bedient zu werden. Dadurch wird nichts beschleunigt, sondern im Gegenteil: Je mehr Menschen sich gegenseitig auf die Füße treten, umso schleppender geht es voran.

Häufig müssen die Mitarbeiter lauthals ein Machtwort sprechen und Wartende wieder rausschicken. Schließlich heißt es Ausgabe- und nicht Warteraum. Es nervt, immer wieder die gleichen Antworten geben zu müssen. Irgendwann schalte ich meine Ohren auf Durchzug, doch nahezu jedes Mal bin ich vollkommen erschöpft, wenn ich wieder zu Hause bin. Dann fühle ich mich richtiggehend ausgelutscht, denn an manchen Tagen habe ich nicht genug Kraft mich abzugrenzen. Wenn es um Lebensmittel geht, verwandeln sich manche Menschen in Tiere. Sind das die Eltern, die ihre Kinder zum Teilen erziehen wollen?

Ständig gibt es Ärger, weil jemand meint, sich vordrängeln zu dürfen. Selbst wenn die Tafel an einem Tag weniger verteilen kann, weil einfach weniger zur Verfügung steht, ist noch nie jemand mit leeren Händen gegangen. Zudem muss man sich vergegenwärtigen, dass alleine die Backwaren mehr wert sind als zwei Euro. Ein Besuch der Tafel lohnt sich demnach in jedem Fall. Dennoch sind es immer wieder dieselben, die jede Woche den Hals nicht voll kriegen und nicht einsehen wollen, dass andere auch noch etwas bekommen müssen. Sie feilschen um jeden Krümel und werden dabei mitunter beleidigend, was manchen Mitarbeitern und den anderen Kunden an die Nieren geht.

Einmal habe ich meine Einkäufe bereits erledigt, stehe auf dem Hof der Ausgabestelle und sortiere meine Sachen. Der Besuch hat sich gelohnt, obwohl zuvor ein Feiertag war. Eine mit zahlreichen Tüten bepackte Frau kommt die Treppe hinunter. Die Taschen sind so schwer, dass die Dame mittleren Alters leicht schwankt. Als ich sie so sehe, möchte ich fragen, ob ich ihr helfen kann, doch es bleibt beim Luftholen. Sie kommt mir zuvor und meckert, dass es heute keine Brötchen gab. Zunächst bleiben mir die Worte im Halse stecken, während ich ungläubig auf die überfüllten Taschen starre.

„Dann wirst du diese Woche zum Bäcker gehen müssen", bringe ich schließlich gepresst hervor. Noch nie ist mir ein Mensch begegnet, der derart offen seine Undankbarkeit zur Schau stellt. Die freiwilligen Helfer der Tafel schuften in ihrer Freizeit, um uns mit Lebensmitteln zu versorgen. Die Arbeit ist körperlich anstrengend und am liebsten würde ich der „Dame" ihre Tüten entreißen und die Lebensmittel zurückgeben.

Monate später steht die gleiche Frau an der Ausgabetheke neben mir. Eine ihrer mit Obst und Gemüse gefüllten Taschen am Boden zwischen uns weist eine gefährliche Schieflage auf. Ich sehe sie bereits umkippen und die Tomaten durch den Raum kullern. Also bücke ich mich, um die Tasche aufzurichten. Aus den Augenwinkeln nimmt die Frau meine Bewegung wahr, greift blitzartig nach ihrer Tasche und zischt: „Das ist meins!" Die Situation ist lächerlich. Gerade bekomme ich von der Bedienung Obst und Gemüse eingepackt. Als hätte ich es nötig, zusätzlich zu klauen.

Ohne die vielen positiven Erlebnisse an der Tafel hätte ich es nicht lange dort ausgehalten. Am Freitag sollen sich die Kunden angeblich noch schlimmer benehmen. Ahnte die Mitarbeiterin, die meinen Ausweis fertigte, dass ich für diese Gruppe zu sensibel bin?

Manchmal gelingt es mir, mich durchzusetzen, aber es kostet enorm viel Kraft. Eines Tages behauptet eine Kundin frech, sie wäre vor mir an der Reihe. Dabei weiß ich genau, wer mein Vordermann ist, und der wird bereits bedient. Sobald der nächste Kunde den Raum verlässt, kann ich eintreten. Obwohl ich Konflikten am liebsten aus dem Weg gehe – ich erinnere mich dabei an das Rollenspiel in der Klinik – bleibe ich dieses Mal hart. Die Frau stellt sich hinten an und grüßt mich seitdem jedes Mal, wenn wir uns sehen.

Ich gebe mir Mühe, mich auf die guten Seiten der Tafel zu konzentrieren. Obwohl sie maßgeblich meinen Speiseplan vorgibt, fühle ich mich dadurch nicht eingeengt. Es ist spannend, wenn man nicht genau weiß, was man an einem Ausgabetag erwarten kann. Darüber hinaus gibt es viele interessante und auch motivierende Begegnungen. Dennoch dauert es noch Wochen, bis ich meinen Gesprächspartnern meinen Namen verrate.

Meine anfängliche Scham schwindet, als ich Daniela kennenlerne. Sie nutzt das Angebot der Tafel bereits seit einigen Jahren. Sie und die Mitarbeiter machen mir klar, dass ich niemandem etwas wegnehme. Ich solle mir vergegenwärtigen, dass die Lebensmittel vom Handel aussortiert wurden und die meisten davon im Abfall gelandet wären. Zudem habe ich das gleiche Recht wie die anderen Tafelbesucher und es ist keine Schande, das Angebot dankend anzunehmen – und dankbar bin ich in jedem Fall. Zudem schätze ich die Gespräche mit Daniela bald außerordentlich, denn sie ist eine intelligente Frau, die in ihrem Leben wertvolle Erfahrungen gesammelt hat. Auch sie hat einmal sehr viel Geld verdient, doch nun steht sie kurz vor dem Rentenalter und ihr Mann ist vor Jahren schwer erkrankt. Viele Jahre hat er hart geschuftet, doch nun steht fest, dass er nie wieder einer Erwerbsarbeit nachgehen kann. Wir unterhalten uns lebhaft über Politik, Wirtschaft, philosophieren über das Leben, Spiritualität und dergleichen. Häufig spitzen andere Tafelkunden die Ohren, hören aufmerksam zu oder klinken sich gar in die Gespräche ein. So wird der Tafeltag für mich eine wichtige Stütze in Bezug auf Wochenstruktur und soziale Kontakte. Auch wenn ich mich manchmal verkriechen will, durch die Tafel komme ich unter Menschen, wobei ich meine Aufmerksamkeit auf diejenigen fokussiere, die mir keine Energie rauben. Daher beginne ich, die Tafelbesuche an manchen Tagen zu genießen.

Daniela schafft es immer wieder, mir den Druck zu nehmen. Sie versteht meine Lage sehr gut und kann nachvollziehen, warum ich wieder auf eigenen Beinen stehen möchte. Sie und einige andere sagen mir, ich würde nicht recht zu den meisten anderen Tafelkunden passen, würde daher auffallen.

Mittlerweile kann ich über meinen Zusammenbruch sprechen und daher kennen einige meine Geschichte. Daniela meint, ich solle mich auf mein Fernstudium konzentrieren, und sie möchte dabei immer auf dem Laufenden gehalten werden. Sie scheint sich über meine Noten fast noch mehr zu freuen als ich. Auch meine veröffentlichten Artikel liest sie mit Begeisterung und ist fest davon überzeugt, dass ich bald wieder durchstarten werde.

In diesem Punkt bin ich noch skeptisch, nicke nur oder zucke mit den Schultern. Ich weiß nicht, wie genau sie das macht, aber sie nimmt mir immer wieder mein aufkeimendes schlechtes Gewissen. Manchmal fühle ich mich wie ein Schnorrer, der die Gesellschaft belastet. Schließlich lebe ich von Arbeitslosengeld II und „zocke" auch noch einmal die Woche Lebensmittel ab. Daher glaube ich ständig, mehr leisten zu müssen, um mir die Hilfe auch zu verdienen.

Doch Daniela verdeutlicht mir in diesen Momenten, ein wertvoller Mensch zu sein, der im Rahmen seiner Möglichkeiten viel für andere tut. Ich solle mir einmal vergegenwärtigen, wie einfühlsam ich sei. Dabei erinnert sie mich an die Situation, als ich eine Tafelbekanntschaft von uns ansprach. Die junge Frau war augenscheinlich traurig, daher ging ich auf sie zu und fragte nach dem Grund. Wieder denke ich an die Klinik. In der Gruppentherapie sollte ich meine positiven Eigenschaften nennen und mir fielen nur welche ein, die direkt mit meiner Arbeit verknüpft und damit finanziell messbar waren. Hilfsbereitschaft und dergleichen kamen mir nicht einmal in den Sinn. Nun kommen verstärkt Demut und Dankbarkeit auf und oftmals gelingt es mir, ein Lächeln in das Gesicht einer Tafelmitarbeiterin zu zaubern, wenn ich mich von Herzen bedanke.

Was ist dieses Miteinander wert und könnte man es mit Geld bezahlen? Darüber darf ich mir in den folgenden Monaten Gedanken machen. Während ich glaube, zu wenig zu arbeiten, zählt mir Daniela auf, was ich bereits alles tue. Der innere Einpeitscher möchte sein Comeback feiern, indem er mir ein falsches Selbstbild suggeriert. Während er mir vorgaukeln möchte, ein wertloser, fauler Hund zu sein, verdeutlicht mir mein Umfeld das Gegenteil. Der innere Einpeitscher alias der innere Kritiker hat demnach kein leichtes Spiel, denn längst lebe ich nicht mehr so isoliert, wie noch vor einigen Monaten.

Bald gibt mir Daniela eine weitere Gelegenheit, mein schlechtes Gewissen zu überwinden, denn sie bietet mir an, mich mit dem Auto abzuholen und nach der Tafel nach Hause zu fahren – was mir zunächst äußerst unangenehm ist. Darf ich noch mehr Hilfe annehmen? Doch gerade im Winter ist es schön, auf den zwanzigminütigen Fußmarsch hin und wieder zurück verzichten zu können, besonders, wenn ich mit schweren Tüten beladen bin. Dennoch zögere ich, da ich zunächst glaube, es sei frech von mir, mich auch noch kutschieren zu lassen. Aber das Angebot kam von Daniela. Schließlich nehme ich es dankbar an.

Erst die Tafel hat mir ermöglicht, in finanzieller Hinsicht entspannter sein zu können, obwohl ich mir hin und wieder Druck mache, mehr leisten zu müssen. Dabei muss ich geduldig sein, denn ich kann nicht mehr wie früher mit dem Kopf durch die Wand. Der Körper gibt mir deutliche Signale, wenn ich mich überfordere, vernachlässige oder mein Herz überhöre. Wahrscheinlich habe ich früher die gleichen Zeichen bekommen, sie jedoch verdrängt und daher nicht wahrgenommen: Weil ich sie nicht wahrhaben wollte.

Fast zwei Jahre werde ich das Angebot der Tafel in Anspruch nehmen. Ab einem gewissen Punkt fühle ich, dass meine Zeit als Kunde dort zu Ende geht. Zunächst bin ich ein wenig verwirrt und spüre in mich hinein, um die Gründe hierfür zu erfahren. Flammt da etwa der alte falsche Stolz auf oder mache ich mir zu sehr Druck, auf eigenen Beinen stehen zu müssen? Oder lehne ich wieder einmal Hilfe ab? Nichts von alledem trifft zu. Meine Einnahmen stabilisieren sich. Demnach ist der weitere Besuch der Tafel kein finanzielles Muss mehr und ich fühle, dass es an der Zeit ist, das gewonnene Selbstvertrauen zu nutzen und meinen Weg weiter zu gehen.

Langsam darf ich wieder beginnen, mein Potential zu nutzen, denn mittlerweile bin ich in der Lage, auf mein Herz und meinen Körper zu hören. Ein erneutes Ausbrennen ist nahezu unmöglich. Dankbar löse ich mich von der Tafel und genieße die dadurch gewonnene Freiheit. Am Ende blicke ich auf eine bewegende Zeit zurück und bin dennoch froh, sie hinter mir gelassen zu haben.

Nach all den Schattensprüngen ziehe ich zunächst für das abgelaufene Jahr 2009 Bilanz. Die letzten Monate waren hart und ich fühle mich noch verloren. Im Januar erreichte ich meinen absoluten gesundheitlichen Tiefpunkt, dachte mehr als einmal an Selbstmord. Die Diagnose „depressives Erschöpfungssyndrom" spülte sämtliche Zukunftspläne hinfort, meinen Platz in der Gesellschaft schien ich verloren zu haben. Mich umgab ein alles verschlingender grauer Nebel und jede meiner Aktionen kostete unendlich viel Kraft. Am liebsten hätte ich meine restliche Lebenszeit verschlafen. Bloß nichts mehr mitkriegen und vollkommene Ruhe.

Zwei Monate später landete ich in einer Psychosomatischen Klinik. Es fiel mir schwer, mich einzuleben und mich zu öffnen. Wider Erwarten traf ich zahlreiche Helfer und ich entdeckte den verloren geglaubten Kontakt zu meinem wahren Selbst. Von da an stellte ich mir noch mehr Fragen, wollte alles über mich wissen. Schließlich entdeckte ich den Zugang zu meinem Herzen und ließ die Liebe herein. Zurück aus der Klinik musste ich mich neu orientieren und dabei mehr als einen Schattensprung absolvieren.

Auch wenn ich enttäuscht war, keinen Anschluss in einer Selbsthilfegruppe oder ähnlichem zu finden, war ich dennoch in der Lage, Hilfe anzunehmen. Sobald ich anfing zu zweifeln, war jemand für mich da, der mich auf meinem Weg bestärkte. Beruflich ließ ich es, soweit es mir möglich war, locker angehen und konzentrierte mich darauf, meine Selbstsicherheit zu stärken.

Besonders hart traf mich im Dezember die Erkenntnis, dass Monika und ich als Paar keine gemeinsame Zukunft hatten. Wir erkannten beide, dass wir dem jeweils anderen für einen gewissen Teil der Strecke ein wichtiger Wegbegleiter waren. Es fiel uns schwer, die Wahrheit auszusprechen und sie zu akzeptieren. Monika saß mir gegenüber und weinte, meine Tränen konnte ich noch nicht fließen lassen. Dennoch war ich nicht minder traurig. Es war mehr als deutlich, dass wir unterschiedliche Wege einschlagen würden, die miteinander nicht zu vereinen waren. Wir standen vor der Wahl, es zum damaligen Zeitpunkt einzugestehen oder es zu verleugnen und es uns damit in naher Zukunft noch schwerer zu machen. Bislang hatte ich geglaubt, mit Monika noch viele gemeinsame Jahre verbringen zu können, und so lastete die Enttäuschung tonnenschwer auf meinem Herzen. Mein Herz. Durch Monika war es mir möglich gewesen, es für die Liebe zu öffnen, wofür ich ihr mehr als dankbar bin. Ich fühle Emotionen in einer Intensität, wie ich sie mir in meinen dunkelsten Stunden nicht vorstellen konnte.

Wir umarmten uns das letzte Mal als Paar und küssten uns zum Abschied. In den nächsten Wochen sollten wir kaum Kontakt haben, doch Monate später steht fest, dass wir uns nicht vollständig aus den Augen verlieren.

Silvester verbringe ich bewusst alleine, um in Ruhe mit dem turbulenten Jahr abzuschließen. Waren es wirklich nur zwölf Monate? Für mich fühlt es sich wie mehrere Jahre an. Ein wenig habe ich Angst vor 2010, denn noch immer ist Vieles ungewiss. Es bleibt mir daher kaum etwas anderes übrig, als ins Vertrauen zu gehen. Ich kenne nun meine Grenzen und bin mir bewusst, wie knapp ich die Kurve gekriegt habe. Mein Körper und vor allem meine Seele hätten nicht mehr lange zugelassen, derart misshandelt und übergangen zu werden.

Diese Lektion habe ich endgültig gelernt, so viel steht jetzt schon fest. Daher kann es auch in Zukunft nur noch bergauf gehen, wenn ich mich weiter auf mein Wohlbefinden konzentriere und alte, überholte Glaubens- und Handlungsmuster in Liebe loslasse.

Noch ahne ich nicht, wie schnell ich mich in den nächsten Monaten erholen und auf vielfältige Weise zu neuen Kräften kommen werde. Beruflich sehe ich noch kein Land und kann mir die nächsten Schritte nicht vorstellen. Dabei ist meine Geduld der Schlüssel zum weiteren Erfolg.

Im Frühjahr besuche ich die Redaktion der raum & zeit und schreibe von da an regelmäßig Artikel für das Magazin. Obwohl ich hin und wieder Angst haben werde zu versagen, wird am Ende alles gut.

Aus dem Küchenfenster betrachte ich das Feuerwerk. Dieses Mal fühle ich mich nicht einsam, sondern genieße den bewussten Rückzug. Ich brauche in diesem Moment keinen Trubel um mich herum, denn das einzige was ich benötige, ist Geduld und ein starker Selbstkontakt.

Ich bekenne mich öffentlich

Im Herbst 2010 freut sich meine Sachbearbeiterin beim Amt für Arbeit & Soziales über die Artikel, die ich bis dato veröffentlicht habe. Besonders der Beitrag „In der Fernsehfalle" [7] findet bei ihr Anklang. Er liegt auf ihrem Schreibtisch, als ich wieder einmal zu einem persönlichen Gespräch bei ihr bin. Mein Abschlussseminar des Fernstudiums steht kurz bevor und wir müssen noch die Übernahme der Reisekosten regeln.

Wieder kommen wir auf die Artikel zu sprechen und für meine Sachbearbeiterin steht unumstößlich fest, dass ich eines Tages auch über meinen Burnout schreiben werde. In meinen Augen ist das eher unwahrscheinlich, denn es ist etwas anderes, mit seinem direkten Umfeld offen über sein Kranksein zu sprechen, als sich öffentlich dazu zu bekennen. Zudem möchte ich künftige Auftraggeber nicht verschrecken und auch die neue Zusammenarbeit mit der raum & zeit ist noch frisch. Die will ich unter keinen Umständen gefährden.

Meine Sachbearbeiterin ist sich ihrer Sache vollkommen sicher und ich möchte ihr den Glauben lassen. Dabei unternahm ich bereits vor Monaten den Versuch, einen entsprechenden Beitrag zu verfassen. Das Ergebnis war katastrophal und so beschloss ich, das Thema beiseite zu lassen. Doch häufig kommt es nicht nur anders, als man denkt, sondern auch viel früher, als man glaubt.

Als ich im November 2010 im Supermarkt einkaufe, blättere ich im „stern". Vor einem Jahr beging der Nationaltorhüter Robert Enke Suizid was mich damals aufgrund meiner eigenen depressiven Phase emotional stark aufwühlte. Die aktuelle Ausgabe des Magazins nimmt den Todestag zum Anlass, um das Themenfeld Depressionen aufzugreifen. Es kommen Betroffene zu Wort, die ihre persönliche Geschichte erzählen. So auch der ehemalige Profi-Fußballer Andreas Biermann.

Tränen schießen mir in die Augen, denn unvermittelt werde ich mit meinen Erlebnissen konfrontiert. Während um mich herum

Menschen Zeitschriften durchstöbern oder Gemüse in den Einkaufs-
wagen legen, durchlebe ich im Schnelldurchlauf meine dunkelsten
Stunden. In meiner Brust breitet sich eine Schwere aus, die mich
nach unten zu ziehen droht. Doch zeitgleich wird mir bewusst, wie
gut es mir heute geht und welchen Weg ich bislang zurückgelegt
habe. Die Betroffenen im „stern" sind unglaublich mutig, was mich
tief beeindruckt.

Als ich das Magazin schließlich zurücklege, spüre ich, dass auch
für mich die Zeit gekommen ist, mein Schweigen zu brechen. Der
Versuch vor einigen Monaten war ja gescheitert. Ich brauchte wohl
noch ein wenig Abstand und Raum für mich.

Gleich am nächsten Montag beginne ich zu schreiben, obwohl
mir mein Verstand sagt, ich würde meine Zeit verschwenden. Für
wen oder was mache ich mir die Mühe, denn ich weiß nicht, wo ich
den Text veröffentlichen könnte und wen es überhaupt interessiert.
Wäre es nicht sinnvoller, mich einem anderen Thema zu widmen?
Zudem male ich mir negative Folgen aus, wenn der Beitrag veröffentlicht wird.

Doch mein Herz und meine Intuition beharren darauf, dass ich
das Richtige tue. Ob es stimmt, kann ich nicht sagen, daher folge
ich einfach meinem Gefühl. Am Donnerstag erfahre ich, dass in der
nächsten Ausgabe der raum & zeit ein Beitrag zum Thema Burnout
erscheinen wird. Vor kurzem hatte ich mich über mich selbst geär-
gert, da es mir nicht gelungen war, einen Beitrag in dieser Ausgabe
zu platzieren. Mein Fernstudium bekam viel Aufmerksamkeit, sodass ich es nicht mehr schaffte, rechtzeitig einen passenden Artikel
anzubieten. Kann das ein Zeichen sein, dass ich meine persönliche
Geschichte unterbreiten soll?

Am Abend gehe ich in mich, meditiere und schlafe noch eine
Nacht darüber, bevor ich am nächsten Morgen zum Hörer greife.
Angelika ist am Apparat und ich teile ihr meine verrückte Idee mit.
Mit unsicherer Stimme erzähle ich von meinem Artikel, der so gut
wie fertig ist, und gehe mit ihr den Inhalt durch, bei dem ich kein
Blatt vor den Mund genommen habe: Ich schildere meinen Zusam-
menbruch, die Suizidgedanken, meine Zeit in der Klinik, meine
Depressionen, meinen Leistungsdruck, meine Scham, meine diver-

sen Ängste, meinen Weg durch die Hölle und zurück. Vielleicht könnte man den Artikel ergänzend zu dem bisherigen Beitrag veröffentlichen. Vielleicht schaufle ich mir auch gerade mein eigenes Grab, obwohl ich Angelika gegenüber ein wenig von meinem Kranksein und der damit verbundenen dunklen Zeit erzählt habe. Bislang hat sie das Wissen nicht gegen mich genutzt oder mich gar abschätzig behandelt noch es an Dritte weitergetragen. Im Gegenteil. Damals hatte ich das Gefühl, dass sie meine Offenheit freute, und auch jetzt ist sie froh über meinen Anruf.

Mein Angebot erleichtert sie, denn es sei ein fest eingeplanter Beitrag weggefallen und der Redaktionsschluss steht kurz bevor. Am Nachmittag möchte sie sich wieder melden und mir die Entscheidung der Verlagsleitung mitteilen. Die ahnt bislang nichts von meiner Vergangenheit und ich bin mir unsicher, wie sie reagieren wird.

Lange muss ich nicht warten, denn keine halbe Stunde später bekomme ich grünes Licht und ich weiß nicht, ob ich mich freuen oder fürchten soll. Was habe ich mir nur dabei gedacht? Wird man mich beruflich und gesellschaftlich aussortieren, wenn mein Kranksein bekannt wird? Ich denke an Andreas Biermann, der sich öffnete und damit seine Karriere verlor. Durch Robert Enkes Freitod sollte sich vieles ändern, Depressionen kein Tabuthema mehr sein und mehr Menschlichkeit, speziell im Profisport, aber auch allgemein auf breiter gesellschaftlicher Ebene, einkehren. Daran glaubte auch Biermann, doch er wurde enttäuscht.

Was wird mit mir? Gerade war ich auf dem Weg, beruflich wieder Fuß zu fassen, und nun wollte ich all das riskieren? Ja, ich riskiere es und veröffentliche den Beitrag unter meinem Namen. Wenn schon, denn schon. Das Angebot, ein Pseudonym zu nutzen, lehne ich ab. Ich habe es satt zu glauben, mich verstecken zu müssen, mich weniger wert zu fühlen und mich zu fürchten.

Die Zeitqualität scheint zu meinem Vorhaben zu passen, denn es öffnen sich sämtliche Türen wie von alleine. Angelika weist mich darauf hin, dass der Beitrag bereits am nächsten Montag bei Andrea vorliegen muss, da sie die zuständige Redakteurin ist. Obwohl schon Freitag ist, beschließe ich, Feierabend zu machen und ins Fitnessstudio zu gehen. Ich kann noch nicht gleich anfangen zu schreiben, möchte vorher spüren, wie es mir mit meinem Entschluss geht. Ich fühle mich frei, erleichtert und aufgeregt wie ein Kind am Weihnachtsmorgen. Bislang war meine Woche strikt unterteilt und lediglich an Werktagen arbeitete ich. Es macht mir Spaß, spielerisch mit meiner selbst gezogenen Grenze umzugehen, denn ich spüre die pure Lust, mich dem Beitrag zu widmen. Am Wochenende schreibe ich ihn zu Ende und reiche ihn pünktlich am Montagmorgen ein.

Wenig später klingelt das Telefon. Es ist Andrea und unser Gespräch stockt anfangs ein wenig. Sie konnte von meinem Kranksein im Vorfeld nichts ahnen, da Angelika meiner Bitte nachkam, es für sich zu behalten und ich bei meinem Redaktionsbesuch souverän auftreten konnte. Auch mir fällt es nicht ganz so leicht, wie es den Anschein hat. Mein Herz pocht und ich hoffe mich nicht zum Trottel degradiert zu haben. Dennoch versichere ich Andrea, dass sie mich alles fragen kann, was sie möchte. Genau deswegen habe ich mich entschlossen, den Beitrag zu schreiben: Ich will Antworten geben und an der Mauer des Schweigens rütteln. Vielerorts sind Burnout und Depressionen noch Tabuthemen. Unsere Gesellschaft ist nicht ganz so aufgeschlossen, wie sie glaubt. Andrea hat keine weiteren Fragen und der Beitrag erscheint bis auf Korrekturen von Rechtschreib- und Grammatikfehlern unverändert.

Im November 2010 beginne ich, mein Kranksein als Gewinn zu verstehen, und verabschiede mich von der Vorstellung, einen Makel aufzuweisen, ein Versager zu sein oder etwas zu bereuen. Der letzte Zusammenbruch war die Notbremse, denn ich befand mich im Selbstzerstörungsmodus. Mein Körper war so intelligent, dass er rechtzeitig den Stecker zog. Er zwang mich, alles in Frage zu stellen und meinen wahren Weg zu finden. Was hätte mir zum damaligen Zeitpunkt Besseres widerfahren können?

Sicherlich wäre es mir möglich gewesen, die vorhergehenden Anzeichen wahrzunehmen und entsprechend zu reagieren. Ich entschied mich unbewusst für die ganz harte Tour und erntete, was ich säte. Das Kranksein nehme ich dementsprechend als einen Weg wahr. Wer ihn mit offenem Herzen beschreitet, wird mehr gewinnen, als er sich vorstellen kann. Heilung ist dort möglich, wo Menschen bewusst ihr Kranksein durchleben und es nicht bekämpfen. Am Ende steht der Sieg ohne vorausgegangenen Kampf. Das Kranksein war ein Teil von mir und ich würde nicht gegen mich selber in die Schlacht ziehen. Viel schwieriger ist es zu akzeptieren, was nicht bedeutet, dass Dinge unveränderlich sind. Ich hatte nichts zu verlieren und konnte daher „nur" gewinnen, egal wozu ich mich entscheiden würde.

Ich möchte mit den Vorurteilen aufräumen, depressive Menschen könnten nichts in die Gesellschaft einbringen, da sie unzuverlässig und schwach sind. In Wahrheit liegt in den schwächsten Momenten unsere größte Stärke, auch wenn der Verstand diesen offensichtlichen Widerspruch nicht akzeptieren will. Ich bin meinen Weg gegangen und gehe ihn heute noch und was ich geschafft habe, können andere auch schaffen. Wir sind alle Menschen und in uns schlummern ungeahnte Fähigkeiten. Viel zu häufig benötigen wir (noch) Krisen, um die Potentiale zu entfalten.

Diese Erkenntnisse geben mir die Zuversicht, richtig gehandelt zu haben, – die Zweifel flüstern nur noch leise. Ich habe mich unumstößlich entschieden.

Mitte Dezember 2010 halte ich die aktuelle Ausgabe der raum & zeit in Händen. Erstmalig ist ein Beitrag von mir im Editorial erwähnt: „Ein einfühlsamer Bericht, der Mut macht!"[8] steht dort geschrieben. Mir schießen die Tränen in die Augen. Obwohl ich meinen Artikel kenne, lese ich ihn ein weiteres Mal und muss weinen. In meinen dunkelsten Stunden schien mein Leben keinen Pfifferling mehr wert zu sein. Heilung war ausgeschlossen. Jemals über das Erlebte zu reden, verbot sich von selbst. Heute darf ich anerkennen, dass sich mein Bewusstsein und mein Selbstkontakt entfaltet haben. Darüber hinaus bin ich in der Lage, öffentlich zu mir selbst zu stehen. Seht her, das bin ich und Folgendes ist mir passiert.

Ich muss mich setzen, da mich meine Gefühle überwältigen. Der Schritt war absolut richtig.

Bleibt die Frage, wie das Umfeld reagieren wird. Mein Artikel beginnt mit einer Sequenz, in der ich damals am Telefon versichert habe, alles sei in bester Ordnung. In Wahrheit stand mein vollständiger Zusammenbruch kurz bevor. Wie wird sich die weitere Zusammenarbeit mit Andrea und Angelika gestalten? Werden sie mir weiterhin vertrauen oder denken, wer einmal lügt, dem glaubt man nicht?

Die Antwort folgt auf dem Fuße, indem ich einen weiteren Auftrag erhalte. Die beiden ahnen zu diesem Zeitpunkt kaum, wie erleichtert ich bin. Vor Freude könnte ich weinen. Für jemanden, der sich dies oftmals nicht gestattet, bin ich in diesen Tagen erstaunlich nah am Wasser gebaut.

Monate später frage ich im Rahmen der Arbeit für dieses Buch Andrea und Angelika, wie mein offener Umgang mit meiner Geschichte auf sie gewirkt hat und warum sie mir weiterhin vertraut haben. Angelika verspürte keinerlei Bedenken bei unserer weiteren Zusammenarbeit, da sie den Eindruck von mir gewann, ich sei im starken Selbstkontakt. Zudem sah und sieht sie meine Erfahrungen als wertvoll an, besonders, da sie in meine Arbeit mit einfließen. Andrea wusste bis zu meinem Themenangebot nichts von meinen Erlebnissen und war beeindruckt, wie offen und mutig ich damit umgehe. Auch für sie stand es außer Frage, ob ich nach meiner Offenbarung weiter für das Magazin schreiben könne. Die Zusammenarbeit war bisher sehr gut und sie wüsste nicht, warum sich dies ändern sollte.

Für diesen Rückhalt bin ich den beiden äußerst dankbar und ich empfinde ihn als nicht selbstverständlich. Nicht jeder Betroffene kommt in den Genuss von Verständnis und vielerorts wird er ausgetauscht wie ein defektes Zahnrad.

Nach und nach trudeln Leserzuschriften bei mir ein. Niemand schreibt, ich sei ein Versager oder Schwächling, sondern man dankt mir dafür, offen mit der Thematik umzugehen und anderen Menschen Mut zu machen. Einmal schreibt mir jemand, dass er weinen musste, als er den Artikel las.

Es ist schön, wenn einer Redaktion ein Beitrag gefällt und der Verlag pünktlich das Honorar auszahlt. Es ist schön, wenn Leser den Beitrag informativ und anregend finden. Es ist ein Wunder, wenn sich Menschen derart im Herzen angesprochen fühlen. Für Autoren gibt es kein größeres Lob. Die Mission ist geglückt und ich strahle über beide Backen. Ein Honigkuchenpferd wäre neidisch, wenn es mich so sehen würde.

Darüber hinaus wollen mich aufgrund des Artikels zwei Unternehmen für ihre PR-Arbeit gewinnen. Zuerst glaube ich, die Anrufer hätten den Artikel gar nicht gelesen. Dort schildere ich mein „Versagen" und den Zusammenbruch, was sie jedoch nicht abschrecken konnte. Beeindruckt von meiner heutigen Lebens- und Arbeitsweise sind sie der Meinung, ich sei der perfekte – weil wahrhaftige – Kandidat für die jeweilige Unternehmenskommunikation.

Während mich die positiven und mutmachenden Zuschriften der Leser freuen, bin ich im ersten Moment bei den beiden Anfragen verwirrt. Zwar habe ich verstanden, dass ich durch mein Offensein nicht abgeschoben wurde, doch mit konkreten Anfragen aufgrund des Beitrags habe ich am wenigsten gerechnet. Beide Male lehne ich höflich ab, da die jeweilige Branche nicht zu mir passt, und bedanke mich ehrlich für das Interesse. Zudem bin ich mir unsicher, ob ich jemals wieder als PR-Berater tätig sein möchte.

Manche Menschen würden die Hände über dem Kopf zusammenschlagen, wenn ich berichte, dass ich als Freiberufler Aufträge ablehne. Bevor ich jedoch eine Arbeit beginne, stelle ich mir drei Fragen: Nützt die Arbeit meiner bewussten Weiterentwicklung, beziehungsweise führt sie mich näher zu meinem wahren Selbst oder lenkt sie mich ab? Dient meine Arbeit dazu, das Allgemeinwohl zu fördern? Ist das Honorar gemessen an meinem Zeit- und Energieaufwand stimmig? Wenn ich alle drei Fragen bejahen kann, wird ein Auftrag für mich interessant. Die Geldfrage kommt bewusst zum Schluss, denn Liebe, Glück und Sinn stehen in keinem Verkaufsregal.

Im Sommer 2008 verdiente ich so viel Geld wie nie zuvor, doch glücklich war ich nicht. Daher ist es wichtiger zu wissen, ob mich eine Arbeit erfüllt, mir Freude macht und zu meinem Wohl und zum Wohl aller ist. Nur zu offensichtlich habe ich mit meiner Arbeit für den damaligen Großkunden gegen meine ethischen Vorsätze verstoßen, die damals in Vergessenheit gerieten. Die dadurch gewonnenen Erfahrungen sind dermaßen wertvoll, dass man sie unmöglich mit Geld aufwiegen kann. Schließlich haben sie mich mit meinen verdrängten Schattenanteilen konfrontiert, daher begreife ich in diesen Tagen, dass ich nichts bereuen muss.

Der Weg durch die Hölle und zurück hat mich reifen lassen und den Blick für das Wesentliche geschärft. Sicherlich hätte ich die Erkenntnisse auf sanftere Art gewinnen können, doch niemals so umfassend und in solch „kurzer" Zeit.

Einige Wochen später gehe ich einen weiteren Schritt. Für das regionale Nachrichtenportal osthessen-news.de schreibe ich einen Artikel über mein Kranksein und den Weg zurück ins Leben. Darüber hinaus ist ein Videointerview eingeplant.[9] Zwar hatte ich bereits Artikel dazu veröffentlicht, dennoch stoße ich in die nächste Dimension vor. Die Leser von osthessen-news.de leben in der gleichen Region wie ich. Auf meinen Artikel in der raum & zeit hat sich zwar auch eine Leserin aus Fulda bei mir gemeldet, dennoch ist die Verbreitung der Zeitschrift in meiner Region nicht flächendeckend. Nun werden mich vielleicht Menschen auf der Straße erkennen können und auch Bekannte, die bisher nicht eingeweiht waren, von meiner Geschichte erfahren. Doch es gibt keinen Weg zurück, das ist mir von Anfang an klar.

Am Montagmorgen möchte ich den besagten Artikel schreiben, doch ich finde keinen passenden Einstieg. Zunächst grüble ich im Büro und starre auf die berühmte leere Seite. Nach einigen Minuten erkenne ich kopfschüttelnd, dass ich es wieder einmal mit Druck versuchen möchte – jedoch verzeihe ich mir augenblicklich. Mit einer Flasche Wasser und Schreibunterlagen im Gepäck mache ich mich auf den Weg in den nahe gelegenen Schlosspark.

Es begegnen mir nur wenige Menschen auf meinem Spaziergang. Die Luft ist herrlich frisch, die Sonne gibt ihr Bestes, mich zu wärmen, und im Hintergrund rauschen leise die Baumkronen. Die Temperaturen sind angenehm, denn das Ende des Winters ist längst beschlossene Sache. Ich setze mich auf eine Bank, schließe meine Augen, genieße die Sonnenstrahlen auf meinem Gesicht und atme tief ein. In diesem Moment bin ich vollständig im Hier und Jetzt angekommen. Der Druck, einen besonders ansprechenden Artikel schreiben zu müssen, ist von mir gewichen und ich entspanne zusehends. Ich schaue mich um. Alles ist friedlich und ruhig. Die Sonne scheint am blauen Himmel, als wäre es nie anders. Angesichts der paradiesischen Atmosphäre sind verdunkelnde und bedrohliche Sturmwolken unvorstellbar. Gibt es dunkle Zeiten, Sorgen und Nöte überhaupt oder sind sie reine Fiktion? Wie selbstverständlich genieße ich den Moment. Ich, der Suizidfantasien hatte. Ich, der am Ende war. Ich, der sich mehr tot als lebendig fühlte.

Ruckartig öffne ich meinen Rucksack, krame Block und Stift hervor. Hastig mache ich mir Notizen, da ich nun weiß, welche Informationen in den Artikel gehören.

Doch mich erwartet bereits die nächste Hürde: das Video-Interview einige Zeit später. Wieder ist das Wetter herrlich und ich schlage passend zum Artikel den Schlosspark als Drehort vor. Zu Beginn muss ich beruhigend auf mich einwirken, da ich mehr als nervös bin. Es ist eine Sache über etwas zu schreiben, aber eine gänzlich andere, darüber zu reden – noch dazu vor laufender Kamera.

Im Schlosspark angekommen, nehme ich zunächst auf einer Bank platz. Ein Fotograf schwirrt um mich herum und schießt unzählige Fotos. Kameramann und Tontechnikerin überprüfen ihre Ausrüstung und besprechen sich mit der ebenfalls anwesenden Redakteurin. Sofort habe ich ein schlechtes Gewissen, so viele Menschen in Beschlag zu nehmen und ihnen die Zeit zu stehlen. Dermaßen interessant ist meine Geschichte auch wieder nicht. Passanten werfen uns mitunter neugierige Blicke zu und ich schäme mich. Bestimmt fragen sich die Leute, wer ich bin, und mir wird die Aufmerksamkeit in diesem Moment bereits zuviel. „Ich bin nur der Jens", würde ich ihnen am liebsten zurufen, doch ich muss mich konzentrieren.

Die Redakteurin verwickelt mich in einen Plausch, möchte mich einstimmen, geht mit mir die Fragen durch. Meine Nervosität ist unübersehbar. Durch den Kameramann und die Tontechnikerin fühle ich mich beobachtet und unfrei. Daher muss ich die beiden aus meiner bewussten Wahrnehmung streichen und mich auf meine

Antworten fokussieren. In aller Stille rufe ich mir die Botschaften ins Gedächtnis, die ich anderen Menschen zukommen lassen möchte: Es gibt einen Weg aus dem Burnout, denn das Kranksein ist bereits einer. Hilfe zuzulassen und sich zu öffnen, sind Stärken. Obwohl man viel für sich selber tun muss, um krankmachende Strukturen loszulassen und ein neues Leben beginnen zu können, schafft man es selten im Alleingang – wenn das überhaupt möglich ist.

Als mir die ersten Fragen gestellt werden, bin ich über mich selbst erschrocken. Meine vom Verstand erarbeiteten Formulierungen und Antworten sind weg, stattdessen sage ich etwas völlig anderes. Es ergibt sich einfach.

Einmal müssen wir kurz unterbrechen, da ich verschnaufen muss. In diesem Moment erlebe ich meine Geschichte wieder, bin an den damaligen Stationen präsent und kurz überwältigen mich die Emotionen. Es erscheint mir unwirklich, nun hier zu sein und offen darüber zu reden, denn manchmal war ich fest davon überzeugt, keinen Weg zurück ins Leben zu finden. Mehrmals muss ich tief durchatmen, bevor wir das Interview fortsetzen können. Niemand drängt mich, sondern es scheint, als hätten alle Verständnis für mich. Mir ist die Pause peinlich – besonders vor der Tontechnikerin. Bestimmt hält sie mich jetzt für eine Memme, aber da muss ich jetzt durch.

Die letzten Fragen werden mir bei einem kurzen Spaziergang gestellt, doch zuvor äußere ich meine Bedenken, bislang nur Stuss erzählt zu haben. Mein ursprünglicher Plot hat sich ja augenblicklich in Rauch aufgelöst. Stattdessen reite ich auf einer Welle und scheine den Überblick verloren zu haben. Es ist der Verstand, der Alarm schlägt. Das Herz ist gelassen und möchte fortfahren.

Wieder zu Hause mache ich mir Sorgen, ob ich mich blamiert und zum Deppen der Nation erklärt habe. Krampfhaft versuche ich mich zu erinnern, was ich alles erzählt und wie ich es formuliert habe. Doch mir fallen nur Bruchstücke ein und ich fürchte mich daher vor der Veröffentlichung. Ich greife zum Hörer und rufe Manuel an. Der ist vollkommen aus dem Häuschen und findet meine Schritte bewundernswert. Einerseits freue ich mich über meinen Mut und meine Offenheit, doch die Zweifel trüben meine Stimmung. Manuel spricht mir gut zu und ich beschließe, ins Vertrauen zu gehen. Ändern kann ich jetzt nichts mehr, demnach ist es vollkommen unnütz, sich zu sorgen.

Mit klopfendem Herzen schaue ich mir Wochen später das Video zum ersten Mal an. Es ist bereits veröffentlicht und im Internet abrufbar. Das Ergebnis überrascht mich: Alle haben eine tolle Arbeit geleistet. Selbst meine Antworten sind nicht ganz so schräg, wie ich glaubte, sie in Erinnerung zu haben. Meine Nervosität ist zwar deutlich zu sehen, aber ich empfinde sie als passend. Schließlich erkläre ich kein Kuchenrezept. Es war der innere Kritiker, der Zweifel streute. Er verlangt von mir, jederzeit perfekt sein zu müssen. Ich zeige ihm den Stinkefinger, denn meine Unsicherheit passt perfekt zu dem Beitrag, selbst als ich mich bei einer Antwort verhaspele und an einer anderen Stelle ein Wort verschlucke.

Die Reaktionen lassen nicht lange auf sich warten: Das Telefon klingelt und ich erhalte einige Leserzuschriften per E-Mail. Wieder ist kein abschätziger Kommentar dabei, sondern die Leser bringen ihre Freude darüber zum Ausdruck, dass ich offen zu mir stehe. Manchen macht es Mut, zu erfahren, dass sie nicht alleine mit ihren Problemen sind. Viele hoffen, dass Depressionen und Burnout bald keine Tabuthemen mehr sind, doch dies wird sich wahrscheinlich nicht von alleine ändern.

Zunächst müssen wir Betroffenen mit dem Gedanken brechen, irgendwie falsch zu sein. Niemand würde einen Diabeteskranken schief ansehen oder über ihn tuscheln. Bei psychisch Kranken ist es vielerorts (noch) das übliche Verhaltensmuster. *Mit dem / der stimmt etwas nicht. Bildet sich ein, krank zu sein, aber man findet nichts. Der / die macht sich nur wichtig* und dergleichen.

Es melden sich bei mir immer mehr Betroffene, deren Angehörige oder Freunde und bitten um Rat. Den gebe ich, soweit ich kann, und verweise zusätzlich auf professionelle Hilfe.

Susanne beispielsweise kann ich erläutern, wie sich ihr Lebensgefährte fühlt und warum er reagiert, wie er es tut – obwohl ich ihn zu dem Zeitpunkt nicht persönlich kenne. Sein Verhalten ist jedoch typisch und ich erkenne mich selber darin wieder. Er braucht Abstand, um sich zu sortieren, sie fühlt sich abgelehnt. Das entsprechende Telefonat dauert über eine Stunde und es erfüllt mich mit Freude, anderen Menschen helfen zu können. Mit Susanne halte ich weiteren Kontakt und durch sie lerne ich die Seite der Angehörigen kennen. Ihre Geschichte lässt mich nicht los und schließlich bitte ich sie um ein Interview. Die junge Frau hat erkannt, dass sie anderen Menschen ebenfalls Mut machen kann, und gibt mir intime Einblicke in ihre Gefühls- und Gedankenwelt. Ihr Vertrauen in mich überrascht mich.[10)]

Die Betroffenen selber trauen sich vielfach nicht, zu ihren „Schwächen" zu stehen, sondern sie versuchen weiterhin, in ihrer familiären, gesellschaftlichen und beruflichen Position zu funktionieren. Menschen sind keine Maschinen und so kann es nie und nimmer deren Aufgabe sein, lediglich zu funktionieren. Wer sich trotzdem dazu entscheidet, verleugnet vieles von dem, was ihn zu einem fühlenden Wesen macht.

Die gute Nachricht ist, dass wir jederzeit etwas ändern können. An jedem Tag entscheiden wir uns – meist unbewusst – für das von uns geführte Leben. Dies impliziert, dass wir frei sind, die Weichen neu zu stellen.

In vielen Situationen fühlen wir uns dazu nicht in der Lage oder vergessen schlicht diese Tatsache. In meinen dunkelsten Stunden lag es für mich außerhalb meiner Möglichkeiten, zurück ins Leben zu finden. Was ich heute tun kann ist, meine Geschichte zu teilen, wobei meine Erfahrungen nicht eins zu eins übernommen werden können. Das ist auch nicht mein Ziel. Meine Geschichte ist eine unter vielen. Sie ist lediglich der Träger von Informationen, denn niemand wird eine fertige Lösung auf dem Silbertablett serviert bekommen.

Es gibt keine Wunderpille, die alle Probleme löst und uns von sämtlichen Leiden befreit. Von Außen können Impulse, Verständnis und Unterstützung kommen. Annehmen müssen wir sie selber.

Meinen beruflichen Neustart stellte ich mir schwer vor und er war beileibe nicht leicht. Nie hätte ich für möglich gehalten, dass ausgerechnet mein Kranksein einen wichtigen Impuls liefert. Meine Veröffentlichungen zu den Themen Burnout und Depressionen wirkten wie Initialzündungen. Jeder Journalist träumt von der Geschichte seines Lebens und in manchen Fällen ist das Leben eben diese Geschichte.

Immer wieder aufs Neue fühlt sich diese Tatsache für mich wie ein Wunder an. Bei meiner täglichen Arbeit lerne ich mich immer besser kennen, denn ich beschäftige mich mit Themen, die mir am Herzen liegen. Die Auswahl sagt viel über mich aus, doch nun ist ein echter Dialog entstanden: Seit meinem ersten Artikel über meine Geschichte teile ich intime Erfahrungen, Gefühle und Gedankengänge mit. Dabei ist es für mich wichtig, nicht an der Vergangenheit zu kleben, sondern aus ihr die Schlüsse für die Gegenwart zu ziehen.

Meine Arbeiten sind wie eine Art Tagebucheinträge, die ich mir in gewissen Zeitabständen anschaue. So erkenne ich, in welchen Punkten ich eine neue Sichtweise bekommen habe, wo ich vielleicht stehen geblieben bin. Am wichtigsten ist es für mich jedoch, meine Dankbarkeit und Demut zu fühlen.

Wenn ich glaube, es gehe mir sehr schlecht, dann schaue ich mir alte Aufzeichnungen an. Sofort erkenne ich, wie gut es mir im Vergleich zu damals geht und wie wertvoll alle bisherigen Erlebnisse sind.

Ich leiste, also bin ich

Wie lebensgefährlich die Art war, meinen Selbstwert zu definieren, zeigt der endgültige Zusammenbruch im Winter 2008. Es war an der Zeit, die Zeche zu bezahlen. Jahrelang hatte ich mir zu hohe Ziele gesteckt und meine Selbstsicherheit rein aus meiner Arbeitsfähigkeit geschöpft. Je mehr Arbeit ich bewältigen und Herausforderungen meistern konnte, umso wertvoller fühlte ich mich für die Gesellschaft. In meinen Augen musste ich etwas leisten, um geliebt zu werden. Im Umkehrschluss bedeutet dies, dass ich nicht an die bedingungslose Liebe glaubte und ich nie den eigenen Ansprüchen genügte.

Zudem war ich vollkommen vom Außen abhängig und in vielen Situationen ein Spielball meines direkten Umfelds. Ich benötigte in immer kürzeren Abständen immer größere Herausforderungen. Im Grunde war ich ein Süchtiger und stets auf der Suche nach dem nächsten Kick. Dabei musste die Dosis schrittweise erhöht werden, denn sonst trat ein gewisser Gewöhnungseffekt ein.

In meinem verqueren Denkmuster hatte ich unbewusst Angst vor Phasen der Fülle und Einfachheit, denn ohne Feinde gibt es keine Ehre zu erringen. Woran sollte ich meine Taten messen? In Wahrheit maß ich sie nie. Kaum ein an mich herangetragenes Lob erreichte mein Herz, über ein gelöstes Problem konnte ich mich nur kurz freuen, denn es gab noch viel mehr zu tun.

So unterschiedlich die Geschichten meiner damaligen Mitpatienten und anderer Betroffener im Detail auch sind, haben sie eines gemeinsam: Wir glauben bis zu einem gewissen Grad funktionieren und für andere Menschen verfügbar sein zu müssen, um geliebt zu werden und wertvoll zu sein.

Meine schwere depressive Phase verstärkte sich massiv, als ich unfähig wurde zu arbeiten. Die letzte Bastion war gefallen. Mit meinem spärlichen Privatleben schien ich mich abgefunden zu haben, doch ohne meine Arbeit verlor ich meinen letzten Halt in meinen eingefahrenen Strukturen. Damals irrte ich öfter durch die Straßen meiner Stadt, weil ich mein Heimkommen hinauszögern wollte. Dort liegt mein Büro, dort habe ich versagt, ich möchte woanders sein, nur nicht da. Wo genau dieses ominöse Woanders liegen sollte, verschloss sich mir. Als ich an einer Biotonne vorbeiging dachte ich ernsthaft, mein Körper könne wenigstens als Dünger dienen – zu mehr fühlte ich mich außer Stande. Das Gefühl vollständig wertlos zu sein, war der Nährboden für meine Suizidgedanken. Hinzu kamen die moralischen Bedenken in Bezug auf den Großkunden, die ich anfangs mit der Ausrede, lediglich ein kleines Zahnrad, ein reiner Befehlsempfänger zu sein, beiseite wischte.

Es war lebensgefährlich und leichtsinnig, mich ausschließlich über meine Leistung zu definieren, denn mein System war zum Scheitern verurteilt. Früher oder später wären meine Kräfte aufgezehrt gewesen. Es war alles eine Frage der Zeit, solange ich meinen unbewussten Strukturen, Glaubenssätzen, Prägungen und selbst auferlegten Rollen folgen würde.

Die ersten Hinweise waren zaghaft, bis es enorm anstrengend wurde, sie weiterhin zu ignorieren. Was als Übermüdung begann, endete im vollständigen Zusammenbruch. Selbst als ich einzelne Symptome wie meine Panikattacken oder Albträume wahrnahm, leitete ich daraus keine konkrete Handlung ab. Ich kam gar nicht auf die Idee, etwas hinterfragen oder ändern zu müssen. Es schien nicht notwendig, ich musste nur noch eine kurze Zeitspanne durchhalten. Dann würde alles gut werden. Gut im Sinne von wie gewohnt.

Ich verweigerte mich der Erkenntnis und verstieß damit gegen ein elementares Naturgesetz. Alles strebt danach, sich zu entwickeln, zu lernen und letztendlich eins zu werden. Mein Verhalten an sich sorgte dafür, dass ich krank wurde. Stillstand auf der Bewusstseinsebene ist gleichzusetzen mit dem Tod, denn alles ist in Bewegung und bewegt sich in Kreisläufen als ein Teil von einem großen Ganzen.

Dies ist kein Freibrief, sich stets abzuhetzen und niemals innezuhalten, denn auch im Innehalten liegt der Fortschritt. Wir denken und spüren nach, erholen uns, tanken Energie, leben die Freude und genießen. In ganz ruhigen Momenten haben Erkenntnisse, Gedanken und Gefühle den Raum, die Welt zu verändern.

Manch ein Motivationsguru möchte seinen Zuhörern einreden, sie dürften sich niemals ausbremsen lassen und müssten ihre Ziele zu jeder Zeit mit der gleichen Hartnäckigkeit verfolgen. Natürlich entwickeln wir uns weiter, wenn wir Widerstände überwinden und unseren Horizont erweitern. Dennoch werden wir in einigen Situationen nicht ohne Grund ausgebremst und wir sind eingeladen, die Ursachen zu erforschen. Vielleicht ist die Zeitqualität nicht passend oder ich darf mein Handeln noch einmal überdenken: Warum tue ich das, sind meine Ziele wirklich passend für mich? Dienen sie meinem Weiterkommen oder lenke ich mich mit ihnen von meinem wahren Weg ab?

Als sich meine Krankheitssymptome deutlich melden, ignoriere ich sie weitestgehend. Erst der letzte Schlag im Dezember 2008 besitzt die Wucht, mich endgültig zu bremsen. Er ist es, der alle beruflichen Pläne rücksichtslos zerschmettert und mir alles nimmt, was ich glaube zu besitzen. Damals geht meine Welt unter und meine Hartnäckigkeit löst sich wie ein Zuckerwürfel in Wasser auf. Es wäre lebensgefährlich gewesen, weiter mit dem Kopf durch die Wand zu wollen, zumal ich dafür chemische Mittel in Form von Medikamenten oder gar Drogen hätte einsetzen müssen. Meine eigenen Kräfte waren aufgezehrt. Das Innehalten zwang mir mein Körper gewaltsam auf. Es war absolut richtig, mich ausbremsen zu lassen und keines meiner bisherigen Ziele weiter zu verfolgen.

Heute weiß ich, dass alle damaligen Pläne wenig bis nichts mit meinem wahren Lebensweg gemeinsam hatten. Sie waren Produkte meiner unbewussten Strukturen, die mich gnadenlos in die Erschöpfung trieben. Ich bin mir sicher, dies kein Jahr länger überlebt zu haben, hätte es den radikalen Umbruch in meinem Leben nicht gegeben. Daher lassen wir die Motivationsgurus weiter erzählen und picken uns lediglich die für uns stimmigen Informationen aus ihrem Angebot heraus.

Zudem glaubte ich, meinen Platz in der Gesellschaft erkämpfen zu müssen, ohne vorher für mich zu klären, wo dieser Platz sein sollte und ob ich ihn überhaupt einnehmen mochte. Somit stürzte

216

ich mich mit Leidenschaft in jedes Gefecht, doch war ich im Grunde ahnungslos, für was ich kämpfte. So lange ich siegreich war, verschwendete ich daran nicht den geringsten Gedanken. Je größer und unüberwindlicher ein Problem schien, umso mehr Energie konnte ich scheinbar durch das Bezwingen gewinnen. Ein rauschartiges Hochgefühl setzte ein, welches aber nach wenigen Augenblicken auch schon wieder erlosch. Schnell war ich süchtig und brauchte den regelmäßigen Kick. Mein System war stets auf der Suche nach dem nächsten „Schuss".

Im Winter 2008 erfolgte die zwangsläufige Überdosis. Anstatt Energie durch die Siege zu gewinnen, lebte ich von meinen Reserven, denn durch den Kampf schwanden meine Kräfte. Heute weiß ich, dass ich damals unbewusst für brenzlige Situationen gesorgt habe, indem ich unter anderem Arbeiten bis auf die letzte Sekunde hinausgeschoben habe. Oder dermaßen viele Projekte gleichzeitig betreute, die ein Einzelner unmöglich auf Dauer bewältigen konnte. Doch was tut man nicht alles für den nächsten Kick?

Nach der Schlacht war vor der Schlacht, denn der Krieg war noch lange nicht entschieden. Dermaßen darauf fixiert, im Außen von anderen Menschen anerkannt zu werden, vergaß ich mich selber wertzuschätzen und anzuerkennen – und zwar mich als Menschen und nicht meine Leistung. Bis kurz vor dem Aus, als mein Körper sich weigerte, weiterhin mit mir zu kooperieren, hatte ich versucht, mich mit Durchhalteparolen auf Kurs zu halten.

Mein Verhalten bei einer der ersten Körperwahrnehmungsschulungen in der Klinik liefert dafür ein hervorragendes Sinnbild. Die mir zugewiesene Partnerin sollte nach und nach mehrere mit Sand und Kugeln gefüllte Säckchen auf mein rechtes Schulterblatt stapeln. Meine Aufgabe war es zu fühlen, wann die Säckchen so schwer werden, dass sich ihr Gewicht unangenehm oder störend anfühlt. Nach jedem neuen Säckchen gab ich mit einem Nicken zu verstehen, dass für das nächste noch Platz sei. Als alle aufeinandergestapelt waren, lehnte sich meine Partnerin zurück und beobachtete mich. Falls sie glaubte, ich würde aufgeben, täuschte sie sich gewaltig. Das Gewicht könnte ich ewig tragen, denn ich war stark und belastbar.

Wenn ich es recht bedachte, könnten wir noch mehr Säckchen nehmen, doch wir verfügten über keine weiteren. Wegen diesen lächerlich kleinen Säckchen würde ich im Leben kein Aufheben machen.

Als sich die Übungseinheit dem Ende näherte, entfernte die Partnerin ein Säckchen nach dem anderen. Erst in diesen Augenblicken spürte ich, wie sehr mich das Gewicht einschränkte und belastete. Fast atmete ich erleichtert auf, was mich verwirrte. Die Säckchen wogen höchstens ein paar hundert Gramm. Von innerem und äußerem Druck befreit setzte ich mich nachdenklich auf. Aus Pflichtgefühl hätte ich die Säckchen bis ans Ende meines Lebens mit mir herumgetragen und ich erkannte, wie unnötig das gewesen wäre. Unnötig in dieser Übung und unnötig in meinem Alltag. Mit einher ging die Scham zuzugeben, dass das Gewicht störend war. Mein Gegenüber könnte mich schließlich für schwach halten.

Darüber hinaus ist es in den meisten Fällen leichter, ja als nein zu sagen. Viel zu oft lenken wir uns von eigenen Baustellen ab, indem wir die Last von anderen Menschen tragen. Meist ist es leichter, vor dem Haus des Nachbarn zu kehren als vor dem eigenen. In diesen Momenten fühlt man sich zudem gebraucht und wertvoll. In Wirklichkeit begibt man sich in Abhängigkeiten – oft bis zur vollständigen Selbstaufgabe. Menschen mit dem „Helfersyndrom" kennen die Bedürfnisse der anderen genau. Die eigenen sind ihnen oftmals so fremd wie das Ökosystem eines anderen Planeten. Doch darüber müssen sie sich auch keine Gedanken machen, schließlich werden sie von ihren Mitmenschen gebraucht.

Mitgefühl und Hilfsbereitschaft sind wundervolle Eigenschaften, die man gerne auch bei sich selbst ausleben darf.

Die extreme Arbeits- und Leistungssucht wurde mir seitens meines Vaters vorgelebt. Dies beeinflusste mich selbstverständlich, denn unbewusst orientieren wir uns an den Wertesystemen unserer Eltern – auch oder besonders, wenn diese ebenso unbewusst vermittelt werden. Für mich war es normal, dass mein Vater abwesend war und wir am Sonntag in seinem Büro saßen. Bis zu meinem endgültigen Zusammenbruch glaubte ich, grundverschieden zu sein und meinem Vater in keiner Weise zu ähneln. Erschreckend nahm ich das

Gegenteil zur Kenntnis. Auch mir war meine Arbeit seit Jahren wichtiger als mein privates Umfeld. Dennoch ist es falsch, die Gründe auf meine Umwelt zu projizieren und Schuld zu verteilen. Die unbequeme Wahrheit ist, dass wir selbst für unser Leben verantwortlich sind. Für das Müssen entscheiden wir uns an jedem Tag aufs Neue.

Im Frühjahr 2011 fühle ich mich gesundheitlich wieder auf der Höhe. Nachdem ich erstmalig über meinen Burnout geschrieben habe, trudeln Anfragen und Aufträge herein. Zu dieser Zeit bin ich unglaublich produktiv. Endlich ist die Ruhephase vorbei und ich kann wieder voll durchstarten. Alles fließt, alles sprudelt. In der ganzen Wohnung liegen an strategischen Punkten Notizzettel und Stifte. In meiner Dusche ist ein wasserfester Block mit Saugnäpfen an den Fliesen befestigt.

Meine Intuition läuft auf Hochtouren, was bedeutet, dass ich unentwegt Ideen habe. Das können Themen für künftige Artikel, konkrete Überschriften und Formulierungen, allgemeine Sachzusammenhänge und dergleichen sein. Früher musste ich alles sofort umsetzen, hätte es am liebsten bereits am Vortag erledigt. Heute hingegen gehe ich meist mit einer Idee eine gewisse Zeit „schwanger", nachdem ich sie auf welche Weise auch immer empfangen habe. Sie reift heran.

In den unterschiedlichsten Augenblicken habe ich kreative Einfälle, beim Staubsaugen, Abwasch, Duschen, Sport oder Schlafen. Aus diesem Grund sind Schreibutensilien stets in greifbarer Nähe. Hin und wieder muss ich an der Theke im Fitnessstudio nach einem Zettel fragen, oftmals gleich im DIN-A4-Format. Den Stift habe ich dabei, denn ich notiere mir weiterhin auf einem vorgefertigten Formular des Studios meine Trainingseinheiten. Eine Angestellte meint einmal scherzhaft, ich müsse mir wohl etwas für mein Buch notieren, und ich bestätige mit „genau". Sie ist verwirrt, glaubt wohl, ich möchte sie auf den Arm nehmen. Daher schiebe ich schnell hinterher, dass Schreiben mein Beruf sei.

Die Eingebungen sind mitunter anstrengend, wenn ich zeitgleich in mehrere Themen oder Arbeiten involviert bin. Meist habe ich die ersten Einfälle kurz nachdem jemand mit mir etwas durchgesprochen hat. Vor meinem geistigen Auge entstehen sofort Zusammenhänge und die Informationen werden entsprechend verknüpft. Wenige Millisekunden später weiß oder fühle ich, wie die Informationen am effektivsten aufbereitet und kommuniziert werden können. Das Gefühl lässt sich mit Worten kaum beschreiben, denn irgendwie werde ich in diesen Momenten ganz leicht und meine Sichtweise, mein Fühlen weiten sich aus. Zusammenhänge sind mir sofort klar, als würde ich eine Landkarte auseinanderfalten und erkennen, welche Straßen diverse Ortschaften miteinander verbinden. Das ist ein Segen, aber manchmal auch ein Fluch. Nämlich dann, wenn ich nicht abschalten kann. In der hochschwangeren Phase stehe ich häufig nachts mehrmals kurz vor dem Einschlafen auf, um mir Notizen zu machen. Ansonsten spukt die Idee weiterhin in meinem Kopf herum und hält mich wach. Daher banne ich sie auf Papier. Danach versuche ich zu schlafen, doch schon bald nutzt die nächste Idee die soeben entstandene Lücke. Licht an, aufstehen, ins Büro schlurfen, mehr oder weniger genervt Notizen machen. Übrigens: Diese Tatsache habe ich nach Mitternacht notiert, damit sie unbedingt Einzug in das Manuskript hält. Ist auch nicht weiter tragisch, denn ich stehe erst zum zweiten Mal wieder auf. Möchte ich danach endlich einschlafen, muss ich darauf verzichten, mich deswegen unter Druck zu setzen. Zunächst akzeptiere ich meine Eigenart und danke ihr.

Ende 2008 glaubte ich, mir sei eine irreparable Sicherung durchgebrannt. Mein Verstand, meine Kreativität, mein Ideenreichtum schienen auf ewig verloren zu sein. Aus diesem Grund steht es mir nicht zu, mich zu beschweren. Allenfalls kann ich mich weiter schulen, meine Fähigkeiten in Bahnen zu lenken, denn:

Latent droht meine kreative Arbeit zum Spiel mit dem Feuer zu werden, an dem ich mich verbrennen kann. Da ich mir dessen bewusst bin, bleibe ich wachsam. Vielleicht ist dies auch der Sinn und Zweck, denn somit wird mein Selbstkontakt verstärkt. Ich liebe es, mich mit meiner Arbeit auszudrücken, daher begeistere ich mich sehr schnell. Noch schneller kann ich dabei meine eigenen Bedürfnisse aus dem Blick verlieren, wie im Frühjahr 2011. In dieser Zeit rufe ich unbewusst das Projekt „Schaffensrausch 2.0" ins Leben. In meinen Augen habe ich mich lange genug ausgeruht und daher ist es an der Zeit, der Welt zu beweisen, was in mir steckt. Jens Brehl ist zurück. Stärker und besser als jemals zuvor.

Zu diesem Zeitpunkt verfüge ich wieder über so etwas wie ein Auftragsbuch. Aufgrund der vielfältigen Anfragen schreibe ich jeden Tag und plane weitere Aktionen. Das Video-Interview steht an, in dessen Zuge ich einen Artikel abliefere. An Redaktionen verschicke ich elektronische Rundschreiben mit Themenangeboten. Wenn ich es darauf anlegen würde, könnte ich wieder rund um die Uhr Impulse und Texte liefern.

Hinzu kommt die Konzeptarbeit für eine Nachrichtenseite im Internet. Auf einer Veranstaltung lerne ich deren Herausgeberin Astrid kennen. Schnell stellen wir fest, dass wir ähnliche Ziele haben: Den Menschen wahrhaftige Informationen mit echtem Nutzwert zu bieten. Das Projekt befindet sich in der entscheidenden Phase, den Schritt in die Professionalität zu machen. Begeistert biete ich meine Dienste an und arbeite Konzepte und Ideen aus, beispielsweise wie das interne Redaktionssystem aufgebaut sein muss, welche Funktionen für die Leser eingefügt werden können und dergleichen.

Wir treffen uns zwei Mal in Fulda, wobei beim letzten Termin auch der Webdesigner anwesend ist. Es herrscht eine kreative Aufbruchstimmung, denn längst habe ich mich entschieden, den Posten des Chefs vom Dienst zu übernehmen. Das ist eine Art Chefredakteur, der grob gesagt die Themenauswahl trifft und sämtliche Produktionszyklen begleitet. Er ist es, der die Leitlinien des Herausgebers praktisch und in dessen Sinne umsetzt. Wenn das kein passender Wiedereinstieg ist, weiß ich auch nicht weiter. In meinen Augen bin ich beruflich über ein Jahr komplett ausgefallen und habe noch einiges aufzuholen.

Meine bisher geleistete Arbeit für die Nachrichtenseite kann finanziell noch nicht honoriert werden, was in Ordnung ist, denn ich verschenke sie gerne. Niemand hat mich überredet, sondern ich habe mich freiwillig dazu entschieden. Schließlich soll das Projekt der Allgemeinheit dienen und ist daher in meinen Augen äußerst wichtig. Mir fällt es leicht, wieder in die idealistische Rolle zu schlüpfen. Nicht bedacht habe ich die Tatsache, dass ich mir Strukturen schaffe, die mich an die Arbeit in meinem Büro fesseln und kaum etwas zu meinem Lebensunterhalt beisteuern. Ich stehe kurz davor, mich wieder in das selbst aufgebaute Arbeitslager zu begeben. Der Schaffensrausch 2.0 hat mich voll erfasst. Wie meist in solch einem Rauschzustand ist es mir sogar lästig, meine Arbeit zu unterbrechen, weil ich Hunger habe oder auf die Toilette muss. Die Zeitverschwendung ärgert mich.

Bärbel erkennt die Gefahr des erneuten Ausbrennens und führt ein intensives Gespräch mit mir. Für Argumente bin ich nicht zugänglich, daher stellt sie mir eine Reihe unbequemer Fragen. Doch ich klammere mich an das Projekt wie an den sprichwörtlich letzten Strohhalm. Bald kommen regelmäßige Einnahmen rein, davon bin ich überzeugt. Ich muss halt investieren, mich reinhängen und vor allem durchhalten. Schließlich steht das Projekt kurz vor dem Durchbruch.

Stück für Stück öffne ich die Augen und erkenne, dass ich auf den Titel „Chef vom Dienst" abgefahren bin. Er würde schließlich verdeutlichen, Karriere gemacht und etwas auf dem Kasten zu haben. Wieder strebe ich nach externer Anerkennung und bin dafür bereit mich auszubeuten. Zudem bin ich ein freier Mitarbeiter, dennoch verschmelze ich komplett mit dem Projekt und spreche stets von „wir".

Schmerzlich erkenne ich die alten Strukturen, die ich glaubte, längst abgelegt zu haben. Die Erkenntnis tut weh, mein Herz blutet, denn im Grunde habe ich meine weitere berufliche Zukunft auf dem Projekt aufgebaut. Alle Pläne waren umsonst. Wutentbrannt schnaubend drehe ich im Wohnzimmer meine Kreise und fluche vor mich hin. Jetzt habe ich endgültig die Schnauze voll. Was soll dieser ganze Mummenschanz hier? Ich tue, mache, bewege mich und dennoch trete ich auf der Stelle. Meine finanziellen Reserven sind eng und ich benötige dringend regelmäßige Einnahmen.

Doch Bärbel hat recht: Die künftige Entlohnung steht in keinem Verhältnis zum Arbeitsaufwand und ist noch nicht einmal gesichert. Meine Illusion platzt wie eine Seifenblase, was bleibt, ist das Trennungsgespräch mit Astrid. Wie gerne würde ich dem Telefonat aus dem Wege gehen, doch es nützt nichts. Obwohl ich Astrid in mein

Herz geschlossen habe, ziehe ich den Schlussstrich. Ich versuche ihr mein Verhalten begreiflich zu machen, schließlich kennt sie meine Burnout-Erfahrung. Ich bin mir nicht sicher, ob ich mich verständlich ausdrücke, ich finde, sie kann meine Beweggründe (noch) nicht nachvollziehen. Kurz zuvor hatte ich ihr bereits mitgeteilt, ich könnte nicht mehr kostenfrei für sie tätig sein. Sie verstand es angeblich, doch wenige Tage später sollte ich mir für sie unentgeltlich eine bestimmte Sache anschauen. Anscheinend wurde ich nicht ernst genommen, wie auch, wenn ich zuvor wertvolle Arbeit zum Nulltarif verschleuderte?

Astrid mache ich keine Vorwürfe, dazu muss ich mir an die eigene Nase fassen. Sie hatte damals dankbar ein freiwilliges Angebot angenommen. Darüber hinaus hält sie mir den Spiegel hin, damit ich mich selber erkennen kann. Wieder bin ich kurz davor, falsch abzubiegen, doch mit Bärbels Hilfe bekomme ich die Kurve.

Hier zeigt sich deutlich, wie wichtig es ist, sich anderen Menschen anzuvertrauen. Der Webdesigner ist von meiner Entscheidung ebenso überrascht wie Astrid, doch er akzeptiert sie. Er meint lapidar, ich werde meine Gründe haben und er respektiert das. Wir bleiben weiter in lockerem Kontakt. Als der geplante Neustart der Nachrichtenseite durchgeführt wird, informiert er mich. Es sei eine Vielzahl meiner Ideen eingeflossen, die ich auch erkenne. Meine Mitarbeit wird nicht weiter erwähnt. Das schmerzt, doch damit muss ich leben.

Die Situation erinnert mich entfernt an meine Erlebnisse mit Thomas und Nadine. Meine Leistung wird gerne in Anspruch genommen, doch sobald ich eigene Wege gehe, scheint diese nichts mehr wert zu sein. Wobei ich Astrid nicht mit den beiden vergleichen möchte. Die Personen sind grundverschieden und ich glaube, dass es Astrid ehrlich mit mir gemeint hat, jedoch aus meiner Sicht selbst in einer Art Schaffensrausch zu stecken schien. Mitunter ist es schwer, sich in der Leistungsgesellschaft wertvoll zu fühlen, wenn andere mit ihrer Karriere und ihrem Besitz strahlen können. Jeder Mensch möchte wertvoll sein und etwas beitragen. Niemand wird enttäuscht, faul oder verbittert geboren. Auf jeden Fall wünsche ich Astrid alles erdenklich Gute auf ihrem weiteren Weg.

Für mich persönlich habe ich einen spielerischen Umgang mit Arbeit ausgesucht, der mir unterschiedlich leicht fällt. Noch immer neige ich dazu, mir einzureden, nicht genug zu leisten. Natürlich könnte ich „fleißiger" sein und noch mehr Artikel schreiben oder Neukunden akquirieren.

Langsam setzt sich bei mir die Erkenntnis durch, dass ich mich besser an der Qualität meiner Arbeit erfreue und nicht an der Quantität. Schließlich möchte ich die Leser und Mediennutzer im Herzen ansprechen und ein herzlicher Artikel bewirkt mehr, als zehn rein mit dem Verstand erstellte Texte.

Für mich gibt es keinen Weg zurück ins mitunter bequeme Funktionieren, wobei ich zugeben muss, dass eine Flucht manchmal verlockend erscheint. Hierzu könnte ich mir einen stupiden Job suchen, den ich wie eine Maschine erledige und dafür bezahlt werde. Geregelte Arbeitszeiten würden mir meinen Tagesablauf vorschreiben und am Wochenende würde ich mich erholen. Somit könnte ich mich vollständig lenken lassen. Oder ich beginne, mich als reinen Textlieferanten zu fühlen, der munter und fleißig am laufenden Band produziert.

Beide Optionen sind sinnlos, denn wie bereits gesagt, gibt es für mich keinen Weg zurück ins bequeme Funktionieren. Wenn wir einmal ehrlich sind, schaufeln wir uns häufig mit Arbeit zu, um anderen – meist unangenehmen – Dingen aus dem Weg zu gehen. „Ich habe zu tun", ist eine bequeme Ausrede. Besonders wenn das eigene Herz verschlossen ist, kann (Verstandes)Arbeit eine Zufluchtstätte sein. Funktionieren, herstellen und bloß nichts fühlen.

Die meisten Emotionen sind mit dieser Vorgehensweise inkompatibel. Entweder stumpft man ab oder wird krank. Kaum jemand erfüllt sich einen Kindheitstraum, wenn er am Fließband schuftet oder als Lohnsklave in schlecht bezahlten Berufen tätig ist. Fälschlicherweise wird ein Burnout oftmals lediglich mit dem Grad der Arbeitslast in Verbindung gebracht. Die Seele kann ausbrennen, wenn das Leben in unpassende Strukturen gepresst wird. Die Arbeitslast ist nur eine mögliche Ursache.

Die Frage bleibt, wie Betroffene ihren Platz in unserem gesellschaftlichen Miteinander finden können. Leider wird von Außenstehenden der Aufenthalt der Betroffenen in einer Psychosomatischen Klinik mit einer Kur verwechselt. Sie erwarten, dass die Heimkehrer sich erholt haben und wieder funktionieren.

In meinen Augen besteht die Aufgabe der Klinik, die Erkrankten zurück auf Null zu setzen und auf verdrängte Strukturen aufmerksam zu machen. Kaum einem Patienten wird es gelingen, in wenigen Wochen alle seine seelischen Baustellen abzuschließen.

Ein weiterer Wunsch an die Betroffenen ist der, dass sie bald wieder die alten Menschen werden mögen, die man früher kannte. Doch im geschützten Umfeld der Klinik beginnt für viele ein Transformationsprozess. In der Regel passen danach die alten Strukturen nicht mehr. Zum Glück, denn ansonsten hätten die Patienten ihre Lektionen wohl kaum gelernt. Wer weitermacht wie bisher, wird zwangsläufig wieder am gleichen Punkt und in ähnlichen Situationen enden wie vorher. In Kontakt mit aktuell Betroffenen erfahre ich immer wieder, dass sie nur irgendwie ihren Job machen und ihre Leistungsfähigkeit zurückbekommen möchten.

Mir steht es nicht zu, mit dem Finger auf sie zu zeigen, denn meine Anliegen waren anfangs die gleichen. Anstatt mich wieder fit zu machen, schickt mich der Neurologe in eine Klinik, in der ich den ganzen Tag Kinderquatsch ertragen sollte. Wer sich auf ungewöhnliche Maßnahmen einlässt, erkennt jedoch, wie sinnvoll es sein kann, sein Umfeld und seine bisherigen Strukturen zu verlassen, um auf Null gesetzt zu werden. Der Sinn des Lebens ist nicht zu arbeiten, sondern zu leben. Zudem hat mein Leben exakt den Sinn, den ich ihm gebe.

In der allgemeinen Berufswelt konzentrieren wir uns stark auf das „Was", also was jemand arbeitet. Nach dem „Wie" und „Warum" wird kaum gefragt, Hauptsache die Kennzahlen stimmen. Journalist, Kaufmann, Manager, Rechtsanwalt und dergleichen sind lediglich Rollen, in die wir schlüpfen. Wie bei einem Theaterstück wählen wir im Idealfall die Rollen, die am besten zu uns passen und in denen wir unser Potential entfalten können.

Viele jedoch fühlen sich in unpassende Strukturen gezwungen. Die meisten Menschen, wie auch ich damals, verschmelzen mit einer oder mehreren Rollen, identifizieren sich mit ihr statt mit ihrem wahren Selbst und gehen ins Funktionieren über. In unserem Gesellschaftssystem wird oft erwartet, eine einmal erwählte Rolle bis an das Lebensende zu erfüllen. Ansonsten erscheint man wankelmütig, wobei das Wort bereits „Mut" enthält. Dabei wird vergessen, dass wir Wesen sind, die sich durch neue Erfahrungen weiter entwickeln und dazu Rollen wie Fahrzeuge wechseln können. Das wahre Selbst ist die einzige Konstante, lediglich wie stark der Kontakt dazu ist variiert.

Wenn ein Kind auf diese Welt kommt, dann erforscht es sie mit Neugier und Wissensdurst. Das Denken und Fühlen ist unbegrenzt, erst durch die Erziehung werden Schranken aufgestellt, die sich von Kultur zu Kultur massiv unterscheiden können. Ich gefiel mir in den Rollen des unfehlbaren Beraters und des genialen Journalisten. Daneben wählte ich noch den stummen Beobachter und viele andere Rollen mehr oder weniger bewusst. Die unpassenden loszulassen, fiel mir mehr als schwer.

Die Kunst ist es, bewusste Entscheidungen zu treffen, statt sich von unbewussten lenken zu lassen. Wenn ich im Kern nicht weiß, was ich mir wünsche, muss ich wohl oder übel das nehmen, was ich bekomme. In den meisten Fällen wundern wir uns über die Ergebnisse, die wir selber geschaffen haben.

Es geht darum, in welcher Rolle oder in welchem Beruf ich meine Fähigkeiten entfalten und mich persönlich weiter entwickeln kann. Der heutige Anreiz in der Arbeitswelt wird häufig auf das Geld beschränkt. Je mehr ein Mensch verdient, umso wertvoller scheint seine Arbeitskraft zu sein. Wenn wir ehrlich sind, kennt jeder von uns Spitzenverdiener, die weder etwas für sich noch für die Allgemeinheit leisten. Sie kleben an irgendwelchen Posten und sollten sie sich in Arbeitsprozesse einmischen, stiften sie heilloses Chaos. Andererseits gelten Menschen als erfolgreich oder gar als Vorbilder, die sich durch massive Arbeit die Gesundheit ruinieren.

Mit Arbeit kann man sich sein ganzen Leben vom Wesentlichen und mitunter von unbequemen Wahrheiten ablenken und dennoch das Gefühl haben, ein Macher zu sein. In Wahrheit ist man längst das Opfer und leidet unter den Geistern, die man rief. Oder man ist auf der Suche nach Liebe und Anerkennung, die man nicht bekom-

226

men hat. Liebesentzug ist eine harte Folter, die Menschen zum Äußersten – wie der Selbstaufgabe – bringen kann. Sie nehmen (fast) alles in Kauf, um beachtet und geliebt zu werden.

Jeder Mensch möchte erfolgreich sein, doch der Begriff ist zu schwammig, um daraus konkrete Lebensziele ableiten zu können. Manch ein Hollywoodstar ist so erfolgreich, dass er sich in Drogen flüchten muss. Ebenso gibt es erfolgreiche Manager, die an der Sinnlosigkeit ihres Lebens verzweifeln. In Anzug und Krawatte stehen sie vor uns, tragen ihre Maske und agieren in der mehr oder weniger bewusst gewählten Rolle. Es gibt unzählige erfolgreiche Menschen, die zu einem bestimmten Zeitpunkt oder gar ihr ganzes Leben lang leere Hüllen sind. Sie versuchen die Leere mit Erfolg und Reichtum zu füllen. Dieses Vorgehen ist zum Scheitern verurteilt.

Die Marketing-Industrie hat die innere Leere im Menschen erkannt und suggeriert ihm, er könne sie mit Konsum füllen. Das Hochgefühl hält nur kurze Zeit an, denn Liebe, Glück und Sinn stehen in keinem Verkaufsregal. In der westlichen Welt haben wir uns die Illusion vom grenzenlosen Wachstum erschaffen und solange das Bruttosozialprodukt steigt, ist alles in Ordnung. Komischerweise werden die Menschen dadurch nicht glücklicher. Jeder kennt Sätze wie „wenn ich xy erreicht habe, bin ich glücklich". In Wahrheit begibt man sich in äußere Abhängigkeiten, denn ob ich glücklich bin oder nicht, entscheidet sich in meinem Inneren.

Oder man wählt die Opferrolle und macht äußere Einflüsse oder Besitztümer dafür verantwortlich, wie man sich gerade fühlt. Manch einer macht sich Vorwürfe, warum er unglücklich ist, hat er doch alle gesellschaftlichen Ziele erreicht: Ein gut bezahlter Job, eine hübsche Frau, Kinder, ein Haus, mehrere Autos, der jährliche Urlaub, Markenkleidung etc. Wer seinen Erfolg und sein Glück nicht selber definiert, der bekommt zwangsläufig die Vorstellungen von anderen aufgezwungen.

Vor meinem endgültigen Zusammenbruch war ich im Grunde ahnungslos, ob ich erfolgreich war oder nicht. Spätestens mit 30 wollte ich „es" geschafft haben. Ein eigenes Haus, eine Familie, einen Hund, 1,7 Kinder, ein großes finanzielles Polster und dergleichen. Während meines Schaffensrausches wählte ich mein Bankkonto als Erfolgsmesser und erfolgreich war ich. Nur anders, als ich dachte. Ich war zu diesem Zeitpunkt wahnsinnig erfolgreich darin, mich und meinen Körper auszubeuten und meine Gesundheit zu ruinieren.

An manchen Tagen zweifle ich heute daran, ob ich nun erfolgreich bin. Das kommt jedoch ganz auf den Standpunkt an. Wenn ich bedenke, dass ich mich privat wie beruflich mit den Dingen beschäftige, die mir am Herzen liegen, lautet die Antwort ja. Wenn ich bedenke, dass ich morgens ohne Bauchschmerzen aufwache, weil ich an keine ungeliebte Arbeitsstelle eilen muss, lautet die Antwort ebenfalls ja. Wenn ich bedenke, von wie vielen Zwängen ich mich in Liebe befreit habe und wie stark mein Selbstkontakt geworden ist, weist der Daumen auch dieses Mal in die Höhe. Wenn ich jedoch daran denke, dass ich Arbeitslosengeld II beziehe, fühlte ich mich lange als Versager. Dabei ermöglicht mir diese Unterstützung, mir Zeit für mich zu nehmen. Dennoch quälte mich über Monate ein schlechtes Gewissen, diese Hilfe nicht verdient zu haben. Schließlich erbrachte ich keine direkte Gegenleistung. Doch sind mein Leben und mein Wirken deswegen weniger wert? Bärbel ist maßgeblich daran beteiligt, dass ich die Fülle für mich neu definieren werde. Dazu später mehr.

Zunächst beschließe ich – ebenfalls von Bärbel angeregt – nach meinen freiwilligen Aufenthalten in diversen Arbeitslagern, ein neues Projekt zu beginnen. Es soll sich als das Wichtigste in meiner bisherigen Laufbahn erweisen, was ich zu Beginn kaum ahnen kann. Statt für einen Auftraggeber aktiv zu sein, meine Energie und Ideen für ein „fremdes" Vorhaben zu nutzen, mache ich mich selber zum Projekt. Somit beginne ich, in eigener Sache zu forschen und zu recherchieren.

228

Der Samstag, der einmal ein Mittwoch war,
und andere Durchbrüche

In den ersten Monaten meiner zaghaften beruflichen Gehversuche und des Fernstudiums schaffe ich mir strenge Alltagsstrukturen. Sie regeln, wann ich arbeite und wann ich versuche, meine Freizeit zu genießen. Samstags öffne ich keine Post und unter der Woche gehe ich ab 17 Uhr im Büro nicht mehr ans Telefon. Zudem wähle ich bewusst erreichbare Ziele. Es ist wichtig, dass ich mir überhaupt (Tages)Ziele vornehme, denn nur dann weiß ich, wann ich genug gearbeitet habe. Zudem kann ich meinen Fortschritt messen und die Illusion des Stillstands auf allen Ebenen bekommt kaum einen Fuß in die Tür. Noch habe ich große Angst vor einem Rückfall.

Anfangs geben mir diese Strukturen einen wichtigen Halt, doch ab einem gewissen Punkt fühle ich mich wie ein Gefangener in meinem eigenen System. Vielen (ehemals) Depressiven wird geraten, sich feste Tagesabläufe vorzugeben, was sicherlich sinnvoll ist. In meinem damaligen Stadium des Krankseins hat mir dieses Vorgehen sehr geholfen, bis es mich behinderte. Ich erkenne für mich, wieder in ein System des Funktionierens geraten zu sein.

Eines werktags morgens wache ich auf und stelle mir wieder einmal die Frage nach dem Sinn. Gleich werde ich aufstehen, mich duschen, anziehen, den Rechner hochfahren und E-Mails abrufen. Zurzeit arbeite und recherchiere ich für einen Artikel, dessen Thema mir am Herzen liegt. Daher erwarte ich elektronische Antworten und Rückrufe auf meine diversen Presseanfragen. Zudem muss ich noch Material sichten und neue Informationsquellen erschließen.

Wie ein Fisch im Wasser bewege ich mich in meinem Element. Das ist es doch, was ich seit meinem Zusammenbruch immer wollte. Noch im Bett liegend erschaudere ich beim Gedanken daran, an meinem Schreibtisch zu sitzen. Dabei habe ich am Tag zuvor rechtzeitig Feierabend gemacht und auch am Wochenende nicht gearbeitet. Daher muss ich doch ausgeruht und fit sein. Als ich aufstehe und das Schlafzimmerfenster zum Durchlüften öffne, treffe ich eine

Entscheidung. Heute ist Samstag. Die Tatsache, dass der Kalender steif und fest behauptet, es sei Mittwoch, ignoriere ich geflissentlich. Gespielt verwundert schüttele ich angesichts der Schüler und Arbeitnehmer den Kopf, die so früh unterwegs sind. Was wollen die am Wochenende um diese Uhrzeit mit ihren Rucksäcken und Aktenkoffern in der Stadt? Sie wuseln umeinander, dass ich an die Computerspielreihe „Die Siedler" erinnert werde.

In aller Ruhe genieße ich zunächst mein Frühstück, später möchte ich dem Fitnessstudio einen Besuch abstatten. Ein Blick auf die Uhr verrät mir, dass Eile unangebracht ist. Daher lege ich eine CD mit entspannender Musik ein und meditiere eine Stunde. Bewusst stelle ich mir dabei vor, wie ich Energie tanke, ruhiger werde und im Hier und Jetzt ankomme.

Als ich nach dieser geistigen Dusche die Augen öffne, atme ich tief durch. Mehrmals muss ich blinzeln, um wieder in meinem Alltag anzukommen, dermaßen angenehm war die mentale Reise. Wer sagt mir eigentlich, dass ich wirklich wieder in der Realität bin? Vielleicht schlafe oder meditiere ich in anderen Sphären in diesem Augenblick. Fast bin ich versucht, mich zu kneifen.

Amüsiert packe ich meine Sporttasche, genieße das Training und die dabei aufkommenden Gespräche mit Bekannten. Abends koche ich mir ein leckeres Abendessen und schaue mir einen Film an. Am nächsten Tag akzeptiere ich die Gegebenheiten des gregorianischen Kalenders: Es ist Donnerstag und ich begebe mich ausgeruht an die Arbeit. Mein schlechtes Gewissen macht sich bemerkbar, da ich mich am Vortag nicht abgemeldet habe. Zum Glück hat niemand im Büro angerufen, denn das Mobiltelefon ließ ich dort liegen. Schließlich befand ich mich im Wochenende. Selbst per E-Mail sind keine Nachrichten mein aktuelles Projekt betreffend eingegangen. Wo haben die Leute gestern denn gesteckt? Am Vormittag trudeln erste Rückmeldungen ein und das Telefon klingelt mehrfach, als würden alle Beteiligten wissen, dass ich erst jetzt wieder im Büro bin. Dabei kennen sich die Menschen untereinander gar nicht.

Ein angenehmer Schauder läuft mir den Rücken hinunter. War der Urlaubstag gestern in der Art vorgesehen und meine Intuition war darauf angesprungen?

In den nächsten Wochen weite ich das Experiment mit dem persönlichen Kalender weiter aus. Zunächst gönne ich mir einen weiteren spontanen Samstag. Es ist erstmals warm genug, auf den Pullover zu verzichten und stattdessen in ein T-Shirt zu schlüpfen. Die Sonne gibt einen Vorgeschmack auf den anrückenden Sommer. Ich spaziere durch das Erholungsgebiet Fulda Aue, welches ich fast für mich alleine habe. Kein Wunder. Die meisten Menschen arbeiten oder erledigen anderweitig alltägliche Aufgaben. Wenig später lockt mich eine Wiese. Auf dem Rücken liegend sauge ich den Duft des Grases ein und schaue mir die Wolken an. Meine Gedanken schweifen ohne ein festes Ziel. Plötzlich die Erkenntnis: Ich bin ein Zeitmillionär.

Ich lasse die letzten Tage bewusst Revue passieren, fühle in mich hinein, was mir gut tat und was ich als störend empfand. Daraus ziehe ich Schlüsse für mein weiteres Handeln – und zwar nicht für die Zukunft, sondern für die Gegenwart. Zudem erkunde ich die andere Seite der Medaille: Genoss ich es früher zu arbeiten, wenn andere Menschen ruhten, so liebe ich es jetzt, inmitten des betriebsamen Alltags bewusst zu entspannen. Wieder einmal schließt sich ein Kreis.

Endlich habe ich das Gefühl, mein Leben wieder in der Hand zu haben. Ganz so, als wären unsichtbare Fesseln abgesprengt. Es ist richtig, meine festen Strukturen nach und nach aufzuweichen.

Angespornt von diesem Erfolgserlebnis, nehme ich weitere meiner Verhaltensweisen ins Visier: Im Biosupermarkt werde ich von einer Angestellten angesprochen, der Mittwoch sei wohl mein Einkaufstag. Verdutzt nehme ich zur Kenntnis, dass ich wahrlich meist an diesem Tag meine Einkäufe erledige. Mittwochs gewährt das Unternehmen Studenten Rabatt, so auch mir während meines Fernstudiums. Dieses habe ich mittlerweile erfolgreich abgeschlossen und dennoch schlich sich unbewusst eine starre Verhaltensregel ein. *Mittwoch wird im Biosupermarkt eingekauft.* Ich erschaudere. Aus Prinzip kaufe ich die Woche darauf am Freitag ein – und nicht wie gewohnt vormittags, sondern am Nachmittag. Dafür erledige ich bereits die Hausarbeiten, die bei mir traditionell am Samstag auf dem Plan stehen. Bewusst genieße ich ein neues Samstagsgefühl ohne Arbeits-pflichten.

Sonntags gehe ich zu einer für mich eher ungewöhnlichen Zeit ins Fitnessstudio und prompt treffe ich eine Bekannte, die ich aus den Augen verloren hatte. Unsere Trainingsrhythmen lagen auseinander, so konnten sich unsere Wege bisher nicht kreuzen. Erst als ich meine Strukturen durchbreche, sind neue Erfahrungen und Erkenntnisse möglich.

Ähnlich interessant ist es, einen Tag ohne Uhrzeit zu verbringen. An einem Sonntag beschließe ich, meine Zeit selber zu bestimmen. Ich verbringe den ganzen Tag, ohne auf die Uhr zu schauen. Da ich mich spontan zu diesem Experiment entschlossen habe, muss ich in der Küche bewusst den Blick von der Wand abwenden. Dort hängt meine Küchenuhr und ich erkenne, dass mein Blick bei jedem Betreten des Raums automatisch auf sie fällt. Es ist doch egal, wie spät es ist, wenn ich ein Glas Saft trinken möchte. Dennoch kontrolliere ich die Uhrzeit und rechne mir aus, wie viele Stunden mir vom letzten freien Tag bleiben, bevor ich am nächsten Morgen wieder arbeite. Statt das Hier und Jetzt zu genießen, mache ich mir Gedanken um die Zukunft. Denn augenblicklich kommt mir in den Sinn, was ich alles erledigen möchte. Da auch am Wochenende die Ideen sprudeln, sammeln sich mitunter einige Notizen an.

Mit meinen Experimenten versuche ich spielerisch, mit meiner Wocheneinteilung umzugehen und statt starre Regeln zu befolgen, in mich zu horchen. Was sind meine Bedürfnisse an diesem Tag? In jedem Moment herrscht eine gewisse Zeitqualität vor, was bedeutet, dass in dieser Phase bestimmte Dinge leichter fallen. Es ist dann einfach an der Zeit.

Daher ist es immer der richtige Moment, es fragt sich nur für was. Jeder kennt das Phänomen, wenn plötzlich alles wie am Schnürchen läuft und sich unverhofft die passenden Weichen dazu stellen. Das dadurch erreichte Ergebnis wird zwangsläufig eine höhere Qualität aufweisen, als hätte man es im Vorfeld mit einem allzu großen Energieaufwand oder Gewalt forciert. So wie es in der Landwirtschaft die Rhythmen zwischen Aussaat und Ernte gibt, verhält sich alles im

Leben. Während meiner Genesungsphase versuchte ich über meine Erlebnisse zu schreiben, doch stockte ich nach den ersten Absätzen. Die Zeit und ich waren dafür noch nicht reif. Mit Gewalt hätte ich sicherlich einen Artikel zustande gebracht, aber er wäre aus dem Verstand und nicht aus dem Herzen geboren. Dadurch hätte er die Menschen nicht auf der Herzensebene erreichen können. Das Projekt verschob ich auf ungewisse Zeit.

Wenige Wochen später wird die Ereigniskette in Gang gesetzt: Ich lese am Jahrestag von Robert Enkes Suizid von Andreas Biermann und spüre die Qualität der Zeit – ganz so, als hätte ich auf ein Startsignal gewartet. Als ich mit dem Schreiben anfing, sprudelte es aus mir heraus, doch der Verstand meckerte immer noch. „Wo willst du das denn veröffentlichen? Das interessiert doch niemanden." Dennoch folgte ich meinem Herzen, auch wenn ich zugeben muss, jeden Tag gezweifelt zu haben. Plötzlich erfahre ich, dass das Thema in der nächsten Ausgabe der raum & zeit eingeplant ist, und schwupps fällt ein anderer Beitrag weg, um mir Platz zu machen. Wenn ich einen Artikel in einer Redaktion einreiche, wird er immer noch einmal von Redakteuren und von mir überarbeitet. Es ergeben sich immer weitere Fragen, Textstellen müssen gekürzt oder ergänzt werden. Nicht so bei „Und plötzlich ging das Licht aus", der lediglich hinsichtlich Rechtschreib- und Grammatikfehlern korrigiert wurde. Der aus meinem Herzen gesprudelte Inhalt blieb, wie er war. Die Zeitqualität war richtig, manch einer würde sagen, die Sterne standen günstig. Mit viel weniger Mühe konnte ich ein besseres Ergebnis erzielen, indem ich meiner Intuition vertraute und keinerlei Druck ausübte.

Wir haben die Wahl, uns gegen die Naturgesetze aufzulehnen und mit enormen Kraftanstrengungen unsere Ziele zu erreichen, oder es ganz im Sinne der Natur fließen zu lassen. Verhaltens- und Lebensweisen, deren Strukturen sich gegen die jeweilige Zeitqualität richten, werden auf Dauer im wahrsten Sinne des Wortes krank machen. Wer ständig mit dem Kopf durch die Wand will, darf sich folglich nicht über Kopfschmerzen wundern.

Neben der geschulten Intuition, die die verschiedenen Zeitqualitäten erkennt, ist Mut erforderlich, ihr zu folgen. Es kann vorkommen, dass man genau das Gegenteil von dem macht, was das Umfeld gerade im Begriff ist zu tun. Manchmal bedarf es Anstöße unterschiedlicher Art, um uns auf die Zeitqualität aufmerksam zu machen. Wer jedoch bewusst sein Inneres beobachtet und zur Kenntnis nimmt, wann er sich bei welcher Tätigkeit wie gefühlt hat, trainiert seine Intuition. Ab einem gewissen Punkt spürt oder weiß man einfach, wie die nächsten Schritte aussehen sollen. Das hat nichts mit einer Kristallkugel oder Kaffeesatzleserei gemein, sondern einzig und alleine mit der unerschöpflichen inneren Informationsquelle.

Um sie zu bemerken, bedarf es Ruhe und der Fähigkeit zu schweigen. Wer immer redet oder ununterbrochen aktiv ist, kann nicht zuhören und aufnehmen. Wenn bei einem Telefongespräch beide Partner gleichzeitig reden, kann kein Informationsaustausch stattfinden. So ergeben sich Phasen des Sprechens, des Schweigens und dem damit verbundenen Zuhören. Diesen Rhythmus finden wir überall in der Natur: Ebbe – Flut, Sommer – Winter und dergleichen. Kaum jemand käme auf die Idee, im kältesten Winter Blumen zu pflanzen, denn wir befinden uns in einer ruhigen Zeitqualität, die Natur hält Winterschlaf, um im Frühjahr mit voller Pracht zu erwachen.

Jeder Mensch entscheidet sich bewusst oder unbewusst für oder gegen den Rhythmus. Egal, wie die Entscheidung ausfallen mag, man trifft sie bestenfalls bewusst. Die Opferrolle kann man sich gleich abschminken, denn niemand zwingt in Wahrheit irgendjemanden zu irgendetwas. Wer stets die äußeren Umstände verantwortlich macht, degradiert sich selbst vom Schöpfer zum Opfer.

Am besagten Mittwoch/Samstag spürte ich, dass es für mich stimmig war, einen Feiertag zu begehen. Ich ehrte und wertschätzte mich selber in der Art, dass ich mir die Zeit dafür nahm.

Bewusst genommene und genutzte freie Zeit ist mitunter der letzte wahre Luxus unserer westlichen Welt. Vom Rest haben wir mehr als genug. Selbst den Urlaub oder die Freizeit stopfen wir häufig mit so vielen Aktivitäten wie möglich voll, was in Kuriositäten wie Freizeitstress mündet. Pausen sollten dazu dienen, sich zu erden, zu erkunden und zu erholen. Jedoch sind sie sinnlos, wenn man sich im restlichen Leben immer wieder in die gleichen überholten Strukturen quetscht und sein wahres Ich aus den Augen verliert. Viele Menschen tanken in ihrem Jahresurlaub Kraft, die sie nach einer Woche am Arbeitsplatz erneut verloren haben. Nach einem weiteren Monat sind sie wieder reif für die Insel. Sie haben es zwar geschafft, das Hamsterrad kurzeitig zu verlassen, doch nur, um noch länger darin laufen zu können.

Vor mehr als zehn Jahren sah ich einen Vortrag von Christian Opitz, in dem er sich über Entspannungstechniken und unser Alltagsverhalten äußerte. Er verglich es sinngemäß so: Den ganzen Tag schlagen wir uns mit der Faust ins Gesicht. Damit dies nicht mehr allzu weh tut, nutzen wir diverse Entspannungstechniken wie Yoga, autogenes Training und dergleichen. Nun haben wir zwischen Faust und Gesicht ein Kissen, welches die Schläge dämpft. Wirklich effektiv wäre es jedoch, damit aufzuhören, sich ins Gesicht zu schlagen – was im Übrigen auch albern aussieht.

Anders ausgedrückt: Man kann unendlich lange diverse Symptome bekämpfen oder aber man geht der Ursache auf den Grund und ist bereit, neue Wege zu gehen. Um möglichst lange weiter auf ausgetrampelten Pfaden zu bleiben, ist eine ganze Industrie entstanden. Entspannungstempel und Freizeitanlagen sprießen wie Pilze aus dem Boden, Anti-Stress-Schuhe liegen in den Verkaufsregalen, Unternehmen bieten kostenfreie Yogakurse an (anstatt die Arbeitsplatzsituation zu ändern) und von den unzähligen Medikamenten gegen Herzrasen, Angstzustände, Konzentrationsstörungen, Depressionen und dergleichen möchte ich erst gar nicht anfangen. Der Kuchen ist mehrere Milliarden Euro schwer.

Die berechtigte Frage steht im Raum, wofür wir uns eigentlich abrackern. Das westliche Wirtschaftssystem ist auf unendliches Wachstum bei endlichen Ressourcen angewiesen. Ein Widerspruch, der allgemein ignoriert wird. Nichts in der Natur wächst ewig. Wenn doch, sprechen wir von Krebs.

Es ist eine Tatsache, dass sich Menschen in Unternehmen ausbeuten und unter Druck setzen lassen, um den wirtschaftlichen Irrsinn am Leben zu erhalten. Sie möchten Karriere machen, den gesellschaftlichen Durchbruch schaffen und möglichst viel Geld verdienen. Für was? Dafür, sich die Gesundheit zu ruinieren, wertvolle Ressourcen zu verschwenden und für die Müllhalde zu produzieren? Kann dies der Sinn des Lebens sein? Arbeit um ihrer selbst willen? Sollte das Wirtschaftssystem nicht dem Menschen dienen statt umgekehrt? Menschen, die in ihrer Opferrolle aufgehen, damit sie Energie und Aufmerksamkeit auf sich ziehen, bleiben vielfach in alten Arbeitsstrukturen gefangen. Sie jammern über den ungerechten Chef und die miesen Arbeitsbedingungen. In Wahrheit sind sie selbst verantwortlich.

Gleichzeitig kaufen viele Menschen bei Unternehmen ein, die ihre Arbeitskräfte ungerecht behandeln, sie schlecht entlohnen, Lieferanten erpressen und keinen Gedanken an den Erhalt der Umwelt verschwenden. Hauptsache, es ist billig. Das ist nicht dumm, sondern lediglich unbewusst. Solche Konsumenten graben sich das eigene Wasser ab. Plötzlich wundern sie sich, warum es so viele schlecht bezahlte Arbeitsstellen gibt oder die Produktqualität sinkt. An jedem Tag kann ich mich für meinen Weg entscheiden und das Gefühl, weiter malochen und sich quälen zu *müssen,* ist eine Illusion.

Die neue Generation, die die Bühne der Arbeitswelt betritt, ist vielfach auf der Suche nach sinnvollen Projekten. Solchen, bei denen sie ihre Fähigkeiten einbringen und weiterentwickeln können. Der rein monetäre Ansatz, Menschen zu locken und zu binden, wirkt schon lange nicht mehr auf alle und wird vermehrt als „Sinnersatzprämie" wahrgenommen.

Doch was könnten die Nachbarn denken, wenn ich mich der Leistungsgesellschaft verweigere und eigene Wege gehe? Vielleicht wird man als Sonderling betrachtet. Damit muss man leben. Mir geht es ähnlich, denn ich falle mit meinen Fühl-, Denk- und Handelsweisen auf. Je nach persönlichem Standpunkt sind manche Menschen irritiert, andere empfinden es als erfrischend. Einmal sagte mir jemand, ich solle aus meiner sozialen Utopie aufwachen. Schließlich rackerten er und seine Lebensgefährtin wie verrückt und ich müsse es den beiden gleichtun. Muss ich das wirklich?

Mir ist bewusst, dass ich als Freiberufler leicht reden habe. Natürlich wird Ihr Arbeitgeber eher wenig Verständnis aufbringen, wenn

Sie ihm morgens erklären, dass Sie nicht zur Arbeit erscheinen werden, weil die Zeitqualität nicht stimmt. Vielleicht können Sie sich aber auch am Arbeitsplatz auf die jeweilige Zeitqualität ausrichten, wenn Sie kreativ genug sind.

Im Grunde muss hier jeder seinen Weg selbst finden.

Oft ist es gerade der Weg zu einem unserer (beruflichen) Ziele, der uns bereichert. Manchmal ist das eigentliche Ziel weniger wichtig. Aber jede bewusste Tat birgt die Chance, uns unserem wahren Selbst näher zu bringen. Dabei kommt es meist weniger darauf an, was man tut, sondern dass man es mit dem Herzen tut. Wie Gandhi bereits sinngemäß sagte, wird man dann zu der Veränderung, die man in der Welt sehen möchte.

Montag ist Ruhetag

Mittlerweile mache ich mir Sorgen, obwohl oder gerade weil ich beruflich aktiver geworden bin. Sollte ich nicht schon längst mehr Erfolge vorweisen können und warum geht alles so furchtbar langsam voran? Es erreichen mich Anfragen, die meine beruflichen Dimensionen auf neue und aufregende Tätigkeitsfelder ausweiten würden. Tief in meinem Inneren brennt die Lust und Leidenschaft, wieder etwas leisten zu wollen. Darunter sind etliche Ideen, die dem Wohl aller dienen würden. Trotzdem fühle ich mich ausgebremst und frage mich ernsthaft, wieso. Alle Ampeln stehen auf Grün und ich glaube, mit angezogener Handbremse zu fahren. Ich schaffe es beispielsweise so gut wie nie, drei Mal die Woche ins Fitnessstudio zu gehen. Immer kommt etwas dazwischen. Es ist wie verhext.

Neben der Freude auf kommende Aufgaben verspüre ich einen unangenehmen Druck. Seine Botschaft ist mir bestens bekannt: Du bist noch nicht gut genug, so wie du bist. Noch immer vernachlässigst du deine Potentiale und dergleichen. In meinem alten Leben hätte ich mit Gegendruck geantwortet, doch ich entschließe mich für einen radikalen und ungewöhnlichen Ansatz: Ich gehe bewusst einen Schritt zurück, um weiter voranzuschreiten. Dieses Paradox ist ein wichtiger Schlüssel und daher bereite ich mich mental auf den kommenden Montag vor.

An diesem Tag werde ich morgens aufstehen und dann in meinem Sessel im Wohnzimmer Platz nehmen. Ich werde weder lesen, Musik hören, einen Film schauen, arbeiten, Notizen machen, meditieren oder dergleichen, sondern nur sitzen und Sauerstoff in Kohlendioxid umwandeln. Bis zum Abend ist es mir nur erlaubt aufzustehen, um zu essen, zu trinken oder die Toilette zu benutzen. Die Telefone werde ich abstellen und die Küchenuhr abhängen, damit ich nicht erfahre, wie spät es ist.

Während ich mir vorstelle, Stunde um Stunde dort zu sitzen und die Wand anzustarren, bekomme ich Angst, die sich einmal zu einer

Panikattacke entwickeln möchte. Die Zeit wird schleichen und sicherlich werde ich durchdrehen. Ich sehe mich bereits in einer Gummizelle. Dennoch steht mein Entschluss felsenfest. Aktivität und Passivität sind zwei entgegengesetzte Pole und, obwohl es unmöglich klingt, erreicht man den gewünschten Pol häufig über seinen Gegenspieler. Meine Entscheidung wird bekräftigt, als ich einen erklärenden Satz dazu lese: „Speerwerfer und Kugelstoßer lehnen sich beispielsweise zuerst weit in die andere Richtung, bevor sie ihre Waffen dem Ziel entgegenschleudern."[11]

Am Sonntagabend bin ich nervös und bete inständig darum, den morgigen Tag zu überstehen. Mir ist schleierhaft, wie mir dies gelingen soll.

Am Montag stehe ich zeitig auf, dusche mich, ziehe mich an und meditiere für eine halbe Stunde, um mich einzustimmen. Ganz bewusst werde ich bis zum Abend vollständig passiv sein, um das Vertrauen in den göttlichen Plan, mein Schicksal oder wie man es auch nennen mag, zu bekräftigen.

Ich kehre in mein Wachbewusstsein zurück, frühstücke und koche eine Kanne Tee. Es ist kurz nach acht Uhr, als ich das letzte Mal auf selbige schaue. Im Wohnzimmer setze ich mich in den Sessel, sehe mir die gegenüberliegende Wand an und lasse meine Blicke vom Bücherregal bis zum Schrank schweifen. Dort steht das Bügeleisen, welches ich am Samstag vergessen habe wegzuräumen. Meine Muskeln spannen sich bereits zum Aufstehen, damit ich mein Versäumnis nachholen kann. Millisekunden später entspanne ich mich wieder, denn mir wird bewusst, dass ich nichts tun darf. So sehr es mich auch ärgert, das Bügeleisen bleibt, wo es ist. Ich entscheide mich dafür, weiter auf das Bücherregal zu starren. (Interessanterweise steht das Bügeleisen, dessen Anblick mich an dem Montag unendlich störte, am nächsten Sonntag immer noch am gleichen Fleck.)

Meine erste Tasse Tee ist noch heiß, als meine Augenlider schwer werden. Ich drohe einzunicken, doch durch ein lautes Knacksen schrecke ich hoch. Kurz frage ich mich, ob ich mir das Geräusch nur eingebildet habe, wenn ja, geht das mit dem Durchdrehen schneller als gedacht. Neben mir befindet sich eine hölzerne Kommode, die halb im morgendlichen Sonnenschein steht. Anscheinend hat sich das Holz erwärmt und ausgedehnt. Auf der Kommode steht mein geliebter GameCube, mit dem ich schon seit einigen Monaten nicht mehr gespielt habe. Der arme Kerl ist ganz eingestaubt. Das kann ich ja schnell ändern. Schmerzlich wird mir bewusst, dass ich es eben *nicht* kann. Es ist das gleiche Dilemma wie mit dem Bügeleisen. *Ich darf heute nichts tun,* erkläre ich mir selbst, wie ich es einem Kleinkind versuchen würde, begreiflich zu machen. Vielleicht verstehe ich ja dann, was zum Henker ich hier schon wieder mache.

Im Grunde ist es doch lächerlich. Schnell wende ich den Blick ab und schaue auf den Boden vor dem Fenster. Obwohl wir uns mitten im Hochsommer befinden, passt die Wetterlage eher in den April. Für kurze Zeit scheint die Sonne, nur um uns Menschen zu täuschen. Denn unvermittelt verdüstert sich der Himmel, sobald diese ins Freie treten, um sie mit Wolkenbrüchen zu durchnässen. Das Wetter hat sich auch jetzt noch nicht endgültig festgelegt und so ist der Flecken mit dem Umriss meines Fensters mal heller, dunkler oder gleich ganz verschwunden, wenn sich eine fette Wolke vor die Sonne schiebt. Vielleicht morsen die Engel auf diese Weise eine Botschaft. Doch leider kann ich meine Theorie nicht bestätigen, denn ich bin des Morsealphabets nicht mächtig.

Kurz darauf döse ich kurz ein, da mich die Kommode dieses Mal nicht davon abhält. Als mein Kopf auf die Brust fällt, werde ich schlagartig wach. Der Tee in der Tasse ist ein wenig kälter geworden. Spätestens jetzt verliere ich mein letztes Zeitgefühl. Bilde ich es mir nur ein oder ist es stickig im Raum? Ich stehe auf, öffne das Fenster und vermeide es, nach draußen zu schauen. Heute ist es mir nicht erlaubt, mich abzulenken. In der Zwischenzeit regnet es in Strömen. Anscheinend hat die Sonne genug Opfer aus ihren Verstecken gelockt. Tja, mich erwischen die Wolken heute nicht. So viel steht fest.

Wieder beschleicht mich die Frage, was ich mit dieser hirnrissigen Aktion bezwecken möchte, ja überhaupt bezwecken kann. Draußen dreht sich die Welt und ich hocke untätig hier rum. Dann fürchte ich mich plötzlich, keine besondere Erkenntnis zu erhalten. Wieso mache ich mir ständig Druck, etwas Besonderes zu tun?

Zum Glück muss ich pinkeln und darf deswegen aufstehen. Als ich am Badezimmerspiegel vorbeigehe, bemerke ich einen Wasserfleck, den ich auch schon weggewischt habe, bevor mir mein Handeln bewusst wird. Nichts zu tun ist komplizierter, als es aussieht.

Zurück im Sessel warte ich darauf, Hunger zu bekommen, damit ich zu Mittag essen kann. Hoffentlich weiß ich, wann die richtige Zeit dafür ist. Bereits jetzt habe ich keine Ahnung, wie spät es sein könnte. So sehr ich mich auch bemühe, mein Frühstück schneller zu verdauen, will sich kein Hunger einstellen.

Auf dem CD-Regal sitzt ein Stoffbär namens Bernhard, den ich vor Jahren adoptiert habe. Er steuert zwar so gut wie nichts zur Miete bei, aber er macht wenig Dreck und die Futterkosten fallen nicht sonderlich ins Gewicht. Ich winke ihm zu, doch er ignoriert mich. Mein Gott, es kann erst früher Vormittag sein und schon jetzt leide ich unter der Langeweile.

Nun habe ich wirklich Angst davor, psychische Schäden davonzutragen. Schnell mache ich mir andere Gedanken und wie kann es anders sein, denke ich zunächst an meine Arbeit. In meiner Schreibtischschublade fristen noch viele Ideen ein unwürdiges Dasein und gerne möchte ich einige von ihnen umsetzen. Ich hake gedanklich nach, was mich davon abhält. Im Grunde nichts. Ehe ich mich versehe, fallen mir weitere Ideen ein, die ich nur allzu gerne aufschreiben würde. Doch ich habe mir verboten, Notizen anzufertigen, denn dies würde darauf hinauslaufen zu arbeiten, und heute ist es meine Aufgabe, alles passiv zuzulassen, was da ist. Ich werde weder aktiv eingreifen, noch mich anderweitig beschäftigen. Daher verbringe ich ein paar gefühlte Minuten damit, mir meine neuen Ideen und bewusst gewordenen Zusammenhänge einzuprägen.

Irgendwann tue ich mir den Gefallen, hungrig zu sein. Es gibt Brote mit Erdnussmus und Marmelade. Nach dem Essen setze ich mich brav in den Sessel und hoffe, dass die Zeit vergeht. Wenn sie jetzt stehenbliebe, würde ich es noch nicht einmal bemerken. Ich würde auf ewig Löcher in meine Wohnzimmerwände starren. Drehe ich jetzt durch? Nein, noch nicht.

Plötzlich nehme ich aus den Augenwinkeln eine Bewegung wahr. Eine dicke Fliege saust umher. Wenn die jetzt stundenlang gegen die Scheiben fliegt, bringt mich das Gesumme um den Verstand. So fett wie die ist, macht sie bestimmt einen Höllenlärm. Normalerweise würde ich sie aus dem offenen Fenster scheuchen, aber ich darf ja nicht aufstehen. Vier Fenster gibt es in meinem Wohnzimmer und nur eines ist offen. Natürlich fliegt die Nervensäge vor einem verschlossenen herum. War ja irgendwie klar. Als sie an mir vorbeifliegt, sage ich: „Tut mir leid Kumpel, ich kann dir heute nicht helfen. Du musst alleine wieder rausfinden." Ich habe es gerade ausgesprochen, da biegt die Fliege mitten im Raum im rechten Winkel ab und saust mit Karacho durch das offene Fenster. Ungläubig und mit offenem Mund starre ich hinter ihr her. Aha! Sind die Viecher gar nicht so dumm, wie sie immer tun. Wahrscheinlich haben die einen tierischen Spaß, uns Menschen auf die Nerven zu gehen.

Auf die Nerven geht mir der Tag, der nicht enden will. Ich fühle mich in meiner Schnapsidee gefangen und habe Angst, wertvolle Zeit zu verschwenden. In meinen Fingern und Armen kribbelt es, so sehr möchte ich irgendetwas tun. Doch ich bleibe hart und entscheide mich jedes Mal aufs Neue bewusst für meine Passivität. Ganz tief in meinem Inneren bin ich mir sicher, das Richtige zu tun. Es ist eine Illusion, dass ich mein Leben mit Nichtstun verschwende, denn ist es mehr wert, wenn ich am Computer schreibe oder anderweitig arbeite? Nein, denn ich bin stets ich, egal, was ich wann mache.

Langsam wird es kalt und daher schließe ich das Fenster. Wieder vermeide ich es dabei, auf die Straße zu blicken.

Wie die weiteren Stunden vergehen, kann ich nicht sagen, doch ab einem gewissen Punkt kann ich nicht mehr. Mein Experiment, einen ganzen Tag lang nichts zu tun, ist gescheitert, denn nach meinem Zeitgefühl kann es frühestens 14 Uhr sein. Mit hängendem Kopf stehe ich auf und hole die Küchenuhr wieder aus dem Schrank, um sie aufzuhängen.

„Ich habe es geschafft!", rufe ich kurz darauf durch die Wohnung. Es ist 18 Uhr 17 und somit Abend. Wie die Zeit so schnell vergehen konnte, weiß ich nicht, doch zunächst bin ich froh, meine Aufgabe bewältigt zu haben. Da ich fast von Beginn an kein Zeitgefühl mehr hatte, könnte ich ohne Uhr nicht mit Bestimmtheit sagen, wie viele Stunden ich im Sessel gesessen habe.

Anscheinend kann man Geduld ebenso wie einen Muskel trainieren. Je öfter man sie gebraucht, umso stärker wird sie. Seit geraumer

Zeit meditiere ich regelmäßig, doch nun fühle ich mich, als hätte ich heute eine Meisterprüfung bestanden. Ich bin stolz auf mich. Über zehn Stunden habe ich in einem Raum gesessen und nichts weiter getan, als Zeit verstreichen zu lassen. Anfangs bin ich in der Klinik die Wände hochgegangen, wenn ich nachmittags oder am Wochenende auf einer Parkbank saß. Damals waren viele Menschen um mich herum, mit denen ich mich austauschen oder ihnen einfach nachblicken konnte. Es gab immer etwas zu sehen, denn es ist zu keinem Zeitpunkt nichts los. Nun habe ich die Meisterprüfung bestanden, denn ich konnte ganz alleine in einem Raum sitzen und nichts weiter tun, als die Wand anschauen. Den „Glaubenssatz", dass ich ungeduldig bin, darf ich getrost in Liebe loslassen.

Ich genieße mein Abendessen und gehe eine Runde um den Block spazieren. Die Luft ist frisch und ich freue mich, unter Menschen zu sein. Es ist ein großartiges Privileg, aktiv sein zu dürfen, was ich erst jetzt richtig zu schätzen weiß.

Er gefällt mir, der neue Jens.

Von der Schwierigkeit, 222 Wünsche zu formulieren

Obwohl ich bereits seit fast zwei Jahren in meiner Wohnung lebe, habe ich mich im Sommer 2009 immer noch nicht eingerichtet. An jeder Ecke begrüßt mich täglich ein Provisorium, als sei ich auf der Durchreise. Als ich einzog, fehlte mir das Geld für Wandfarbe oder neue Möbel. Später besaß ich zwar die finanziellen Mittel, jedoch weder Zeit noch Energie, mich um solche Nebensächlichkeiten zu kümmern.

In einer Ecke des Wohnzimmers stehen seit dem Einzug etliche Kisten gestapelt. Auf einer einsamen Kochplatte bereite ich meine Mahlzeiten zu, da ich keinen Herd besitze. Kurz gesagt, noch ist die Wohnung alles andere als behaglich, sondern kalt und zweckmäßig. Mit meinem Großvater, der im Gegensatz zu mir handwerklich begabt ist, streiche ich im Spätsommer 2009 das Wohnzimmer. Er und mein Onkel haben sich bereits erfolgreich die Küche vorgenommen. Der letzte Pinselstrich ist getan und die Wandfarbe fast trocken.

„Fehlen nur noch ein paar Möbel", meint mein Großvater, als er den Blick durch das Wohnzimmer schweifen lässt. Seit langem wünsche ich mir einen Schrank und vor meinem inneren Auge entsteht ein Bild: helles Holz, zwei Türen mit Fenster, in der Mitte Ablageflächen und Schubladen. Den Traum begrabe ich schnell, denn finanziell kann ich keine großen Sprünge machen. Ein Möbelkauf ist ausgeschlossen. Noch ist unklar, wann ich wieder in Vollzeit arbeiten kann. Daher teile ich mir das Geld hart ein. Zudem hat mein Fernstudium kürzlich begonnen, in das ich viel Zeit und Energie investiere.

Einige Wochen später ist es bereits dunkel, als ich aus dem Wohnzimmerfenster schaue. Sekundenlang starre ich auf die gegenüberliegende Straßenseite, reibe mir die Augen und starre erneut. Mein Verstand schlägt wilde Haken, um die Situation verstehen zu können. Eine optische Täuschung, ein Scherz, eine Falle oder werde ich krank? Auf dem Bürgersteig steht er. Mein Schrank. Nachdem ich den ersten Schock verarbeitet habe, renne ich die Treppen runter und auf die Straße. Ehrfürchtig nähere ich mich dem Möbelstück und fasse es an. Fast rechne ich damit, dass es bei meiner Berührung wie eine Seifenblase platzen wird. Das Holz fühlt sich kalt und massiv an. Kein Zweifel, es besteht aus fester Materie. Verwirrt schaue ich mich um. An einigen Häuserwänden stehen Kisten und andere wild zusammengewürfelte Gegenstände. Der Groschen fällt: Es ist Sperrmüll. Bleibt die Frage, warum der Schrank aus meiner Fantasie im neuwertigen Zustand auf dem Bürgersteig steht.

In diesem Moment tritt sein Besitzer aus der Haustür, da er mein Interesse für den Schrank bemerkt hat. Mein Nachbar zieht um und kann in die neue Wohnung nicht alle Möbel mitnehmen. Er verweist weiterhin auf vier Stühle, die ich auch haben könnte. Er habe nicht geahnt, dass ich Möbel bräuchte. Woher auch, denn ich habe nie etwas verlauten lassen.

Mit dem Nachbarn hatte ich bisher erst wenige Sätze gewechselt. Wir wohnen ja auch erst seit zwei Jahren in derselben Straße. Zusammen tragen wir die Möbel in einen Abstellraum im Erdgeschoss meines Hauses. Dort bleibe ich verdutzt vor dem Möbelstück stehen: Helles Holz, zwei Türen mit Fenster, in der Mitte Ablageflächen und Schubladen, wobei drei von fünf fehlen. Die konnte jemand anscheinend gut gebrauchen. Auch nach Minuten springt niemand aus seiner Deckung hervor und erklärt mir, von der versteckten Kamera gefoppt worden zu sein.

Einige Tage später steht der Schrank in meinem Wohnzimmer und ich frage mich, warum mein Wunsch nur teilweise erfüllt wurde. Welchen Sinn soll es haben, dass drei Schubladen fehlen? Zunächst verstehe ich, dass ich nicht bis zum Umfallen arbeiten oder mit dem Kopf durch die Wand brechen muss, um mir Wünsche zu erfüllen. Der Schrank ist nicht weniger wert, nur weil er ein Geschenk ist. Um ihn mir neuwertig kaufen zu können, hätte ich viele Stunden arbeiten müssen, die ich jedoch anderweitig investieren konnte. In mein Fernstudium und hauptsächlich in meinen bewussten Selbstkontakt. Paradoxerweise habe ich meinem Nachbarn sogar noch einen Gefallen getan, der wohl keine Zeit oder Lust hatte, die Möbelstücke zu verkaufen, und sie dennoch vor dem Umzug loswerden musste. Ich liebe Situationen, in denen alle Beteiligten Gewinner sind. Für alle Seiten wurde die eierlegende Wollmilchsau aus dem Stall gelassen. Sie hatte lediglich die Schubladen vergessen. Halt! Diese wären noch vorhanden, hätte ich im Vorfeld mit meinem Nachbarn gesprochen und mich dabei nicht nur über das Wetter unterhalten. Ein ehrlicher Informationsaustausch wäre nötig und möglich gewesen. Wie es ihm geht und womit er sich beschäftigt und im Gegenzug das mich Betreffende. Ich hätte erfahren, dass er demnächst umzieht und bis dato einige Möbelstücke loswerden muss. Zunächst ärgere ich mich wochenlang maßlos. Doch dann finde ich Gefallen an meinem Schrank, der nicht nur schön und praktisch ist, sondern mich jeden Tag an eine wichtige Botschaft erinnert: Bitte um das, was du brauchst, und rede mit deinen Mitmenschen.

Wieder einmal wird mir deutlich bewusst, dass ich von allem umgeben bin, was ich brauche. Statt meine Aufmerksamkeit und Energie auf Fehlendes zu fokussieren, kann ich genießen, was ich bereits habe. Jeder kennt Gedanken wie: *Wenn ich x besitze, bin ich glücklich. Wenn ich erst einmal diese Position im Unternehmen inne habe, bin ich glücklich. Wenn y sagt, er liebt mich, bin ich glücklich.* Was hindert uns daran, das Glück im Augenblick zu sehen und zu leben?

In der Gesprächstherapie bringe ich beispielsweise das Thema zur Sprache, dass ich mich einsam fühle, denn ich habe aktuell in meinem nahen Umfeld niemanden zum Reden. Es ergebe sich nie die Gelegenheit für Gespräche. Meine Therapeutin verweist mich auf meine regelmäßigen Besuche im Fitnessstudio, doch ich winke ab. Da sieht jeder für sich alleine zu, seinen Trainingsplan durchzuziehen. Viele von ihnen hören dabei mit ihren MP3-Playern Musik, sodass sie ganz in ihre Welt abtauchen. Insgeheim nenne ich diese Menschen „die Verstöpselten". Sie bewegen sich zwar, bekommen von ihrer Umwelt jedoch nur wenig mit. Natürlich habe ich nichts dagegen, Musik zu hören und sich bewusst damit zurückzuziehen. Doch vielen Verstöpselten entgehen wichtige Interaktionen mit ihren Mitmenschen und damit essentielle Informationen. In der Klinik war es nicht gerne gesehen, mit Kopfhörern herumzulaufen. Schließlich sollte ein reger Austausch unter uns Patienten entstehen.

Zurückziehen konnten wir uns auf unseren Zimmern. Doch zurück zu meiner Therapiestunde. Noch während ich die Ausrede vortrage, merke ich, wie lahm sie ist. Schließlich bin ich im Fitnessstudio selber einer von denen, die ihr Programm schweigend durchziehen. Mir wird bewusst, dass ich in der Vergangenheit vielen Gesprächen aus dem Weg gegangen bin oder extrem kurz angebunden war. Mein einsames Gefühl im Fitnessstudio ist hausgemacht. Die Fülle in Form von Gesprächen war die ganze Zeit vorhanden.

Mein erster Schritt besteht darin, andere zu grüßen, und siehe da, es ergeben sich einige nette Bekanntschaften und anregende Unterhaltungen.

In der Klinik las ich das erste Mal seit langer Zeit Romane, was ich gerne beibehalten möchte. Da ich jedoch meine Ausgaben streng limitieren muss, kann ich mir im Grunde keine Bücher kaufen. Meine Therapeutin fragt, warum ich nicht die Bibliothek nutzen würde. Wie war das gleich noch einmal mit dem Wald vor lauter Bäumen? Am liebsten hätte ich mir mit der flachen Hand gegen die Stirn geklatscht. Die Bibliothek ist wenige Gehminuten von meiner Wohnung entfernt.

Zu dieser Zeit bin ich noch darauf eingestellt, wieder eine gewisse Menge Geld verdienen zu müssen, um mir bestimmte Sachen leisten zu können. Zudem neige ich dazu, Idealvorstellungen hinterherzujagen, anstatt die Fülle um mich herum wahrzunehmen. Objektiv betrachtet steht mir auch ohne oder mit wenig Geld vieles zur Verfügung. Diese Form der Fülle will ich anfangs nicht wahrhaben, sondern werte sie ab. Schließlich habe ich nicht dafür gearbeitet.

Es ergeben sich jedoch auch nicht zu unterschätzende Vorteile: Dadurch, dass ich mich zunächst auf das Wesentliche beschränke, bin ich wacher und weniger abgelenkt. Zudem wird meine kreative Art, „Probleme" zu lösen, geschult und ich zu wichtigen Schattensprüngen – wie dem Besuch der Tafel – animiert.

Ich brauche mir keine Sorgen zu machen, durch welche Aktivitäten ich meinen Lebensstil finanzieren kann. Daher ist es mir möglich, Auszeiten zu nehmen. Was nützt mir eine Urlaubsreise, wenn ich wieder in alte Strukturen zurückkehren würde? Vielmehr lerne ich Kleinigkeiten zu schätzen und ich weiß nun, dass es unnötig ist, mir Druck zu machen. Wenn es darauf ankommt, kann ich mit minimalen Mitteln sehr gut überleben. Besonders die Fuldaer Tafel hat mich Geduld, Demut und Dankbarkeit gelehrt.

Aus all diesen Gründen bedanke ich mich bewusst für die Zeit des relativen Mangels, die ich hinter mir lassen möchte. Die Lektionen waren allesamt sehr wertvoll, doch der Mangel und meine damit verbundene Denkweise entwickeln sich zur Klebefalle. Aus diesem Grund möchte ich mich einem neuen Lehrmeister zuwenden: Der Fülle.

Zuvor entdecke ich den Glaubenssatz, dass ich mich in der Fülle langweilen würde. Schließlich gäbe es dann weniger Herausforderungen zu meistern, um das Leben zu bestreiten. Wenn ich nicht für etwas kämpfen musste, dann ist es in meinen Augen weniger wert.

In diversen Meditationen und Aufstellungen widme ich mich dem Thema. Damit ist der Weg für eine neue Sicht- und Herangehensweise frei.

Lebe ich bereits in der Fülle, obwohl es sich anfühlt, als würde ich ihr hinterher jagen? Zunächst löse ich mich von dem Glauben, dass sich Fülle lediglich in Besitz ausdrückt. Reiche Menschen sind nicht automatisch glücklich.

Der Marsch durch die Hölle hat mich mit meinem Schatten konfrontiert und den Startschuss für meine persönliche Entwicklung gegeben. Heute bin ich relativ frei von Zwängen: Kein Wecker klingelt mich am frühen Morgen aus dem Bett, sondern ich stehe dann auf, wenn ich wach werde. Zunächst genieße ich die Freiheit, mich noch einmal auf die andere Seite drehen und ein wenig dösen zu können. Meine Gefühle und Gedanken kreisen um alles Mögliche. In Ruhe starte ich in den Tag. Meine Arbeit und die Projekte habe ich mir selber ausgesucht, ergo beschäftige ich mich mit Themen, die mir am Herzen liegen.

Wie ich bereits feststellen durfte, bin ich Zeitmillionär. Dennoch verliere ich mich in Tagträumereien und schaue mir an, wie mein perfektes Leben aussehen könnte. Dabei entsteht ein Druck, auf den der innere Kritiker nur zu gerne anspringt. Er meint, ich würde noch nicht genug leisten, wäre viel zu faul, zu unsportlich, besäße einen zu kleinen Freundeskreis und so weiter. Jedes seiner „Argumente" hat die Qualität, meinem Herzen einen Stich zu versetzen und freudvolle Hochphasen abrupt zu beenden.

In solchen Momenten heißt es für mich aufpassen, ansonsten entsteht eine lähmende Melancholie. Wieder wird mir ein Wackelpudding übergestülpt und ich muss mich in der zähen Masse abzappeln, um vom Fleck zu kommen.

Inmitten einer dieser Gedankenspiralen gibt mir Bärbel die Aufgabe, zwei Wunschlisten zu erstellen. Eine für kleine und eine für große Wünsche. Kein Problem. Auf jeder Liste müssen 111 Wünsche aufgeführt sein. Doch ein Problem. Fast drei Wochen lang mache ich mir Gedanken und schreibe alle mir einfallenden Wünsche auf. Die kleinen sind solche, die ich mir schnell erfüllen kann, auf die größeren muss ich eine Weile hinarbeiten. Ich inspiziere meinen Haushalt, was alles an Geräten und sonstiger Einrichtung fehlt oder ich einfach gerne besitzen möchte. Das sind die kleinen Wünsche. Die große Liste enthält Punkte wie ein eigenes Haus mit Garten, Mut, mich der Liebe zu öffnen und eine Partnerschaft einzugehen, und dergleichen.

Diese Gedankenspiele machen vielen Menschen mit Sicherheit Spaß, mich jedoch quält die Prozedur. Mit knapper Not bekomme ich hundert Wünsche insgesamt zusammen, was noch nicht einmal die Hälfte ist. Darüber hinaus gibt es „Rückschläge": Immer wieder erfüllen sich einzelne Wünsche, doch anders als ich denke. Vielfach muss ich wenig dafür tun: Ich bekomme Dinge geschenkt, es ergeben sich wie durch Zauberhand die passenden Kontakte oder ich wünsche mir beispielsweise ein Buch, welches mir Überblick über die Homöopathie und deren Heilmittel gibt. Beim Aufräumen fällt mir ein solches Werk in die Hand, welches ich seit Jahren besitze. Ich brauche ein Akkuladegerät und bekomme eines zum Geburtstag geschenkt. Gerne würde ich sinnvolle / gemeinnützige (ökologische) Projekte betreuen. Als ich mich traue, einem befreundeten Unternehmer aus der Biobranche davon zu erzählen, bekomme ich den Auftrag, ein entsprechendes Konzept zu entwerfen. So eine Scheiße, wie um Himmels Willen soll ich jemals mit dieser bescheuerten Liste fertig werden?

Bärbel muss lachen. Ihr sei kein anderer Mensch bekannt, der sich über die Erfüllung seiner Wünsche beschweren würde. Meine verquere Denkweise aufgezeigt zu bekommen, schockt mich zutiefst. Bisher fühle ich mich als Versager, weil ich nicht in der Lage bin, die zwei Listen aufzustellen. Noch während ich Wünsche notiere, bin ich genervt. Eine PlayStation 3 ist ganz nett, doch sie macht mich nicht glücklich. Was will Bärbel eigentlich von mir hören? Zum Schluss bin ich geneigt, einfach irgendetwas aufzuschreiben, nur um die Aufgabe hinter mir zu lassen. Bärbel klärt mich auf: Ziel war es zu erkennen, dass es schön ist, manche Dinge zu besitzen, sie aber alleine nicht glücklich machen. Da ich dies tief in meinem Herzen weiß, fällt es mir schwer, eine solche Liste zu erstellen, denn ich strebe schon seit Monaten nicht mehr nach rein materiellem Besitz.

Dennoch fehlt ein wesentlicher Punkt auf der Liste, der wahrhaft die Qualität hat, zum Glück zu führen: Zeit für mich. Diesen Wunsch brauchte ich nicht notieren, denn ich verfüge darüber im Überfluss.

Viele Menschen rackern sich ab, um sich vermeintlich essentielle Wünsche zu erfüllen. In Wahrheit verausgaben sie sich im Hamsterrad und wundern sich, unglücklich zu sein. Ich finde die Erfüllung nicht darin, eine Spielkonsole zu besitzen, sondern indem ich mache, was ich liebe. In den wenigsten Fällen benötige ich zusätzliches Geld.

Wie Schuppen fällt es mir von den Augen: Ich lebe bereits in der Fülle, sie blieb mir bislang lediglich verborgen. Mein Blick war durch Scheuklappen verstellt. Beständig war ich bemüht, es in meinem Leben zu etwas zu bringen, den Durchbruch zu schaffen. Als ich zurückschaue, sehe ich, dass ich ihn bereits vollzogen habe.

Dabei erinnere ich mich an meinen 30. Geburtstag im Frühjahr 2010. An diesem Tag war ich todunglücklich. Ich besaß weder ein eigenes Haus, noch hatte ich eine Familie gegründet. Die beruflichen Aussichten waren unsicher, meine monatlichen Einnahmen in meinen Augen ein schlechter Scherz. Als ich mit zwanzig meine erste Firma gründete, malte ich mir aus, was ich in zehn Jahren alles erreicht haben würde. Mit zweiundzwanzig scheiterte die Beziehung zu Clara und ich schwor mir, mich nur noch auf meinen beruflichen Erfolg zu konzentrieren. Meine bis heute geleisteten Arbeitsstunden reichen sicherlich aus, um Frührente zu beantragen. Doch ich „wusste" damals, ich muss mich nur genug anstrengen, genug leiden und kämpfen, dann würde ich „es" allen zeigen. An meinem 30. Geburtstag war ich niedergeschlagen und deprimiert. Am liebsten hätte ich mich alleine und in Ruhe selbst bemitleidet. Nichts war so eingetreten, wie ich es mir ausgemalt hatte. Der innere Kritiker erkannte die Gunst der Stunde und zählte genüsslich meine „Niederlagen" auf. Er lenkte mich erfolgreich von dem ab, was ich erreicht hatte: Meinen Selbstkontakt, die vielen in Liebe aufgelösten unbewussten Strukturen und die daraus gewonnenen unzählbaren Erkenntnisse. Materiell schien ich aus gesellschaftlicher Sicht gescheitert zu sein.

Nach dem „Scheitern" mit der Wunschliste ist mir klar, dass meine damaligen Ziele ungeeignet waren, mich wahrhaftig zu erfüllen. Unwillkürlich unterwarf ich mich damals den gesellschaftlichen Erwartungen. Meine wahren Bedürfnisse blieben mir fremd und so versuchte ich, meinen Weg mit dem Kopf durch die Wand zu gehen.

Ich benötigte viele Versuche, um Irrtümer zu erkennen, da ich es verlernt hatte, auf mein Herz zu hören. Dies war unmöglich, denn ich entschied mich bewusst dazu, es zu verschließen. Erst wenn ich nicht mehr verletzbar wäre, würde ich es wieder für Gefühle öffnen. Die Sicherheit würde ich aus meinem beruflichen Erfolg kreieren. Den Kontakt zu meinem wahren Selbst fuhr ich auf ein Minimum herunter, um wie eine Maschine jederzeit einsatzbereit zu sein. Darüber hinaus lenkte ich meine Aufmerksamkeit immer wieder auf unerledigte Dinge, anstatt die bisherigen Erfolge zu würdigen. Daher fiel es mir schwer, die Fülle wahrzunehmen.

Vergiss nicht zu würdigen was Du erreicht hast, bevor Du darauf schaust, was noch fehlt!

Phasen der Verzweiflung

An manchen Tagen bin ich nicht nur wacklig auf den Beinen, sondern strauchele und falle, wie erstmals nach dem Klinikaufenthalt im November 2009. Damals durchlebte ich depressive Phasen unterschiedlicher Intensität und Länge, die sich meist nicht vorher ankündigten. Es traf mich aus heiterem Himmel. Am Abend war ich voller Mut und Zuversicht, am nächsten Morgen am Boden zerstört. Ganz so, als würde ich täglich an einer Emotionslotterie teilnehmen. Ich fühlte mich wie ein Spielball, doch versuchte ich stets zu vermeiden, in die Opferrolle abzurutschen.

Emotionen entstehen nicht im luftleeren Raum, sondern sind Ausdruck meiner selbst. Ihre Quelle bin ich und kein anderer Mensch oder äußerer Umstand. Andere können meine Gefühle begünstigen, bestärken oder schwächen. Dennoch liegt es an meiner Sicht-, Fühl- und Denkweise, wie es mir geht. Je stärker ich im Selbstkontakt stehe, umso stabiler bin ich.

Doch in den gefürchteten depressiven Phasen negierte ich sämtliche meiner bisherigen Fortschritte und machte mir Vorwürfe, nicht längst wieder erfolgreicher zu sein. Besonders im ersten Jahr nach dem Klinikaufenthalt machte mir meine finanzielle Situation zu schaffen. Es zerrte an meinen Nerven, jeden Euro zwei Mal rumdrehen und jede noch so kleine Ausgabe planen zu müssen. Längst müsste ich mehr Artikel schreiben und mich um weitere feste Auftraggeber bemühen, aber ich konnte nicht. Wieder einmal saß ich im Wackelpudding und strampelte mich vergebens ab. Ich zweifelte daran, mein Leben in den Griff zu bekommen und glücklich werden zu können. Statt Wolken möchte ich den perfekten Sonnenschein.

Das Leben hat den Sinn, den ich ihm gebe, aber wie kann er aussehen? Wiederholt spielte ich mit dem Gedanken, mich in der Tagesklinik zu melden, von meinen Depressionen und vereinzelten Suizidgedanken zu erzählen. Konkrete Selbstmordfantasien hatte ich zwar selten und abgeschwächt, doch ich stellte mir eine Welt ohne mich vor. Endlich könnte ich nach Hause zurückkehren und Ruhe würde mich umgeben.

Ein halbes Jahr, nachdem ich aus der Klinik entlassen worden bin, sitze ich am 11. November 2009 auf meinem Sofa und heule Rotz und Wasser. Die Witwe Teresa Enke gibt eine Pressekonferenz. Ihr Ehemann Robert Enke, Nationaltorwart und Profifußballer bei Hannover 96, hat sich am Tag zuvor das Leben genommen. Seit Jahren habe er an Depressionen gelitten und wollte verhindern, dass die Öffentlichkeit etwas davon erfuhr. Er hatte Angst, seinen Sport, sein Privatleben und seine Tochter Leila zu verlieren.

Mein Herz blutet, denn ich fühle mit, spüre die Hitze der Verzweiflung, die mich zu verbrennen droht. Obwohl er in einer Partnerschaft lebte, konnte die Liebe seine Wunden nicht heilen. In was für einer Gesellschaft lebe ich, in der die Angst sich zu zeigen Menschen in den Freitod treibt? Ich kenne diese Furcht und den Druck, erfolgreich und glücklich sein zu müssen. Er liebte seine Familie und den Sport. Wie sollte er rechtfertigen, trotzdem traurig zu sein?

Auch ich war stets der Strahlemann gewesen, der immer einen Scherz parat hatte. Bloß nicht in die Tiefe gehen, sondern lieber den Sitz der Maske noch einmal kontrollieren. Monika und ich sind im November 2009 noch ein Paar. Sie macht sich ebenso Sorgen und ist sich ebenfalls mit ihrem Weg noch unsicher. Zusammen sprechen wir über unsere Gefühle und über Robert Enke. Es tut gut, dass ich meine Emotionen und Gedanken mit ihr teilen kann.

Für meinen nächsten Termin bei der Gesprächstherapie brauche ich mir im Vorfeld kein Thema zu überlegen. Obwohl die Therapeutin keinen konkreten Vorschlag macht, etwas zu ändern – oder ich ihn zumindest nicht wahrnehme – tut es gut, auch mit ihr zu reden. Sie scheint mich zu verstehen und gibt mir damit das Gefühl „richtig" zu sein. Enkes Verzweiflung ist ein Strudel, der mich nach unten zieht und gleichzeitig gibt er mir Zuversicht. Sein Freitod hat mich vom Zwang befreit, beruflich erfolgreich sein zu müssen und gesellschaftliche Stationen wie das Gründen einer Familie nach Liste abzuarbeiten. Enke zeigt mir auf, dass es im Leben um viel mehr geht, und daher unterlasse ich es für die nächsten Wochen, mir Vorwürfe zu machen, nicht genug zu arbeiten. Er erinnert mich daran, dass ich der wichtigste Mensch in meinem Leben bin und wie essentiell es ist, seine Ängste auszusprechen, egal ob sich gesellschaftliche Nachteile daraus ergeben.

Depressionen sind kein Spiel, sondern es geht mitunter um Leben und Tod. Meine Zeit war noch nicht gekommen, als ich es darauf anlegte, im Straßenverkehr überfahren zu werden. Auch konnte ich auf kein Dach steigen und mich in die Tiefe stürzen. Zum richtigen Zeitpunkt fiel meine Fassade komplett in sich zusammen, sodass es mir unmöglich war, weiterhin den Schein vorzugaukeln. Der Kern meiner Seele lag frei, die Schutzhülle war nur noch bruchstückhaft vorhanden. Ich wagte nicht, mich zu bewegen. Als könnte ich mir die Fußsohlen an dem mich umgebenden Scherbenhaufen aufschneiden. Einige Menschen erklärten sich bereit, mir Brücken zu bauen. Sie winkten mir zu, es sei nun ungefährlich. Zögernd erkundete ich die neuen Wege.

Heute noch fühle ich mich tief im Herzen den Helfern gegenüber verpflichtet, mein Bestes zu geben und meine zweite Chance zu nutzen. Das gelingt mir die meiste Zeit äußerst gut, aber scheinbar in manchen Phasen gar nicht. Ich schreibe bewusst *scheinbar,* denn auch die „schlechten" Zeiten bringen mich auf meinem Weg voran. Die Reise selbst ist oftmals wichtiger, als etwas Bestimmtes zu erreichen. Vielleicht stellen wir fest, dass das Ziel uninteressant geworden ist, wenn wir es erreicht haben, oder wir bemerken das Erreichen gar nicht erst.

Noch immer ist das Leben für mich mitunter schwierig, auch wenn manche Menschen glauben, ich sei eine Art Superheld, dem alles mit Leichtigkeit gelingt. Sicher habe ich viel erreicht und ich freue mich, wenn andere dies anerkennen. Sie halten mir in solchen Momenten einen Spiegel hin und ich sehe, dass sie recht haben. Allzu schnell neige ich dazu, Erfolge als nichts Besonderes zu verdrängen, auch wenn ich mich im Vorfeld stark anstrengen musste, sie zu erreichen. In depressiven Phasen traf es mich besonders hart, wenn Menschen mir das Gefühl gaben, ein Gewinner zu sein. Dann fühlte ich mich wie ein Hochstapler und vermied instinktiv den Blickkontakt.

Es gab Tage, an denen spürte ich keine Hoffnung. Sicher, es ging gesundheitlich und beruflich immer weiter bergauf, dennoch fühlte ich mich zusehends inkompatibel mit unserer Gesellschaft. Mir macht es Spaß, kreativ zu sein und meine Herzensthemen journalistisch aufzubereiten. Ich habe erkannt, dass ich mein eigenes Bewusstsein damit weiter entwickeln kann, denn jedes Thema und jede Frage führt mich zu neuen Erkenntnissen. Diese gehen nicht spurlos an mir vorüber, auch wenn wir Presseleute angehalten sind, uns möglichst kein Thema zu eigen zu machen. Man soll nicht mit dem Thema verschmelzen und folglich auf Beobachtungsposition bleiben, doch ich kann mein eigentliches Ich nicht von meinem Beruf trennen. Ich sehe meine journalistische Tätigkeit als Lebens- und Lernaufgabe.

Wenn ich eines nach meinem Zusammenbruch gelernt habe, dann ist es, wahrhaftig zu sein. 24 Stunden am Tag bin ich ich, egal was ich tue. Ich forme meine Gedanken, habe ununterbrochen Gefühle und bringe mit meinem Handeln mein Inneres nach außen.

Dennoch kann ich mich über Erfolge mitunter nicht lange freuen. An den dunklen Tagen fragte ich mich, wie es weitergehen soll. Auf keinen Fall möchte ich wieder rund um die Uhr arbeiten und mich dabei an mein Büro fesseln. Ich habe gelernt, dass es noch viel mehr gibt in der Welt als die vier Wände meiner Arbeitsstätte. Menschen zu begegnen und dabei interessante Themen aufzugreifen, die wiederum andere inspirieren, zum Beispiel. Ein Leser einer meiner Burnout-Artikel schrieb mir, dass er weinte, als er die Zeilen las. Es macht mir eine sehr große Freude, meine Leser dermaßen im Herzen zu berühren. Der Mann hatte den Beitrag nicht gewohnheitsmäßig konsumiert, sondern in seinem Inneren ist etwas in Bewegung geraten.

Doch mal ehrlich, wie möchte ich in Zukunft meinen Lebensunterhalt verdienen? Wie ich es auch drehe und wende, ich müsste nahezu rund um die Uhr recherchieren und Texte produzieren. Doch gerade in dieses Arbeitslager möchte ich nicht wieder zurück, zudem geht es mir um Klasse statt um Masse. In meinem alten Beruf als Kaufmann aktiv zu werden, kann ich mir beim besten Willen nicht mehr vorstellen. Meine Aufgabe muss in meinen Augen mit Sinn

255

erfüllt sein, ansonsten würde ich schnell wieder depressiv werden. In solchen Gedankenspiralen vergaß ich die Türen zu zahlreichen Möglichkeiten, die sich immer wieder für mich öffneten und auch heute noch öffnen. Es gibt immer einen Weg, so lange man ihn geht.

Somit war ich die meiste Zeit sehr zuversichtlich angesichts der positiven Entwicklungen, doch hin und wieder ergriff mich die Dunkelheit. Anscheinend immer dann, wenn ich nicht aufpasste und es mir unmöglich erschien, dass sie noch einmal in mein Leben treten kann.

Anfang April 2011 erwischt mich solch ein Schub in ungeahnter Härte und zieht mir den Boden unter den Füßen weg. Jede noch so kleine Tätigkeit scheint enorm viel Energie zu fressen. Als ich Geld an einem Automaten holen möchte, vertippe ich mich bei der PIN-Eingabe. Statt *Korrektur* wähle ich *Abbruch* und die Maschine spuckt meine EC-Karte wieder aus. Noch einmal von vorne. Wieder vertippe ich mich augenblicklich an der gleichen Stelle. Nun tippe ich *Korrektur* auf dem Monitor und atme innerlich tief durch. Es gelingt mir, die Geheimzahl korrekt einzugeben. Die nächste Hürde ist der Geldbetrag, denn dieser ist nicht als Vorauswahl verfügbar; ich benötige lediglich dreißig Euro. „30" ist eine Drei und eine Null, sage ich mir im Stillen vor, damit ich die richtigen Tasten erwische. Geschafft. Stolz bin ich nicht, sondern komme mir bescheuert und unfähig vor.

Der Vorfall erinnert mich an die Wartezeit vor meinem Klinikaufenthalt. Nichts konnte ich im Vorbeigehen erledigen, alles war anstrengend. Und schon wieder bewege ich mich durch den Wackelpudding, wieder einmal habe ich mich vom selbstbewussten Mann in einen Idioten verwandelt. Ich habe Angst, dass dies in Zukunft häufiger bei unpassenden Gelegenheiten vorkommt. Kann ich mir vertrauen?

Ich würde gerne viel mehr unternehmen, wofür ich jedoch Geld benötige, wozu ich wiederum noch mehr arbeiten müsste. Wenn ich dieses Arbeitspensum ableiste, habe ich kaum noch Zeit oder Energie, etwas zu unternehmen. In meinem Kopf wirbelt ein Strudel, der mich kontinuierlich mit nach unten reißt. Auf keinen Fall möchte ich so weitermachen wie bisher, nicht mehr von der Hand in den Mund und Arbeitslosengeld II leben, sondern endlich die Freiheit genießen. Mittlerweile bin ich über 30 Jahre alt und habe bisher kaum etwas erreicht – denke ich jedenfalls in diesem Moment. Ich liege auf dem Sofa und bin zu nichts in der Lage. Panikattacken und Zukunftsängste haben mich als Geisel genommen. Ich meditiere, verspüre dabei Zuversicht und Liebe; beides verpufft schnell angesichts der Realität. Mein Magen knurrt, ich habe seit Stunden Hunger, doch ich verspüre keine Lust, etwas zu essen. Erst als mir schwindelig wird, bereite ich mir ein Abendessen zu.

Am nächsten Tag das gleiche Spiel, noch eine Stufe extremer.

Es scheint, als hätten alle Symptome gemeinsam hinter einer finsteren Hecke auf den Moment gelauert, in dem sie mich überrennen können. Allein die Intensität raubt mir den Atem und dämpft jeden noch so kleinen Lichtfunken namens Zuversicht. Ich fühle mich in einem Teufelskreis aus Hochphasen mit ausgeprägter Schöpferkraft und anschließenden Abstürzen gefangen. Es ist die Berg-und-Tal-Fahrt, die an meinen Nerven zerrt, sie zu verzehren scheint – und ausgerechnet zu dem Zeitpunkt, als ich mich auf einer sicheren (beruflichen) Basis wähne.

Es kommt aber immer noch vor, dass ich kurz Versagensangst spüre, wenn ich einen neuen Auftrag bekomme. Manchmal scheint mich ein komplexes Thema förmlich zu erschlagen, sodass ich sicher bin, den betreffenden Artikel nicht schreiben zu können. Ich quäle mich dann durch die Vorrecherche und werde immer unglücklicher, je länger ich die eigentliche Schreibarbeit vor mir herschiebe. Es ist die Angst vor der leeren Seite, die Angst keinen Anfang und keine Struktur zu finden. Es ist die Angst vor dem Scheitern. Dennoch bin ich mit dem Thema „schwanger" und so fallen mir nach und nach Sätze, Abschnitte, Zwischenüberschriften, Formulierungen und ganze Absätze ein. An einem bestimmten Punkt setze ich mich dann an den Computer und beginne zu schreiben. Zunächst vielleicht lediglich die erste Seite und den Rest als grobe Struktur. Ich teile mir den Text anhand von Zwischenüberschriften in Module ein und jedes davon ist ohne Probleme zu schaffen. Der Artikel wächst und

257

gedeiht, meine Stimmung steigt. Ehe ich mich versehe, bin ich mitten in einem kreativen Schaffensprozess, der mich förmlich mitreißt.

Meine Arbeiten scheinen in irgendeiner Form bereits zu existieren. Im Nachhinein empfinde ich es jedes Mal als einfach, den Beitrag verfasst zu haben. Schließlich baut alles aufeinander auf. Der Anfang bedingt das Ende, ich muss mich lediglich für die entsprechenden Möglichkeiten öffnen.

Alles in allem habe ich meine berufliche Situation wieder im Griff, denn ich entwickle ständig neue Ideen und ernte Anerkennung aus unterschiedlichen Richtungen. Ein Ausweg aus dem finanziellen Mangel scheint in greifbarer Nähe, denn ich produziere mehr Artikel als in den letzten zwei Jahren. Ist das der Schlüssel? Aus journalistischer Sicht bin ich erblüht, doch wie sieht es im Privatleben aus? An wie vielen Abenden in der Woche bin ich alleine? An sieben. Wie viele neue Freundschaften konnte ich in meiner direkten Umgebung schließen? Keine. Bin ich in eine gesellschaftliche Sackgasse geraten? Wo soll ich hin, was soll ich tun? Ich fühle mich wie in einer Prüfungssituation, in der ich das bisher Gelernte in der Praxis umsetzen soll.

Die dunkelsten Zeiten meines Lebens waren die Wochen vor und während meines Zusammenbruchs. Ich zog mich noch weiter in mein Schneckenhaus zurück und wagte es kaum, mit jemandem zu reden. In meinem jetzigen Schub möchte ich mir am liebsten einen Spaten schnappen, ein Loch buddeln, mich hineinlegen und eine Plane darüber ziehen. Nichts hören, nichts sehen, nicht sprechen und vor allem unsichtbar zu sein, sind paradiesische Aussichten.

Ich spüre jedoch, dass die Lethargie meine Situation nur verschlimmert, und so krame ich meine bewährten Überlebenstaktiken aus. Zunächst gilt es, den Bann des Schweigens und Verkriechens zu brechen, denn je länger ich Zimmerwände anstarre, umso weniger Energie kann ich aufbringen, konkrete Schritte zu unternehmen.

Zunächst rufe ich meine Mutter an und erkläre ihr meine Situation. Zu meinem Erstaunen verläuft das Gespräch sehr positiv, auch wenn sich keine neuen Erkenntnisse oder Handlungsalternativen ergeben. Es tut gut zu reden und vor allem bin ich ehrlich mir selbst

258

gegenüber. Ein Vorteil meines Zusammenbruchs ist, dass ich mich heute nicht mehr verbiegen und verstellen kann. Dazu ist es erforderlich, dass ich zunächst ehrlich mit mir selber bin. Es geht mir schlecht, ich brauche mich dafür nicht zu schämen und ich kann es meinem Umfeld mitteilen. Dennoch möchte sich das Gefühl des Versagens einschleichen.

Nachdem ich mit meiner Mutter geredet habe, rufe ich meine Tante an und bringe sie auf den aktuellen Stand. In wenigen Tagen ist der 80. Geburtstag meiner Oma und mir ist gar nicht zum Feiern zumute. Daher habe ich mir Druck gemacht, so schnell wie möglich wieder „gut drauf" zu sein, damit niemand etwas merkt. Per E-Mail hat mich meine Cousine gefragt, ob ich bei der Feier auch einen Teil eines für unsere Oma geschriebenen Gedichts vortragen möchte. Ich antworte ihr, dass ich nicht weiß, wie es mir am entsprechenden Tag gehen wird und ich mich eventuell lieber im Hintergrund aufhalten möchte. Mit einigen weiteren Sätzen erkläre ich, wie ich mich fühle. Somit ist der Druck von mir gewichen, am Geburtstag jemand sein zu müssen, der ich nicht bin.

Leider muss ich in wenigen Stunden noch ein wichtiges persönliches Gespräch führen, welches sich nicht verschieben lässt. Mit Blei in den Beinen hieve ich mich vom Sofa.

Während meiner Recherchen zum Thema Lebensmittelverschwendung bin ich auf eine Supermarktfiliale aufmerksam geworden, deren Restmülltonne ein Sammelsurium aus Altpapier, Plastik, verdorbenen und genießbaren Lebensmitteln enthält. Das Unternehmen proklamiert nachhaltige Umweltstandards, die ich bei einem Blick in den Abfall nicht erkennen kann. Heute treffe ich mich mit dem verantwortlichen Abteilungsleiter in der Unternehmenszentrale. Ihm präsentiere ich meine Fotos und stelle meine kritischen Fragen. Seit einer Woche warte ich sehnsüchtig auf diesen Termin, doch am liebsten würde ich nicht hingehen. Zwischen Tür und Angel esse ich zwei Reiswaffeln, damit der ansonsten leere Magen etwas zu tun hat. Vor Hunger ist mir schwindelig. Wider Erwarten verläuft das Gespräch sehr erfolgreich. Nun habe ich ein Statement, was den Beitrag abrunden wird.[12] Zudem möchte das Unternehmen etwas verändern, bittet mich um Bildmaterial und setzt das Thema zusätzlich auf die Tagesordnung einer bereits anberaumten Besprechung. Wieder ein bisschen was bewegt, denke ich und bin dennoch traurig.[13] Die nächste Hürde ist das Wetter in diesen Tagen. Nein, es ist nicht grau und trüb, sodass es sich negativ auf meine Stimmung auswirkt. Im Gegenteil: Es ist sonnig und warm und drückt gerade deswegen auf mein Gemüt. Straßencafés, Eisdielen und die Parkanlagen sind aus dem Winterschlaf erwacht. Überall genießen Menschen die ersten Sonnenstrahlen. Ich habe ein schlechtes Gewissen, weil ich mich nicht darüber freuen kann und mich am liebsten in meiner Wohnung einschließen würde. Wäre es regnerisch und kalt, hätte ich dafür ein bequemes Argument.

Ich beuge mich aus meinem Wohnzimmerfenster im zweiten Obergeschoss und sehe blinzelnd auf die Straße hinab. Es sind so viele fremde Menschen unterwegs, denen ich am liebsten aus dem Weg gehen würde. Mit einem Ruck stoße ich mich vom Fensterbrett ab und ziehe meine Schuhe an. Mein Ziel ist der Bäcker. Schließlich brauche ich noch Brot, auch wenn mich das Einkaufen von Lebensmitteln zu überfordern droht.

Es ist herrlich warm und die Sonne tut mir augenblicklich gut. Ich schlendere zum Bäcker und kaufe mir noch zusätzlich eine Nussecke. Damit setze ich mich auf die Stufen der Pfarrkirche in die Sonne und betrachte die vorbeigehenden Menschen. Seit Jahren habe ich die Kirche nicht mehr betreten, das letzte Mal zu den Schulgottesdiensten. Ich zucke mit den Achseln, denke, *ach was solls,* und begebe mich in das Gotteshaus. Mit jeder Pore atme ich die Stille und die heilige Atmosphäre ein. Beim Eingang liegt ein Notizbuch aus, in dem Gläubige ihre Bitten und Gedanken notieren können. Angehörige sollen schnell wieder gesund und Familien beschützt werden. Jemand (nach der Schrift zu urteilen eine Frau) bittet um seelischen Beistand für den Sohn, der sich zurzeit in einer Psychosomatischen Klinik aufhält. Tränen schießen mir in die Augen. Die Klinik. Zwei Jahre ist mein Aufenthalt nun her und dennoch berühren mich diese Worte im tiefsten Herzen. Ich bezeichne mich nicht als Christ und bin schon lange aus der katholischen Kirche ausgetreten, deren Regeln und Rituale mir fremdartig und teils unsinnig erscheinen. Mich überwältigt der Glaube von anderen Menschen, wenn sie „lieber Gott" in dieses unscheinbare Notizbuch eintragen. Sie stellen sich vor, wie eine höhere Macht sie dadurch erhört.

Auch ich glaube an solch eine Macht. Tief durchatmend schaue ich mich um, bevor ich den Stift in die Hand nehme. Niemand beobachtet mich und schaut mir über die Schulter. Eine Anrede verkneife ich mir, „lieber Gott" klingt mir doch etwas zu kitschig. „Auch wenn ich schimpfe und depressiv bin, weiß ich das Geschenk des Lebens zu schätzen. Bitte gib mir die Zuversicht und Kraft, mich selbst zu lieben, damit ich andere lieben kann", trage ich ein. Nachdem ich den Stift zurück gelegt habe, bleibe ich eine Weile auf dem gleichen Fleck stehen, bevor ich mich tief bewegt auf den Heimweg mache.

Wenn ich heute ein anständiges Abendessen genießen möchte, muss ich zuvor einkaufen. Das Brot möchte ich zu Hause ablegen, um eventuellen Missverständnissen an der Supermarktkasse vorzubeugen. Vor meinem Haus treffe ich eine Bekannte. Elisabeth, eine Dame von 81 Jahren. Zunächst beginnen wir mit einem Small Talk über das herrliche Wetter. Schnell kommen wir auch zu ernsteren Themen. Vor etlichen Jahren hatte sie einen Aufenthalt in der Psychiatrie, als kurz hintereinander ihr Mann und zwei ihrer Kinder verstorben sind. Den Verlust konnte sie alleine nicht bewältigen. Ja, es sei schlimm, wie viele Psychopharmaka inzwischen genommen werden, denn Probleme ließen sich damit nicht lösen. Ihre Zimmergenossin hätte sich öfter geritzt und eines Abends im Badezimmer eingesperrt. Einzig ein rhythmisches Klopfen war zu hören gewesen. Elisabeth holte Hilfe und schließlich sperrte eine Krankenschwester mit einem Zweitschlüssel auf. Die Zimmergenossin hatte den Spiegel abgehängt und war dabei, ihn in handliche Scherben zu schlagen.

Ich muss an mein Interview mit Andreas Biermann denken, welches ich einige Wochen zuvor geführt habe. Nach seinem zweiten Suizidversuch verbrachte er einige Wochen in der Psychiatrie. Dort half er, den Selbstmord eines Patienten zu verhindern. Unwillkürlich denke ich wieder an meine dunkle Zeit zurück und an die Vorstellung, mein Leben zu beenden. Elisabeth erzähle ich noch ein wenig von meinem Aufenthalt in der Psychosomatischen Klinik und von den trüben Tagen, die sich heute noch einschleichen. Wir regen uns über volle Mülltonnen und lärmende Nachbarn auf, doch im Grunde sind dies Luxusprobleme. Ein wenig mehr Dankbarkeit wäre durchaus angebracht, denn es geht vielen Menschen sehr schlecht. Nicht nur in fernen Dritte-Welt-Ländern, sondern auch in unserer direkten Nachbarschaft.

Lediglich mit Mühe kann ich mich von dem Gespräch loseisen, denn es tut mir gut. Doch mir ist schwindelig, da ich kaum etwas gegessen habe an diesem Tag. Wenn ich dies ändern möchte, muss ich nun zum Supermarkt. Schließlich verabschiede ich mich, kaufe ein und genieße den Abend, so gut es geht.

Am nächsten Tag ist Freitag und ich habe kaum Arbeit. Mein Artikel zum Thema Lebensmittelverschwendung ist fertig und ich reiche den ersten Entwurf per E-Mail ein. Danach kann ich im Grunde Feierabend machen.

Ich schnappe mir eine Zeitung, eine Flasche Wasser und statte dem Schlosspark einen Besuch ab. Auf einer Bank mache ich es mir im Sonnenschein bequem, atme tief die frische Luft ein und lese in Seelenruhe meine Zeitung. Hin und wieder lasse ich meinen Blick schweifen, lausche dem Rascheln der Bäume und dem Gesang der Vögel. Die Wärme hat noch mehr Besucher angelockt, die im Park spazieren gehen oder es sich auf der Wiese bequem gemacht haben. Der einzige Wermutstropfen ist meine Einsamkeit inmitten meiner Mitmenschen.

Am Abend gelingt es mir zu kochen und belustigt stelle ich fest, dass ich einen leichten Sonnenbrand im Gesicht habe. Daher beschließe ich, den kommenden Samstag in meiner Wohnung zu verbringen. Traditionell putze ich vormittags und räume auf. Zwischendurch meditiere ich. Vorfreude kribbelt, denn ich möchte nachmittags einen spannenden Roman zu Ende lesen, danach noch etwas Computer spielen und am Abend genieße ich ein Entspannungsbad.

Fataler hätte mein Vorgehen nicht sein können, denn schon am Sonntag reißt mich die Depression in den Abgrund. Ich meditiere, fühle mich alleine und suhle mich in meinem Elend. Um zwei Uhr nachmittags ist es dermaßen warm, dass ich im T-Shirt rausgehen könnte. Stattdessen öffne ich ein Fenster und starte den Computer. In meinem Inneren entsteht ein Knoten, denn ich spüre, dass ich dringend nach draußen gehen muss – auch wenn ich vielleicht wieder in der Masse allein sein werde. Es ist essentiell, am sozialen Leben teilzuhaben, Menschen zu sehen und mit ihnen zu sprechen. Aber ich kann nicht, will niemanden treffen, möchte alleine sein.

Wütend auf mich selbst fahre ich den Computer nach einer halben Stunde wieder herunter. Was mache ich Trottel noch hier? Es folgt ein sehr langer Spaziergang am Aueweiher. Hin und wieder setze ich mich auf eine Bank und betrachte das wilde Treiben um mich herum. Anscheinend hat sich jede Familie im Umkreis eingefunden. Unzählige Fahrradfahrer, Skater und Fußgänger bevölkern das Areal. Eine wahre Menschentraube umringt zwei Eisverkäufer. Ich lächle andere Besucher an und sie lächeln häufig zurück, manchmal entsteht ein kurzes Gespräch. Es gelingt mir etwas zu entspannen, das Wetter und das Treiben um mich herum zu genießen.

Dennoch verspüre ich inneren Druck. Fast die komplette Woche habe ich aus beruflicher Sicht verloren. Meine finanzielle Lage ist weiterhin angespannt, sodass ich dringend schreiben und neue Themen finden muss. Schließlich werde ich erst nach einer Veröffentlichung bezahlt und je länger ich nichts liefere, umso länger muss ich auf den Geldeingang warten. Zudem ist mir wegen dem 80. Geburtstag meiner Oma, der in zwei Tagen stattfindet, äußerst unwohl. Tief in meinem Inneren fühle ich mich elend, ruhe- und orientierungslos. Ich weiß mal wieder nichts mit mir anzufangen, doch wie kann das sein? Seit Monaten kümmere ich mich um meine bewusste Entwicklung, habe Blockaden und alte Glaubenssätze gelöst und noch vieles mehr. Ich muss doch mittlerweile genau wissen und spüren, was mit mir los ist.

An diesem Sonntag benötigte ich lediglich zwei Tage Geduld, denn der Vorhang sollte sich am Geburtstag meiner Oma lüften.

Es ist soweit. Oma wird 80 Jahre alt. Nach dem Kaffee im Familienkreis brechen wir gemeinsam zur Gaststätte auf, in deren Saal die Feier stattfindet. Ich fühle mich immer noch unsicher und habe nebenbei fallen lassen, dass es mir noch nicht so gut geht. Ich ernte

Verständnis, Druck fällt von mir ab. Später am Abend fällt auf, dass ich keinen Alkohol trinke, und so erkläre ich wie selbstverständlich, dass ich in depressiven Phasen generell nicht trinke. Zudem mache ich mir allgemein wenig aus Alkohol und konsumiere ihn selten. Aus diesem Grund vertrage ich nur geringe Mengen.

Völlig unerwartet bereiten mir die Gespräche Freude und als später gesungen wird, bin ich mit von der Partie. Ich gebe zu, ich habe Spaß. Ich übernachte bei meiner Familie und möchte eigentlich am nächsten Vormittag nach Hause fahren. Grund dafür ist das Gefühl, mich vergraben zu müssen. Ich sehne mich nach Gesellschaft, will aber alleine sein. Ein Widerspruch, der mich zu zerreißen droht.

Meine Tante überredet mich zu bleiben, denn nachmittags kommen Kaffeegäste aus der Nachbarschaft. So helfe ich bei den Vorbereitungen und feiere schließlich mit. Wieder bereiten mir die Gespräche Freude und viel wichtiger: Es macht klick. Nun verstehe ich die Hintergründe meiner depressiven Phase.

Der letzte Burnout hatte mir den Boden unter den Füßen weggezogen, mein komplettes Leben, mein Glaubenssystem fielen wie ein Kartenhaus in sich zusammen. Es war mir weder möglich zu arbeiten noch meinen Zustand weiterhin zu ignorieren. Ich wurde gezwungen, meine Augen und mein Herz zu öffnen. Es folgte eine lange Wiederaufbauphase mit vielen Erkenntnissen, neuen Sicht- und Handlungsweisen. Nun bin ich wieder gesund, habe Freude an meinem Beruf und meiner kreativen Arbeitsweise.

Doch ich war so begeistert davon, Artikel in hoher Qualität zu liefern, dass es mich förmlich davonzog. Die Arbeit wurde wieder zu einem Rausch, als wäre ich ein trockener Alkoholiker, der ein Bier trinkt. Bleibt es bei einem Glas oder genehmige ich mir gleich ein ganzes Fass? Gönne ich mir eine Pause oder arbeite ich lieber weiter, sage ich private Vorhaben ab oder nehme ich mir Zeit dafür? Ich bin ein Mensch und habe mich beinahe wieder wie eine Arbeitsmaschine verhalten. Alles was ich brauche, ist Urlaub.

Diese eine Erkenntnis nimmt den Druck vollständig von mir. Es ist gar nicht an der Zeit, wie wild zu arbeiten. Ich hatte den Wald vor lauter Bäumen nicht gesehen, die Antwort war zu einfach.

Die gute Nachricht: Der erste Urlaub seit zehn Jahren steht vor der Tür. Sophia verbringt die Woche vor Ostern bei ihrer Familie. Manuel lädt mich daher zu sich nach Köln für eine Männerzeit ein. Instinktiv möchte ich ablehnen und druckse am Telefon herum. Davon unbeeindruckt sucht mir Manuel im Internet eine passende Mitfahrgelegenheit heraus und ich bin im Zugzwang. Schicksalsergeben füge ich mich zunächst noch widerwillig, doch schon bald stellt sich Vorfreude ein.

In Köln verbringen Manuel und ich eine schöne Zeit. Da er den Labrador Leo von Bekannten in Pflege hat, genießen wir den ersten Tag gemeinsam am Rhein. Wir liegen in der Sonne, spielen mit Leo und lassen es uns gutgehen. Abends wird unser vierbeiniger Begleiter von seinen Besitzern abgeholt, wonach ich ihn bald vermisse. Doch die weiteren Freizeitaktivitäten fesseln mich schnell.

Manuel wollte schon lange eine Kletterhalle besuchen und so machen wir einen Termin. Geklettert sind wir beide bisher noch nicht, doch die uns zur Seite gestellte Trainerin gibt uns schnell Selbstvertrauen. Das ist auch bitter nötig, denn als ich die Kletterwände der ehemaligen Fabrikhalle betrachte, fällt mir ein, dass ich ein wenig unter Höhenangst leide. Nachdem ich Manuel nicht nur aus reiner Höflichkeit heraus den Vortritt gelassen habe, bin ich an der Reihe. Als das Sicherungsseil befestigt ist, geht es los. Alle störenden Gedanken schiebe ich beiseite, konzentriere mich nur auf meine Bewegung und die nächsten Schritte. Ich vermeide es, nach unten zu sehen, sondern gehe langsam und bewusst meinen Weg. Schließlich bin ich auf zwölf Metern Höhe angekommen. Mir wird mulmig. Möchte ich wieder nach unten, muss ich mir selbst vertrauen und mein Gewicht dem Sicherungsseil überlassen. Leider habe ich vergessen, dies in einer geringeren Höhe auszuprobieren. Jetzt heißt es, Augen zu und durch.

Als ich wieder mit beiden Beinen auf dem Boden stehe, sind Manuel und ich stolz. Es folgen herausfordernde Wände und Kletterrouten. Bald spüren wir deutlich die Muskeln unserer Arme und Beine. Ein tolles Erlebnis. Danach machen wir uns auf den Weg zum Dom und dort hinauf zur Aussichtsplattform. Meine Beine ächzen aufgrund des langen Treppenaufstiegs, aber Manuel will mich trotzdem nicht tragen. Den nächsten Tag verbringen wir im Kölner Zoo. Die ganze Woche begleitet uns herrlichster Sonnenschein, gepaart mit sommerlichen Temperaturen. Wir gönnen uns Eis und Pizza. Ich bin im Urlaub, unfassbar. Sogar den obligatorischen Sonnenbrand am ersten Urlaubstag habe ich abgehakt.

Wieder zu Hause stehen die Osterfeiertage vor der Tür, wobei ich einen Tag bei meiner Familie verbringe. Erst in der Woche darauf beginne ich zu arbeiten und ich empfinde Arbeit wieder als das, was sie sein sollte: Freude am kreativen Ausdruck. Die Seele baumeln lassen war das Einzige, was ich brauchte. Zum Glück hat mich die depressive Phase darauf aufmerksam gemacht. Sie zog den Stecker und mich aus meinem selbst erwählten Arbeitslager. Ich darf nun lernen, mit meinem Energiehaushalt nachhaltiger umzugehen als früher.

In den nächsten Monaten werde ich noch mehrmals vergessen, meine Energie regelmäßig aufzutanken, doch schon bald ist es für mich so selbstverständlich wie das Atmen. Bärbel wies mich in einem Telefonat darauf hin, dass es im Leben darum geht, sich selbst Gutes zu tun – vor allem nicht erst dann, wenn wir uns unwohl fühlen. Die depressive Phase im April 2011 sollte meine bislang letzte sein, das ahne ich jedoch in diesen Tagen noch nicht.

Wochen später: Auf einer Parkbank sitzend beobachte ich eine Ameise, die neben meinem linken Fuß ihre Kreise zieht. Sie geht keinen geraden Weg, sondern macht immer wieder Schlenker nach links oder rechts. Von oben betrachtet sieht ihre Bewegung unkoordiniert aus. Weiß sie überhaupt, wo sie hin will, und wie findet sie wieder zurück? Wäre es nicht einfacher, eine gerade Strecke zurückzulegen? Wie anmaßend von mir, wissen zu wollen, welcher Weg für die Ameise richtig ist. Sie wird ihr Ziel auf Umwegen erreichen, doch vielleicht sind es genau die Umwege, die sie ihrem Ziel näher bringen. Es wäre auch möglich, dass sie gar keine spezielle Absicht verfolgt. – Schaut vielleicht in diesem Moment jemand auf mich herab und beobachtet aus seiner übergeordneten Perspektive meinen Lebensweg? Kennt dieser jemand die Hindernisse, die nahe Umgebung und lohnenden Ziele, hat dieser jemand den gleichen Überblick wie ich bei der

Ameise? Ist mein Lebensweg überhaupt eine gerade Strecke und mache ich nicht die selben Schlenker wie das Insekt zu meinen Füßen? Manche Entscheidungen und Taten lassen mich abkommen, doch inzwischen bin ich dermaßen sensibel geworden, dass ich schnell spüre, wenn etwas nicht stimmt. Die letzte depressive Phase hat mir gezeigt, dass ich ganz leicht wieder auf mein wahres Ich verwiesen werde – wenn ich die Botschaften und Hintergründe verstehe. Sind nicht gerade diese Phasen äußerst lehrreich und bringen mich damit meinem Ziel, dem bewussten Selbstkontakt, näher, auch wenn sie mich in eine andere Richtung zerren?

Bei aller Erkenntnis nerven mich mitunter Momente und Zeiten, in denen ich traurig oder lethargisch bin. Oftmals werfe ich mir vor, dass ich nicht glücklicher bin. An einem Wochenende schäme ich mich dafür, einen Roman gelesen und damit meine Zeit verschwendet zu haben. Oder ich glaube, undankbar und gierig zu sein. Nie ist es genug, ich brauche immer noch mehr, um glücklich zu sein. Reicht es mir denn nicht, am Leben zu sein? Es gibt so viele Menschen, denen es schlechter geht als mir. Solche, die nach einem Unfall querschnittsgelähmt sind, als Kind sexuell missbraucht wurden oder kürzlich einen geliebten Menschen verloren haben. Und dann komme ich mit meinen Luxusproblemen um die Ecke. Mir geht es gut und dennoch bin ich außerstande, mich entsprechend zu fühlen. Wann werde ich endlich in der Lage sein, meine Sensibilität zu drosseln und ein „normales" Leben zu führen?

Oftmals fühle ich mich als Außenseiter, da ich mir Gedanken über die Welt mache, auf die viele meiner Mitmenschen nicht stoßen. Die große Herausforderung ist es für mich. „schlechte" bzw. „unproduktive" Phasen zu akzeptieren und ihnen zu erlauben, sich ausdrücken zu dürfen. Ansonsten begebe ich mich in den Zwang, anders sein zu müssen, als ich bin. Tief durchatmend mache ich mir klar, dass andere Menschen auch Zeiten der Unsicherheit, des Zweifels erleben. Die wenigsten sprechen darüber, daher glauben viele, die einzigen zu sein, denen es so ergeht. In Wahrheit können wir viel voneinander lernen, wenn wir bereit sind, uns offenen Herzens zu begegnen, unbequeme Wahrheiten zu akzeptieren und auszusprechen. Das große Schweigen nutzt niemandem.

Im Internet stieß ich auf ein lustiges Video: Ein Hundewelpe steht vor einem Treppenabsatz und möchte hinuntergehen. Die Stufen sind höher als er selbst. Unsicher schaut er in die Tiefe und traut sich nicht, den ersten Schritt zu machen. Frauchen filmt und ist folglich nicht im Bild. Sie ermuntert den Welpen und ruft immer wieder: „Du schaffst das!" Den Welpen überzeugt dies zunächst nicht, doch er scheint dem Frauchen zu vertrauen. Zögernd steigt der Hund eine Stufe hinab und bleibt wieder stehen. Unsicher mustert er den weiteren Weg. „Du schaffst das!" Schließlich setzt das Tier seinen Weg fort.

Wie oft erscheint uns eine Herausforderung unüberwindbar? Wie der Welpe verharren wir auf einem Fleck und schauen uns unschlüssig um. Aus einer anderen, vielleicht höheren Perspektive betrachtet sind die notwendigen Aktionen gar nicht so schwer – es bedarf lediglich eines Anfangs, eines Vertrauens in die eigenen Fähigkeiten und die Schätze in unserem Inneren. Jede große Reise beginnt mit dem ersten Schritt. Allzu oft konzentrieren wir uns auf den kompletten Weg, schauen wie der Welpe in die Tiefe und sind uns sicher, das Ziel sei unerreichbar. Dabei übersehen wir die einzelnen Stufen, die jede für sich kein großes Hindernis darstellt. Durch unsere Angst neigen wir dazu, Tatsachen aufzubauschen. Wer diesen Kreislauf durchbrechen kann, erkennt schnell, wie irrational sein Verhalten war, und geht, sobald er dazu bereit ist, den ersten Schritt. Der Welpe wird bald schon selbstverständlich die Treppe rauf und runter sausen. Auch wir können unsere Fähigkeiten schrittweise besser kennenlernen und mit ihnen unser Leben und das unserer Mitmenschen bereichern. Dabei wird mir klar, dass es nicht meine Aufgabe ist, die Welt zu retten, sondern der zu sein, der ich in Wirklichkeit bin.

Zunächst verstehe ich kaum, warum mich in gewissen Abständen dunkle Phasen ereilen, ich plötzlich Panikattacken bekomme oder einfach in depressiver Stimmung bin. Dabei habe ich bereits viele Herausforderungen erfolgreich gemeistert. Plötzlich fällt es mir wie Schuppen von den Augen: Die dunklen Phasen kommen nicht trotz, sondern wegen meines Erfolgs. Gerade weil ich Schattenanteile beleuchte, drängen weitere an die Oberfläche. Sobald ein Thema abschließend behandelt ist, meldet sich auch schon das nächste. Als ich dies erkenne, beginne ich, mich über diesen Prozess zu freuen. Wenn ich schon den Keller aufräume, kann ich dies auch gleich gründlich tun. Mit jedem akzeptierten und integrierten Schattenanteil steigt meine Lebensqualität weiter an.

In den Wochen und Monaten, in denen ich das Buch geschrieben habe, durchlebte ich Höhen und Tiefen. Zunächst floss es förmlich aus mir heraus und die Seiten füllten sich wie von alleine. Dann kam die Befürchtung, meine Zeit zu verschwenden, und später steckte ich förmlich fest. Selbst eine schwere depressive Phase habe ich durchlebt, wodurch ich förmlich mit der Nase auf Verborgenes gestoßen wurde, was ansonsten keinen Einzug in dieses Buch hätte halten können. Um meine Arbeit fortsetzen zu können, musste ich die starren Wochenziele durchbrechen, die ich mir im Vorfeld gesetzt hatte. Auf diese Weise ist auch das Experiment mit dem beschriebenen Ruhetag entstanden.

Es ist erstaunlich, was eine Recherche in eigener Sache ans Tageslicht befördert. Unzählige für sich allein stehende und eher unscheinbare Erlebnisse ordnen sich in ein großes Ganzes. Es entstanden Zusammenhänge, die ich vorher niemals in der Form vermutete. Zudem trat einiges aus dem Schatten, was ich dorthin verbannt hatte. Phantastisch, aus wie vielen „Kleinigkeiten" unser Leben besteht, und es ist wahrhaftig ein Abenteuer, sie sich bewusst zu machen.

Jeder Mensch ist eingeladen, sich selbst zu erkennen, und darf dabei gerne Hilfe in Anspruch nehmen. Wer sich mit offenem Herzen umschaut, entdeckt seine persönlichen Helfer häufig zur richtigen Zeit im direkten Umfeld.

Ein Kreis schließt sich

Ich kann nicht glauben, wie beschissen das Jahr 2011 zu Ende geht, denke ich eines Morgens. Es ist Mitte Dezember, ich bin pleite und habe keine Ahnung, wie es weitergehen soll. Dem Weg des Herzens zu folgen funktioniert also doch nicht, denn so viele Jahresziele habe ich verfehlt: Über Silvester wollte ich verreisen, finanziell endlich unabhängig sein und noch immer ist kein Verlag für mein Buch in Sicht. Bislang erreichten mich lediglich Absagen. Ich bin genervt und fühle mich vom „Universum" verschaukelt. Was soll das Ganze, wenn ich mich doch immer nur im Kreis drehe?

Mehr und mehr Zweifel schleichen sich in meine Gedanken ein. *Bin ich etwa auf meinem Weg doch falsch abgebogen und wenn ja, warum habe ich es nicht bemerkt? Bin ich gescheitert? Vielleicht sollte ich mir doch einen Job besorgen, um irgendwie und mit irgendetwas Geld zu verdienen.* Alleine beim Gedanken daran, mein wahres Selbst zu verraten, werde ich traurig. *Bin ich etwa gesund geworden und habe so viele Mühen auf mich genommen, um am Ende doch faule Kompromisse einzugehen? War alles umsonst?* Wenn ich ehrlich zu mir selbst bin, spüre ich tief im Innern, dass alles richtig ist, so wie es ist. Toll, davon kann ich mir auch nichts kaufen! Wenn noch irgendjemand das Wort „Geduld" in den Mund nimmt, explodiere ich.

In der ersten Woche des neuen Jahres steht ein Gesprächstermin beim Amt für Arbeit & Soziales an. Mein Sachbearbeiter möchte wissen, wie es mir geht, womit ich mich beschäftige und wie meine berufliche Zukunft aussieht. Dem Treffen sehe ich gelassen entgegen, denn ich weiß, was ich bisher alles geleistet habe.

Somit sitze ich mehr oder weniger entspannt an einem Morgen im Januar meinem Sachbearbeiter gegenüber und erzähle von meinen Plänen und dem Buchmanuskript. Auf das Folgende war ich nicht vorbereitet: Bei aller Anerkennung meiner Tätigkeit und meines Bemühens klärt mich mein Sachbearbeiter deutlich darüber auf, dass ich mein Potential nicht nutze – meine Jahresprognose für 2012 hat ihn nicht vom Hocker gehauen. Darüber hinaus ist er enttäuscht, dass ich so lange nichts von mir hören ließ. So könne es auf keinen Fall weitergehen, dabei sähe er meine zahlreichen Möglichkeiten und meine Talente. Ohne eine echte Perspektive müsste ich mich darauf einstellen, einen Job – beispielsweise in einem Callcenter – anzunehmen. Bei diesem Gedanken wird mir fast körperlich schlecht. Doch innerlich muss ich meinem Sachbearbeiter zustimmen, denn ich agiere tatsächlich weit unterhalb meiner Möglichkeiten. Das konstruktive Gespräch rüttelt mich wach. Es ist an der Zeit, mich beruflich zu entscheiden und vor allem endlich meine bisherigen Erfolge anzuerkennen.

Im Jahr zuvor veröffentlichte ich den bereits erwähnten Artikel über das sozio-ökologische Konzept *Equilibrismus* des gleichnamigen gemeinnützigen Vereins.[14] Eric Bihl ist der erste Vorsitzende; ihn hatte ich für den Beitrag interviewt. Der veröffentlichte Artikel gefiel ihm, was mich durchaus freute. Ich sei einer der Journalisten, die in der Tiefe verstanden hätten, worum es beim Equilibrismus ginge: Das Konzept vereint sozio-ökologische Alternativen, die bereits heute verfügbar sind. Ziel ist ein vollständiger Paradigmenwechsel und eine moderne Gesellschaft im Einklang mit der Natur. Bisher kannte ich lediglich Konzepte, die sich mit Teilbereichen wie ökologische Landwirtschaft, erneuerbare Energien und so weiter beschäftigen. Beim Equilibrismus fasziniert mich sofort die ganzheitliche Ausrichtung.[15]

Eric wollte mich für die Pressearbeit gewinnen, doch ich lehnte ab. Ich befürchtete, die Leser könnten denken, der Artikel sei deshalb wohlwollend ausgefallen, damit ich mich beim Verein einschmeicheln kann, oder schlimmer noch, ich sei von ihm bezahlt worden. Zudem hatte ich zum damaligen Zeitpunkt keinen Frieden mit der PR-Branche geschlossen. Sie erinnerte mich zu sehr an den ehemaligen Großkunden, die häufige Manipulation der Wahrheit und natürlich an meine Schattenseiten. Bereits beim Abschlussseminar im Oktober 2010 meines PR-Fernstudiums meißelte ich meine Meinung in Stein: „Nie wieder PR!" Meine Dozentin Nina Claudy meinte, ich könne doch für Öko-Unternehmen und gemeinnützige Organisationen tätig werden. „Nee, danke!" Davon ahnte Eric natürlich nichts und zu meinem Leid ließ er nicht locker – auch wenn ich nur halbherzig Angebote unterbreitete und dabei so viel Zeit wie möglich verstreichen ließ. Ich war hin und her gerissen: Im Grunde wollte ich in meinen Augen sinnvolle (Öko-)Projekte betreuen und andererseits hatte ich – wenn ich ehrlich zu mir selber war – Angst davor, wieder in die PR einzusteigen. Ich fürchtete mich vor dem Druck, hatte Angst zu versagen und das in mich gesetzte Vertrauen nicht verdient zu haben. Zugegeben, der Artikel über den Equilibrismus ist eine meiner besten Arbeiten, doch Eric würde auch in Zukunft Ergebnisse auf diesem hohen Niveau erwarten. Ich war mir unsicher, ob ich das leisten konnte.

Erics Beharrlichkeit sollte sich jedoch auszahlen: Ende 2011 begann ich meine Arbeit für den gemeinnützigen Verein. Bei der ersten Telefonkonferenz war ich mehr als nervös, hoffte inständig, meine Vorschläge würden einen Sinn ergeben und keiner möge meine Unsicherheit bemerken. Zudem befürchtete ich, dass mich Jens Hakenes als Konkurrent sehen könnte, schließlich betreut er den Verein in der Kommunikation bereits seit einiger Zeit. Sämtliche Sorgen sollten sich schon bald als unbegründet herausstellen.

Aufgerüttelt von meinem Sachbearbeiter beim Amt für Arbeit & Soziales fasse ich wieder Mut. Spätestens seit Mitte Februar 2012 blühe ich in der Arbeit für den Equilibrismus e.V. auf. Ich fühle mich wie eine Pflanze, die nach langer Zeit endlich wieder gegossen wurde. Zwei Tage verbringe ich in München bei einem Arbeitstreffen mit den anderen Mitstreitern des Vereins. Manch einen lerne ich erst jetzt persönlich kennen. Gemeinsam mit Jens Hakenes – der Einfachheit halber nennen wir uns „jens+" – entstehen viele Ideen, die wir zusammen umsetzen. Dabei ergänzen wir uns dermaßen perfekt, dass es fast unheimlich ist.

Darüber hinaus scheint es, als würden viele meiner verschütteten Talente zum Vorschein kommen. Für mich fühlt es sich wie ein Wunder an, mein Potential zu spüren. Anscheinend musste ich erst alles verlieren, um es heute schätzen zu können.

Die Tätigkeiten sind hin und wieder stressig, doch ich liebe es, wieder geistig gefordert zu werden. Mit jedem neuen Tag lerne ich aus beruflicher und menschlicher Sicht hinzu.

Am meisten freut mich, dass ich meine Grenzen achte und die ehemalige Arbeitssucht überwunden ist. Ich muss mich nicht mehr beweisen. Stattdessen halte ich die Balance zwischen dem Annehmen und dem Erweitern von Grenzen. Wenn ich innehalte und in mich hineinspüre, merke ich, wann es gilt, in die Akzeptanz zu gehen oder einen weiteren Schattensprung zu wagen. Dazu habe ich mir den perfekten Beruf ausgesucht. Er ist für mich nicht nur sinnstiftend und erfüllend, sondern erweitert mit jedem neuen Tag meinen Horizont. Darüber hinaus habe ich die Lizenz dafür, neugierig wie ein Kind zu sein.

Gleichzeitig bin ich mir darüber bewusst, dass es noch mehr gibt als meinen Beruf. Er ist nur eine von vielen Möglichkeiten, mich auszudrücken.

Ich weiß, dass ich auch ohne viel zu arbeiten wertvoll bin. Zudem begehe ich nicht mehr den Fehler, mich mit den Rollen „Journalist" und „PR-Berater" zu identifizieren, sondern lebe sie lieber spielend aus. Einem Freund erkläre ich, dass es mir gerade viel Freude bereitet, Jens Brehl zu sein: Ein Kreis hat sich geschlossen und ich fühle mich ein Stück mehr angekommen. Wenn mir jemand in der Klinik auch nur ansatzweise skizziert hätte, wo ich heute stehe, hätte ich ihn als Träumer bezeichnet. Heute genieße ich das befreiende Gefühl zu wissen, was ich tun möchte, und dabei offen für neue Möglichkeiten zu bleiben.

Ich habe Erfolg für mich neu definiert: Ich messe ihn nicht länger an der Höhe des Einkommens, sondern an der Lebensqualität. Wenn ich Bilanz ziehe, dann gefällt mir, was ich sehe: Meine Arbeit empfinde ich als sinnstiftend, ich wache morgens ohne Wecker auf, liebe Menschen vertrauen mir, ich widme mich den ganzen Tag Dingen, die mir am Herzen liegen, und lerne Neues. Als Journalist und PR-Berater darf ich mich mit meinen Lieblingsthemen beschäftigen. Der finanzielle Erfolg wird sich auch noch einstellen, wenn ich weiterhin meinen Weg gehe und vor allem zu mir selber stehe.

Wenn ich ganz ehrlich bin, dann lebe ich schon längst im Luxus. Wer sich darüber im Klaren ist, was Erfolg für ihn persönlich bedeutet, befreit sich diesbezüglich von fremden Ansichten. Mitunter bin ich versucht, meine Lebensweise anderen Menschen gegenüber zu rechtfertigen. Oft wird mir bewusst, dass mein Umfeld lediglich auf die Zweifel reagiert, die ich selber ausstrahle. Sicherlich verspüre ich hin und wieder Angst. Das geht jedoch den meisten Menschen ähnlich und ist kein Grund, sich zu verstecken. Ich selber fühle mich geheilt und bin dankbar für alle meine bisherigen Stationen in meinem Leben.

Es ist für mich einfach, mir selbst treu zu bleiben, denn es existiert kein Weg zurück in mein altes Leben, Denken und Fühlen. Die Brücke hinter mir ist längst eingestürzt und alles in mir sträubt sich bei dem Gedanken daran, sie wieder aufzubauen.

Nach allen Erlebnissen möchte ich betonen, wie wichtig es ist, aus krankmachenden Systemen auszusteigen. Auf persönlicher, gesellschaftlicher und globaler Ebene.

Habe ich manchmal heute noch Selbstzweifel oder gar Angst? Ja, aber das ist normal. Viele Menschen fühlen dies ab und zu, nur kaum einer redet darüber. Wenn meine Angst übermächtig zu werden droht, dann mache ich mir meinen bislang zurückgelegten Weg bewusst.

Mein ehemaliges Kranksein sehe ich heute nicht mehr als Makel, sondern vielmehr als eine essentielle Lebenserfahrung. Durch sie bin ich der Mensch, der ich heute bin.

Schlussgedanke

Meine Genesung fühlt sich auch heute noch für mich wie ein Wunder an. Oft werde ich gefragt, welchen Therapeuten ich empfehlen kann und wie ich wieder gesund werden konnte. Die Antwort darauf ist komplex, denn im Grunde war es nicht eine bestimmte Therapie, eine spezielle Maßnahme oder eine einzige Person, die mir half, sondern viele kleine Mosaiksteinchen.

Die Steinchen habe ich gefunden, weil ich innerlich dafür bereit war und bin. Das Familienstellen war beispielsweise eine wichtige Starthilfe auf meinem Weg zur Selbsterkenntnis. Mit den Therapien im Krankenhaus ging es weiter. Zuvor und danach gab mir Bärbel wichtige Hinweise, ich fand ein passendes Buch zur aktuellen Lebensphase oder hörte einen entsprechenden Vortrag. Auch Manuel war phasenweise ein wichtiger Begleiter. Ich entwickelte zusätzlich eigene Strategien, wie ich meine sozialen Kontakte ausbauen und festigen konnte, und einiges mehr.

Im Grunde kann man vieles davon auf die Formel „Akzeptanz + bewusstes Durchleben und bejahendes Fühlen + Integrieren (Schattenanteile) oder in Liebe loslassen (unstimmige und überholte Glaubensmuster) = mehr Lebensqualität" zusammenfassen: Eine Therapie „Marke Eigenbau".

Wenn wir eines von der Natur lernen können, dann ist es, dass gerade die Vielfalt eine Stärke ist. In einem komplexen System ist alles miteinander verbunden und jedes Lebewesen profitiert von der Anwesenheit des anderen. Alles strebt nach dem natürlichen Gleichgewicht. In unserer Gesellschaft verkennen wir allzu häufig diese Tatsache. Auch wir Menschen sind Teil eines großen Ganzen, sind eins und dennoch unterschiedlich. Zwangsläufig treten durch verschiedene Sichtweisen und Erfahrungen Konflikte auf.

In Wahrheit erkennen wir uns stets im Anderen, wenn uns eine Eigenschaft oder ein Verhalten besonders gefällt oder abstößt. Mitunter gefällt uns nicht, was wir sehen. Lieber stecken wir unsere Mitmenschen in Schubladen, aus denen sie nur schwerlich wieder herauskommen. Jeder Mensch ist ein wertvolles Mitglied unserer Gesellschaft, egal wer er ist oder was er tut. Das ist schwer zu akzeptieren. Sobald wir aufhören zu verurteilen, können wir beginnen, voneinander zu lernen.

Noch erschweren wir manchen Menschen die Teilhabe an unserer Gemeinschaft oder unterbinden diese gar völlig – teilweise aus reiner Unwissenheit, mangelndem Einfühlungsvermögen oder es scheint im hektischen Alltag die Zeit zu fehlen, tiefgehend miteinander zu kommunizieren.

Manch einer mag Angst vor den Folgen haben, wenn er seine Maske ablegt und sich zu seinem wahren Selbst bekennt. Das ist nicht nur schade, sondern stellt einen großen Verlust für uns alle dar: Potentiale bleiben ungenutzt oder gehen gar für immer verloren.

Ich hege die große Hoffnung, dass wir dies eines Tages erkennen, und freue mich schon auf den bevorstehenden Wandel.

Was ich will, das man mir tu,
das füge ich auch anderen zu.

Dank

Ganz besonders möchte ich mich bei etlichen Menschen für die vielen wertvollen Gespräche bedanken – sie alle namentlich aufzuzählen wäre zu viel. Die richtigen Personen werden sich angesprochen fühlen. Andrea und Angelika bin ich dankbar dafür, dass sie mich, nachdem ich meine Geschichte offen gelegt habe, weiterhin beruflich eingebunden haben. Das gab mir den Mut, mir treu zu bleiben. Zudem hatten die beiden zusammen ein wahres Füllhorn an wertvollen Hinweisen für dieses Buch parat. Danke an Eric Bihl und die Mitarbeiter des Equilibrismus e. V. für das in mich gesetzte Vertrauen. Dadurch bekam ich endgültig den Zugang zu meiner Kreativität und die Freude an meiner Arbeit. Auch Bärbel war während meiner Genesungszeit eine wichtige Stütze.

Weiterhin danke ich meinen Eltern, die mir mein Leben erst ermöglichten und mich nach bestem Wissen und Gewissen unterstützt haben. Auch wenn der Eindruck entstanden ist, Thomas und Nadine hätten mich schlecht behandelt, bin ich ihnen jedoch zu Dank verpflichtet. Ohne die beiden hätte ich wichtige Lektionen nicht oder nur sehr viel schwerer lernen können. Zudem gab es viele schöne Momente, die wir miteinander geteilt haben. Dabei denke ich speziell an einen wunderschönen Heiligabend inmitten von Kartons. Zudem haben mich die jeweiligen Eltern der beiden wie ein Familienmitglied behandelt. Besonders der Vater von Thomas hat mir mehr als einmal einen guten Rat erteilt.

Die Beziehung mit Monika war ebenfalls sehr aufbauend. Sie hat einen Zugang zu meinem Herzen geöffnet, von dem ich glaubte, er sei für immer verschüttet. Danke, liebe Monika für unsere gemeinsame und abenteuerliche Zeit. Wir durften einen Teil des Weges Seite an Seite gehen und den jeweils anderen an seine Liebenswürdigkeit erinnern. Clara war mir speziell kurz vor meinem Klinikaufenthalt eine wichtige Stütze. Bei Annikas Familienstellen wurden erste Weichen gestellt, mich zu öffnen und einige unbewusste Strukturen sichtbar. Es war eine tolle Zeit mit einer tollen Truppe.

Wenn ich an die Klinik denke, möchte ich allen meinen Mitpatienten danken. Auch wenn sie im Buch nicht erwähnt werden, war jeder einzelne ein wertvoller Begleiter. Zusammen durften wir uns Stück für Stück selber erkennen und uns über unsere tollen Entdeckungen austauschen. Durch das Spielen fand ich mein bislang vernachlässigtes inneres Kind wieder. Meine Therapeuten hatten zu jeder Zeit das richtige Gespür und somit haben sie die passenden Grundsteine für meinen weiteren Weg gelegt. Bitte klopft euch auf die Schulter für eure hervorragende Arbeit.

Beim Fuldaer Amt für Arbeit & Soziales denke ich speziell an die Frau mit dem Glück. Sie nahm mir meine Angst, ein wertloser Schmarotzer zu sein, und ermöglichte mir den beruflichen Wiedereinstieg durch das Fernstudium. Sie glaubte bereits an mich und meine Fähigkeiten, als ich mir selber noch nicht vollständig vertrauen konnte. Ohne ihren Einsatz wäre mir vieles deutlich schwerer gefallen. Ihr Einfühlungsvermögen war dermaßen hoch, dass sie mich auch ohne viele Worte verstand – was mich zugegebenermaßen manchmal verwirrte. Wer erwartet, so etwas in einer Behörde zu erleben? Auch durch die Konflikte mit den nachfolgenden Sachbearbeitern konnte ich lernen, für mich und für mein Recht einzustehen.

Den Mitarbeitern der Fuldaer Tafel möchte ich nochmals meinen Respekt, Dank und meine Hochachtung aussprechen. Ihre Arbeit ist nicht nur körperlich, sondern vor allem psychisch anstrengend. Sie hören oft mehr Beschwerden als liebevolle Worte, dabei sind viele Menschen auf sie angewiesen. Einige davon haben in ihrem Leben jahrelang hart gearbeitet, nur um in der Falle der Altersarmut zu landen. Dabei hat gerade diese Generation das Fundament für unseren heutigen Wohlstand gegossen. Das darf einem durchaus zu denken geben. Apropos Fuldaer Tafel: Zum Glück gab es dort auch Kunden wie Daniela. Durch sie konnte ich einen Großteil meiner Scham und meines falschen Stolzes ablegen. Mein Gott, hat diese Frau eine Geduld!

Wahrscheinlich hast du gedacht, ich hätte dich vergessen: Liebe Carina, vielen Dank für die vielen wundervollen Momente und für das Geschenk, dass es einen Menschen wie dich gibt.

Alle Helfer aufzuzählen würde den Rahmen des Buchs sprengen.

Manchmal kenne ich noch nicht einmal deren Namen, da unsere Begegnung nur flüchtiger Natur war. Dies hinderte die Helfer nicht daran, mir wertvolle Informationen mitzuteilen, mir einen Spiegel vorzuhalten oder mir den Erfolgsdruck zu nehmen. Manche Unterstützer kommen von weit her und sind mir trotzdem sehr nahe. Ich bin mir sicher, dass sich die Richtigen angesprochen fühlen.

* * *

Quellen / Hinweise

[1] „Burnout – Ende oder Anfang?", Freie Allgemeine, 01. 02. 2011, und „Burnout als Weg erkennen", inklusive Videointerview, Osthessen-news.de, 10.03.2011, http://osthessen-tv.de/themen/gesundheit/item/1251-burnout-als-weg-erkennen-%E2%80%93-jens-brehl-berichtet-im-video-interview

[2] „Free Rainer" ist heute einer meiner Lieblingsfilme. Nie hätte ich gedacht, wie richtungsweisend ein Spielfilm sein kann. Er gibt mir immer wieder den Mut, meiner wahrhaftigen Medienarbeit treu zu bleiben. Immerhin hat er mich zu meinem Artikel „In der Fernsehfalle – Die perfiden Tricks der Fernsehmacher und die Fehler im System" inspiriert, der in der raum & zeit Ausgabe Nr. 166 Juli / August 2010 erschienen ist. Weiterführende Informationen zum Beitrag: http://www.jens-brehl.de/sitzen-wir-in-der-fernsehfalle/

[3] „Das Tahiti-Projekt – Vom Mut, eine sozialökologische Utopie zu wagen" ist im Magazin raum & zeit Ausgabe Nr. 171 Mai / Juni 2011 erschienen. Weiterführende Informationen zum Beitrag: www.jens-brehl.de/das-tahiti-projekt/

[4] „Strahlende Zukunft – Wie die Atomlobby die Energiewende verhindern will" ist im Magazin raum & zeit Ausgabe Nr. 163 Januar / Februar 2010 erschienen. Weiterführende Informationen zum Beitrag: www.jens-brehl.de/strahlende-zukunft/

[5] „Gemeinsam statt einsam – Wohnprojekte mit Zukunft" ist im Magazin raum & zeit Ausgabe Nr. 168 November / Dezember 2010 erschienen. Weiterführende Informationen zum Beitrag: www.jens-brehl.de/selbstbestimmtes-leben-im-alter/

[6] Witzigerweise werde ich im Frühjahr 2011 gebeten, einen Artikel zum Thema Lebensmittelverschwendung zu schreiben, wobei ich meine Kontakte zur Tafel nutzen konnte. So birgt jede Lebenserfahrung ihre Überraschungen und ergibt oft in vielfältiger Hinsicht einen Sinn. Es hat mich jedenfalls außerordentlich gefreut, mich dieses sensiblen und wichtigen Themas annehmen zu dürfen. Woche für Woche hatte ich mit eigenen Augen gesehen, wie viele genießbare und gute Lebensmittel im Abfall landen würden. Der Beitrag „Überflüssig – Wie Lebensmittel auf dem Müll enden" ist im Magazin raum & zeit Ausgabe Nr. 172 Juli / August 2011 erschienen. Weiterführende Informationen zum Beitrag: www.jens-brehl.de/wenn-lebensmittel-auf-dem-muell-enden/

[7] „In der Fernsehfalle – Die perfiden Tricks der Fernsehmacher und die Fehler im System" ist im Magazin raum & zeit Ausgabe Nr. 166 Juli / August 2010 erschienen. Weiterführende Informationen zum Beitrag www.jens-brehl.de/sitzen-wir-in-der-fernsehfalle/

8) „Und plötzlich ging das Licht aus – Burnout als Neubeginn – Eine persönliche Erfahrung" ist mein erster Artikel über meine Erlebnisse und damit gleichzeitig das erste öffentliche Bekenntnis. Unter www.der-freigeber.de/und-ploetzlich-ging-das-Licht-aus finden Sie den Artikel in voller Länge.

9) Das Video-Interview nebst dazugehörigem Artikel „Burnout als Weg erkennen" ist unter http://osthessen-tv.de/themen/gesundheit/item/1251-burnout-als-weg-erkennen-%E2%80%93-jens-brehl-berichtet-im-video-interview zu finden.

10) Den Artikel „Wenn der Partner ausbrennt" können Sie in voller Länge in meinem Blog lesen: www.der-freigeber.de/burnout-partner/

11) Rüdiger Dahlke: „Das Schatten-Prinzip: Die Aussöhnung mit unserer verborgenen Seite", ISBN 978-3442338818, Arkana Verlag, August 2010

12) „Überflüssig – Wie Lebensmittel auf dem Müll enden" ist im Magazin raum & zeit Ausgabe Nr. 172 Juli / August 2011 erschienen. Weiterführende Informationen zum Beitrag: www.jens-brehl.de/wenn-lebensmittel-auf-dem-muell-enden/

13) Ich habe wirklich etwas bewegt, denn tegut reagiert auf meine Recherche. Es entsteht der Nachbericht „Lebensmittelabfälle wandern nicht länger in den Restmüll", der im Magazin raum & zeit Ausgabe Nr. 173 September / Oktober 2011 veröffentlicht wird. Weiterführende Informationen zum Beitrag: www.jens-brehl.de/tegut-reagiert-auf-meine-recherchen/

14) „Das Tahiti-Projekt – Vom Mut, eine sozialökologische Utopie zu wagen" ist im Magazin raum & zeit Ausgabe Nr. 171 Mai / Juni 2011 erschienen. Weiterführende Informationen zum Beitrag: www.jens-brehl.de/das-tahiti-projekt/

15) Weiterführende Informationen finden Sie unter www.equilibrismus.org. Wer sich in eine Welt im Gleichgewicht hineinfühlen möchte, dem sei der Equilibrismus-Roman „Das Tahiti-Projekt" wärmstens empfohlen.

Inspirierendes für Augen, Ohren und Herz

BÜCHER

„Schicksal als Chance" von Thorwald Dethlefsen. Obwohl bereits 1979 erschienen stellt der mittlerweile verstorbene Autor auch heute noch gültige Zusammenhänge dar. Er beschreibt, wie wir im Einklang mit universellen Gesetzmäßigkeiten unser Leben bereichern können, und räumt dabei mit spirituellem Irrglauben und Halbwissen auf, welches sich teilweise bis heute gehalten hat.

„Das Schatten-Prinzip: Die Aussöhnung mit unserer verborgenen Seite" von Rüdiger Dahlke. Wer seine unbewussten Schattenanteile ergründen und integrieren möchte, dem sei dieses Übungsbuch ans Herz gelegt. Rüdiger Dahlke nimmt den Interessierten bei der Hand und geleitet ihn Schritt für Schritt auf seinem Erkundungsweg. Dabei ist der Text gespickt mit lebendigen Beispielen und Aufgaben, wie das Führen eines Schattentagebuchs und geführte Meditationen, die auf CD beiliegen.

„So wird der Mann ein Mann! – Wie Männer wieder Freude am Mann-Sein finden" von Robert Betz. Nicht nur Herbert Grönemeyer fragt sich, wann der Mann ein Mann ist. Robert Betz macht sich auf die Suche nach den Ursachen für das kollektive Verhalten der Männer und warum sie oftmals (weibliche) Herzensqualitäten abspalten und damit nicht ausleben. Wo kommt der Druck her, „es" schaffen zu müssen, der viele in die totale Erschöpfung treibt, und wie kann eine erfüllte Partnerschaft aussehen? Betz spricht uns Männern den Mut zu, unsere verschlossenen Herzen zu öffnen und keine Angst vor imaginären Schwächen zu haben. Das Buch ist übrigens auch interessant für Frauen!

„Jetzt! Die Kraft der Gegenwart" von Eckhart Tolle. In unseren Gedanken beschäftigen wir uns häufig mit der Vergangenheit, sehnen uns nach „der guten alten Zeit", bedauern Entscheidungen oder wir schweifen ab in die Zukunft, machen uns Sorgen, wie es weitergehen soll. Dabei verpassen wir unser Leben, welches in diesem Moment stattfindet. Eckhart Tolle verdeutlicht, dass die wahre Kraft in der Gegenwart liegt, denn wir leben immer im Jetzt. Wir können *jetzt* glücklich sein und *jetzt* etwas ändern. Wenn wir gegenwärtig sind, erkennen wir, dass wir in Wahrheit weniger Probleme haben, als unser Verstand uns einreden möchte.

FILME

„Das Glücksprinzip" (Spielfilm). Trevor bekommt im Rahmen eines Schulprojekts von seinem Sozialkundelehrer die Frage gestellt, wie man die Welt zu einem besseren Ort machen könnte. Der Junge entwickelt die These, wenn jeder Mensch

drei andere Menschen in Notlagen hilft und diese wiederum jeweils drei anderen Menschen zur Seite stehen, dann müsste die Welt ein ganzes Stück besser werden. Bei der Theorie soll es nicht bleiben und so beschließt Trevor, es auf einen Versuch ankommen zu lassen. Obwohl er schnell vom Misserfolg überzeugt ist, verbreitet sich sein Glücks-Schneeballprinzip bereits über die Staatsgrenze hinaus. Die Methode, unsere Welt positiv zu verändern, ist so schreiend einfach, dass anscheinend nur ein Kind auf sie kommen kann. (Bitte Taschentücher bereithalten – ich brauche sie jedes Mal!)

„Der Ja-Sager" (Spielfilm). Nach seiner Scheidung versteckt sich Carl Allen vor dem Leben. Seine Arbeit in der Bank empfindet er als monoton, die Abende verbringt er alleine vor dem Fernseher. Seine Freunde schaffen es nicht, ihn aus seinem Trott zu befreien. Bis Carl genötigt wird, einem Treffen der skurrilen Vereinigung der „Ja-Sager" beizuwohnen. Fortan muss er zu jedem und allem ja sagen, was sein Leben gehörig auf den Kopf stellt, es aber wieder lebenswert macht. Brüllend komisch und in der Tiefe so wahr.

„Peaceful Warrior" (Spielfilm). Der Film beruht wie das Buch „Der Pfad des friedvollen Kriegers" auf einer wahren Begebenheit. In seinen schwächsten Momenten entdeckt der Sportstudent Dan Millman seine wahre Größe. Er findet sein wahres Ich, nachdem er sich von unbewussten Glaubenssätzen, Erfolgsdruck und hohlen Ablenkungen befreit hat. Zur Seite steht ihm dabei sein Mentor Sokrates, der ihn lehrt, bewusst das Leben im Hier und Jetzt wahrzunehmen.

„The Answer Man" (Spielfilm). Arlen Faber hat vor 20 Jahren den Bestseller „Me and God" veröffentlicht, der die Spiritualität einer ganzen Generation geprägt hat. Für alle Menschen ist er der Mann mit den Antworten, doch in Wahrheit versteht er kaum etwas vom Leben. Völlig zurückgezogen jagt er verbissen der Erleuchtung hinterher, doch schon bald wird die Liebe sein Leben verändern. Sehr anschaulich zeigt der Film, dass wir mit angelerntem Wissen nur bis zu einem begrenzten Punkt unserer spirituellen Entwicklung gelangen.

„Glücksformeln" (Dokumentation). Jeder Mensch träumt von seinem Glück. Für manche bleibt es ein Traum, für andere geht er in Erfüllung. Was macht uns überhaupt glücklich und vor allem, wie bleiben wir es auch in schwierigen Lebenssituationen? Kann man glücklich sein lernen? Regisseurin Larissa Trüby geht diesen und weiteren Fragen nach, spricht mit Glücksforschern und Menschen, die ihren Weg in ein glückliches Leben gefunden haben. Das Fazit: Glück ist ein individuelles Rezept mit vielen unterschiedlichen Zutaten.

„Blindsight" (Dokumentation). Blinde Menschen leben in Tibet oft am Rande der Gesellschaft. Sie gelten als unnütz und haben dadurch keinen Zugang zu Bildung oder gar zu einem selbstbestimmten Leben. Die blinde Deutsche Sabriye Tenberken entwickelte eine Blindenschrift für Tibetisch und gründete ge-

meinsam mit Paul Kronenberg eine Blindenschule in Lhasa. Am 25. Mai 2001 erklomm der Amerikaner Erik Weihenmayer als erster blinder Mann den höchsten Berg der Erde, den Mount Everest. Sabriye lädt ihn ein, die Blindenschule in Tibet zu besuchen, denn für die Kinder ist er ein wertvolles Vorbild. Erik hat eine bessere Idee: Gemeinsam mit sechs blinden Schülern besteigt er einen Berg im Himalaya. Ein Abenteuer für alle Beteiligten beginnt. Doch es gibt auch Konflikte: Während das amerikanische Team enormen Druck ausübt, den Gipfel zu erreichen, möchten die blinden Kinder lieber die Umgebung mit allen verfügbaren Sinnen wahrnehmen und das Zusammensein genießen. Bei der Gewalttour vergeht ihnen schnell der Spaß, doch schließlich können sie sich durchsetzen.

Wie oft bin ich in meinem Leben einem Gipfel hinterher gejagt, anstatt das Leben selber und den Augenblick zu genießen?

Ebenfalls empfehlenswert: Die ganze Entstehungsgeschichte ihrer Vision und der Schule erzählt Sabriye Tenberken in ihrem Buch „Mein Weg führt nach Tibet: Die blinden Kinder von Lhasa". Im Folgebuch „Das siebte Jahr – Von Tibet nach Indien" berichtet sie unter anderem von der Expedition, aber auch von weiteren Projekten.

AUDIO-CDS

„Fantasiereisen zur Motivation und Entspannung für jeden Tag" von Bärbel Kobus. Die geführten Fantasiereisen waren mein erster nachhaltiger Kontakt zum Meditieren, öffneten somit mein Herz und unterstützten das Finden meiner inneren Schätze. Oftmals hat mir der „Dialog mit der Angst" wertvolle Hinweise geliefert. Darüber hinaus gibt es auch Übungen zum Entspannen und Loslassen.

„Ich habe Angst – aber nicht mehr lange – Wie Jugendliche Ängste und Leistungsdruck überwinden" von Robert Betz. In einer kurzen Einführung erklärt Robert Betz, wodurch Ängste und Leistungsdruck entstehen. Es folgt eine Art Angst-Inventur als schriftliche Übung. Den Abschluss machen zwei geführte Meditationen, in denen man seinen Ängsten und dergleichen begegnen und sie schließlich transformieren kann. Obwohl speziell auf Jugendliche abgestimmt, können die Methoden in jeder Altersgruppe angewandt werden.

„Warum ‚Spirituelle' später in den Himmel kommen" von Robert Betz (Vortrag). Alle Menschen sind spirituell, doch jeder versteht darunter jeweils etwas anderes. Erfrischend räumt Robert Betz mit einigen Mythen auf, die sich „Spirituelle" geschaffen haben. Sie grenzen sich mitunter von „Nichtspirituellen" ab, stecken andere in Schubladen („der ist aber noch nicht so weit wie ich"), haben ein schlechtes Gewissen, Geld zu verdienen, Freude am Körper zu empfinden oder setzen sich unter Druck, so schnell wie möglich erleuchtet sein zu wollen.

„Mensch, ärgere dich nicht! – Vom Segen der Menschen, die unsere Knöpfe drücken" von Robert Betz (Vortrag). Jeder kennt die Art von Mitmenschen, denen man am liebsten gleich den Hals umdrehen möchte. In Wahrheit halten sie uns einen Spiegel vor und machen uns auf eigene Anteile aufmerksam. Ansonsten würden wir nicht so heftig auf die „Arschengel", wie Robert Betz sie gerne nennt, reagieren. Wir sind keine Opfer unseres Chefs, des Ex-Partners, der Kollegen oder der Nachbarn. Im Grunde dürfen wir allen Menschen, die unsere Knöpfe drücken, dankbar für den wertvollen Hinweis sein.

Über den Autor

Im Mai 1980 erblickte Jens Brehl in der hessischen Barockstadt Fulda das Licht der Welt. Nach erfolgreichem Realschulabschluss und anschließender kaufmännischer Lehre gründete er im Alter von 20 Jahren sein erstes eigenes Unternehmen: Durch persönliche positive Erfahrungen mit alternativer Medizin etablierte er einen Handel mit Gesundheitsprodukten und entsprechenden Büchern. Sein Spezialgebiet wurde das Entsäuern, Entgiften und Entschlacken des Körpers, worüber er regelmäßig Vorträge hielt. Bis 2005 war er mit seinem Unternehmen erfolgreich tätig.

Der Berufswunsch Journalist setzt sich durch.
Noch während seiner kaufmännischen Lehre brachte er mit damaligen Freunden eine grenzwissenschaftliche Zeitschrift namens „Area 2000" heraus. Seine Leidenschaft für die Recherche und das Schreiben begann sich zu entfalten. Im Alter von 25 Jahren zog ihn der Wunsch, zu schreiben und seine Mitmenschen zu inspirieren, endgültig in die Medienbranche. Seitdem ist er als freier Journalist unter anderem in den Bereichen „enkeltaugliches Wirtschaften", gesellschaftlicher Wandel und Medien aktiv.

Anfang 2007 kam die Beratung in der Unternehmenskommunikation hinzu; ein entsprechendes Fernstudium schloss er mit Erfolg ab. Zu seinen Kunden zählten anfangs Buchautoren und kleine bis mittelständische Verlage. Heute sind es vor allem gemeinnützige Organisationen, die auf seine Fachkenntnisse zurückgreifen.

2007 erschien sein Buch „Was soll ich noch glauben?" (derzeit vergriffen) im Lerato-Verlag. Darin berichtet er über die Gefahren der grünen Gentechnik, über Gesundheit, enkeltaugliches Wirtschaften, unsere Gesellschaft im Wandel und die Rolle unserer Medien.

2008 war sein Jahr als gefragter Journalist und begnadeter PR-Berater. Sein Auftragsbuch quoll über und seinem persönlichen Erfolg schienen keine Grenzen gesetzt zu sein. Im Dezember dann das vorläufige Aus. Diagnose: Burnout. An Arbeit war nicht mehr zu denken. Tief in seinem Inneren spürte Jens Brehl, von seinem Lebensweg abgekommen zu sein. Doch es gab auch das Gefühl, eine wichtige Wende zu erleben und daraus essentielle Erkenntnisse gewinnen zu können.

Der Neuanfang
Es folgten Monate der intensiven inneren Einkehr und der Schattensprünge. 2010 veröffentlichte er als freier Journalist die ersten Artikel nach seinem Zusammenbruch. Seine Fähigkeiten kehrten mit neuen Prioritäten, einer gro-

ßen Wertschätzung und Dankbarkeit für das Leben zurück. Den Weg des Herzens zu gehen, ist für ihn seitdem keine graue Theorie, sondern täglich gelebte Praxis.

Als öffentliches Bekenntnis erschien sein Artikel „Und plötzlich ging das Licht aus – Burnout als Neubeginn – Eine persönliche Erfahrung" im Dezember 2010. Es folgten weitere Publikationen.

Im November 2012 veröffentlichte er sein E-Book „Einmal Hölle und zurück – Mein Weg aus dem Burnout in ein neues Leben" als kulturelles Gemeingut. Im Dezember 2013 erschien die vorliegende, überarbeitete und gestraffte Taschenbuchversion im Pomaska-Brand-Verlag.

Darüber hinaus betreibt Jens Brehl unter www.der-freigeber.de seinen „enkeltauglichen" Medienblog.

Kontaktdaten

Medienbüro Jens Brehl
Petersgasse 9
D-36037 Fulda
Tel.: +49 (0)661 - 380 29 25
jens@jens-brehl.de
www.jens-brehl.de

Rafael Häusler

Schmerz frisst Seele

Leben mit Clusterkopfschmerzen
134 S., kart., 11,80 €

ISBN 978-3-943304-22-0

Der Clusterkopfschmerz ist eine chronische und unheilbare Erkrankung. Für viele Betroffene ist es schon ein Erfolg, nach langer Suche endlich eine Diagnose zu erhalten. Doch jetzt entstehen viele Fragen. Warum bin ich erkrankt? Wie wird sich die Krankheit entwickeln? Was kann ich selbst gegen die Krankheit tun?

Das Buch möchte Ratgeber sein und bietet Betroffenen Hilfestellung und Anregungen. Es zeigt auf, dass auch ausweglos erscheinende Situationen Wendungen erfahren können, – dass die Möglichkeit, etwas zu verändern, immer in uns wohnt. Am Ende kann die Erkrankung sogar als Chance verstanden werden. Denn auch ein so nicht geplantes Leben kann ein gutes und schönes Leben sein.

Danièlle Weiss

Die vergessene Königin

Leben in Transidentität – Ein Bericht
150 S., kart., 12,80 €

ISBN 978-3-943304-15-2

Transgenderfrauen und -männer leben unter uns, am liebsten inkognito und mit perfektem „Passing". Welches Lebensgefühl haben sie – vor und nach dem Outing, der Hormontherapie und vielleicht sogar der Operation?

Danièlle Weiss schildert mit klaren und offenen Worten, was es bedeutet, transgender zu sein. Sie beleuchtet medizinische, kulturelle, psychologische und persönliche Aspekte rund um das „dritte Geschlecht".

»Manchmal bezeichne ich mich scherzhaft als ein Retorten-Prachtweib, ein künstlich geschaffenes Wesen, geboren im Niemandsland zwischen den beiden Polen der Geschlechter, ewig unterwegs zu der Frau in mir, wohl wissend, dass ich sie nie ganz erreichen werde.«

Christa Mulack

Und wieder fühle ich mich schuldig

Die Ursachen eines weiblichen Problems und seine Lösung
400 S., kart., 22,00 €

ISBN 978-3-935937-58-0

Die Autorin widmet dieses Buch allen Frauen, die an Schuldgefühlen leiden und die bereit sind, ihrer Situation auf den Grund zu gehen. Weder Erziehungs- noch Persönlichkeitsdefizite werden als Ursache des Problems benannt, sondern ein patriarchalisches Schuldverständnis, das immer zu Lasten von Frauen funktioniert. Doch Frauen können diese Definition von Schuld zurückweisen, um zu wahrer Selbsterkenntnis zu finden.

Christa Mulack untersucht in diesem Buch die mythischen und sozialen Ursprünge der Schuldzuweisung an die Frau.

Sie fordert eine neue Art weiblicher Gewissensbildung und unterscheidet dabei zwischen echtem und falschem Schuldgefühl.

J.-P. Beffort, U. Gerken

Kreis der Wandlungen

Die Praxis der psycho-schamanischen Bewusstseinsarbeit
306 S., kart., 18,00 €
ISBN 978-3-935937-57-3

In einer Zusammenführung von schamanischem Wissen und Transpersonaler Psychologie beschreiben die Autoren die Etappen auf dem Weg zu einem erweiterten und vertieften Bewusstsein. Mit Hilfe des indianischen Medizinrades und seiner viergeteilten Struktur verdeutlichen sie den immerwährenden Prozess der Selbstverwirklichung.

Dieses Buch beschreibt einen Transformationsprozess. Wir gelangen an unseren spirituellen Ursprung, lernen die menschliche Inkarnation zu akzeptieren und reinigen unsere Persönlichkeit von psychischen „Schlacken". 22 detailliert beschriebene Übungen sind das starke Werkzeug, mit dem wir beginnen, unser Leben neu zu gestalten.

Christina Bergmann

Und meine Seele lächelt

Transsexualität und Spiritualität
300 S., kart., 16,80 €
ISBN 978-3-935937-87-0

Christina Bergmann ist Pfarrerin und Spiritualin. Sie wurde 1962 als Mann geboren. Sie (damals noch er) studierte evangelische Theologie in Bochum und Bonn und arbeitete als Gemeindepfarrer in verschiedenen Kirchengemeinden Westfalens.

2008 stellte sie sich ihrer Transsexualität und ist den Wandlungsweg vom Mann zur Frau gegangen. Als Grenzgängerin zwischen den Geschlechtern, aber auch zwischen Kirchenreligion und Mystik, Fülle und Leere, innen und außen beschritt sie einen Weg der körperlichen und spirituellen Transformation.

Christina Bergmann ist seit 1996 (und immer noch) verheiratet und hat zwei Töchter. Sie arbeitet als Pfarrerin im Sauerland.

Gertrude R. Croissier

Psychotherapie im Raum der Göttin

Weibliches Bewusstsein und Heilung
530 S., Hardcover m. Schutzumschlag
52 Abb., z.T. farbig, 32,00 €
ISBN 978-3-935937-48-1

Die persönliche Leidensgeschichte von Frauen ist nicht getrennt von der schmerzlichen Kollektivgeschichte des Weiblichen im Patriarchat: Dem Schutz der alten Mutter-Göttin beraubt und von einem eifernden Vater-Gott dämonisiert, sind Frauen körperlich, emotional, geistig und spirituell heimatlos.

Ohne liebevolle Spiegelung in einem mütterlichen Gottesbild aber, ohne Kontakt zu den weiblichen Wurzeln des Lebens, sind sie geschwächt und sich selbst fremd geworden. Heilung von Weiblichkeit braucht daher Rückbindung an den weiblichgöttlichen Ursprung des Lebens. Das Weibliche will in seiner Wertigkeit erkannt, will geheilt und ermächtigt werden. Hiervon handelt dieses Buch.

Pomaska-Brand-Verlag
Holthausen 1, 58579 Schalksmühle
Telefon 02355-903339 · Fax 903338
mail: info@pomaska-brand-verlag.de
www.pomaska-brand-verlag.de

7-2014